오동협의

발품 팔아
꼬마빌딩

오동협의
발품 팔아 꼬마빌딩

초판 1쇄 인쇄 2022년 9월 13일
초판 1쇄 발행 2022년 9월 22일

지은이	오동협
펴낸이	이종문(李從聞)
펴낸곳	(주)국일증권경제연구소
등록	제406-2005-000029호
주소	경기도 파주시 광인사길 121 파주출판문화정보산업단지(문발동)
	서울시 중구 장충단로 8가길 2(장충동 1가, 2층)
영업부	Tel 031)955-6050 ǀ Fax 031)955-6051
편집부	Tel 031)955-6070 ǀ Fax 031)955-6071
평생전화번호	0502-237-9101~3
홈페이지	www.ekugil.com
블로그	blog.naver.com/kugilmedia
페이스북	www.facebook.com/kugilmedia
이메일	kugil@ekugil.com

ISBN 978-89-5782-216-6(13320)

오동협의
발품 팔아
꼬마빌딩

오동협 지음

국일증권경제연구소

우리 모두의 꿈, 건물주

"저도 건물주가 되고 싶은데요."

대한민국 국민이라면 누구나 '건물주의 삶'을 꿈꾸고 있습니다. 자본주의 사회에서 부자를 꿈꾸는 것은 지극히 정상적인 일이라 할 수도 있으나 유독 한국인들은 다달이 월세를 받는 건물주를 동경하는 경향이 있지요. 노동 강도가 높은 근로환경, 폭등하는 전·월세로 인해 불안정한 주거 여건 등이 그런 경향을 만들어냈을 것입니다.

일상에서 여러분 주변에 있는 건물주들을 만나본 적이 있으신가요? 언뜻 보면 그들은 하루하루 몸도 마음도 편하게 보내고 있는 것처럼 보입니다. 뒷짐을 지고서 느긋하게 건물 구석구석을 살피는 모습을 보면 부러운 마음이 들기도 하지요. 우리는 대체로 건물주에 대해 이러한 이미지를 갖고 있습니다.

사실, '건물주=놀고먹는 사람'이라는 인식은 건물주가 되어보지 못 한 사람들의 오해입니다. 내가 건물주가 되기만 하면 느긋한 삶을 보낼 수 있다고 착각해서는 안 된다는 얘기지요. 빌딩 투자는

'하이 리턴'을 얻기 위해 '하이 리스크'를 떠안아야 하는 매우 고난도의 투자 행위이기 때문입니다.

현실에는 경제적으로나 마음으로나 여유를 지니지 못한 건물주들도 존재합니다. 빌딩 투자와 경영의 리스크를 제대로 계산하지 못한 이들이 그러하죠. 투자의 결과를 제대로 계산하지 못하거나 생각지 못한 리스크를 떠안게 된 건물주들은 지금, 이 순간에도 리스크를 해결하기 위해 밤잠을 설치며 동분서주하고 있습니다.

반대로 말하자면 현재 안정적인 생활을 보내고 있는 건물주는 빌딩 투자와 경영의 리스크를 제대로 파악한 이들이라 할 수 있습니다. 건물주라고 해서 다 같은 건물주가 아닌 셈이죠. 그리고 이런 사실을 따져봤을 때 세상 어디에도 놀고먹기만 한 건물주는 없다고 할 수 있겠네요.

"건물주가 되고 싶은데 어디서부터 어떻게 시작해야 하나요?"

굉장히 많이 듣는 질문입니다. 필자의 대답은 간단합니다. 우선 공부해야 합니다. 공부해서 좋은 빌딩을 고르는 눈을 가져야 하고 빌딩의 가치를 상승시키는 법을 알아야 합니다.

여기서 말하는 좋은 빌딩이란 강남대로에 있는 크고 비싼 빌딩을 말하는 것이 아닙니다. 우리가 투자할 빌딩을 고를 땐 다른 방식으로 접근해야 합니다. 빌딩과 빌딩을 둘러싼 지역에 잠재된 가치를 파악할 수 있어야 하죠.

우선 정부의 부동산 정책을 파악해야 합니다. 그리고 지하철 개통 등의 지역개발 이슈를 조사·예측해야 하죠. 2030 유동 인구의 트렌드 변화에 따른 상권의 이동도 알아봐야 합니다. 그 밖에 세입자와의 문제나 건물 관리에 하자 등은 없는지도 볼 수 있어야 합니다. 이를 알아야 좋은 빌딩을 고르는 눈을 갖게 되는 것입니다.

소유한 다음에는 빌딩의 가치를 상승시키는 방법을 배워야 합니다. 보유만 해놓으면 시장상황과 경영실적에 따라 알아서 가치가 올라가는 주식과 달리 빌딩은 건물주의 관심과 노력이 절대적으로 필요합니다.

빌딩은 토지나 아파트와 달리 건물주 스스로 가치를 높일 방법이 무궁무진합니다. 리모델링, 신축, 증축, 용도변경 등 건축물의 환경을 개선하면 빌딩의 가치를 높일 수 있습니다. 또한 빌딩의 가치가 올라가면 임대료도 올려 수익을 극대화할 수 있습니다.

공부 없이 건물주가 되면 반드시 실패한다

"학교에서도 공부를 안 했는데 이 나이에 공부를요?"

그렇습니다. 건물주가 되고 싶다면 해야 합니다. 여러분의 통장 잔고에 자릿수가 하나 더 붙거나 혹은 사라지거나 하는 문제라고 생각해보세요. 지금 당장 공부에 들이는 노력과 시간이 그렇게 아깝게 느껴지시나요?

"그냥 싸고 좋은 물건을 소개받아서 투자하면 안 되나요?"

싸고 좋은 물건을 소개받아 구매해서 월세를 잘 받다가 나중에 비싸게 팔면 되겠지 하고 생각하는 사람들이 있습니다. 단언컨대 이런 마인드로는 절대 성공한 건물주가 될 수 없습니다. 앞서 말한

'밤잠을 설치는 건물주'가 당신의 얘기가 될지 모를 일입니다.

　싸고 좋은 물건이란 시장에 잘 나오지도 않을뿐더러 만일 있다고 하더라도 준비되지 않은 사람이 낚아챌 확률은 매우 낮습니다. 현금을 다발로 들고 중개업소를 찾아다닌다고 해서 싸고 좋은 빌딩의 건물주가 될 수 있는 것이 아닙니다.

　또한 준비되지 않은 건물주는 좋은 빌딩을 구매하더라도 그 가치를 키우기는커녕 깎아 먹을 것이 확실합니다. 그리고 빌딩을 매도하는 과정에서도 원하는 이익을 실현할 수 없을 것입니다. 이런 이유로 성공한 건물주가 될 수 없다고 단언하는 것입니다. 성공하기 위해서는 공부가 필요합니다.

　"건물주는 월세 받는 것 외에 뭘 꼭 해야 하나요? 부동산은 시간이 지나면 알아서 가격이 오르지 않나요?"

　옛날얘기입니다. 이제 시대가 변했습니다. 물론 자연 상승분도 존재하지만 내 빌딩의 가치는 내가 스스로 올리는 것입니다. 식물은 농부의 발걸음을 듣고 자란다는 말이 있습니다. 빌딩도 마찬가지입니다. 늘 애정 어린 눈길을 주고 부드러운 손길로 매만져줘야 합니다. 임차인이 사용하고 있다고 해서 남의 빌딩이 아닙니다. 나의 빌딩, 나의 재산이므로 소중히 다뤄야 빌딩의 가치가 상승합니다.

　부모를 잘 만나서 '어쩌다 건물주'가 된 경우도 마찬가지입니다. 불로소득으로 생긴 유산이라는 이유로, 다달이 꼬박꼬박 월세가 들어온다는 이유로 관리를 소홀히 한다면 빌딩의 가치는 필연적으로 떨어지게 됩니다. 절대 저절로 가치가 오르지 않습니다. 부모님이 잘 관리해주셨기 때문에 물려받을 수 있었다는 점을 명심해야 할 것입니다.

필자는 첫 번째 책《어쩌다 건물주란 없다》를 통해 건물주가 되는 빌드업 과정과 성공 노하우를 처음으로 소개했습니다. 출간 이후 꽤 많은 독자가 필자에게 상담을 요청해왔고 실제로 건물주가 된 사례도 많았습니다. 지난 3년간 필자가 겪은 건물주가 된 이들의 공통점을 꼽자면 바로 '마인드'였습니다.

좋은 물건과 전문가를 찾아다니며 끊임없이 노력한 투자자들은 결국 성공적으로 건물주가 되었습니다. 정말로 명심하시기 바랍니다. 성공의 열쇠는 꾸준한 노력을 가능케 하는 마인드에 있습니다. 공부해서 남 안 줍니다. 지식은 피가 되고 살이 되어 여러분(건물주)의 원동력이 될 것입니다.

"그럼, 공부는 어디서 어떻게 하나요?"

이 책의 내용을 모두 습득하여 활용만 할 수 있다면 누구나 건물주가 될 수 있을 것입니다. 사람에 따라 걸리는 시간에 차이는 있겠지만 그것은 결국 시간의 문제일 뿐입니다.

필자의 첫 번째 책과 달리 이번 책에는 빌딩의 가치를 올리는 방법을 추가했습니다. 또 어떻게 해야 한 빌딩의 주인이 될 수 있는지 로드맵을 더욱 구체화했습니다. 여러분이 성공한 건물주가 되기 위해 알아야 할 것이 무엇인지 필자의 책을 통해서 답을 찾으십시오.

건물주의 꿈, 불가능하지 않다

현장에 있다 보면 건물주를 꿈꾸다가도 도중에 포기하는 사람들의 얘기를 많이 듣습니다. 빌딩 투자는 잘 모르는 분야라며 다른 투자 상품으로 고개를 돌리는 사람, 자금에 여유가 있음에도 불구하고 지레짐작으로 큰돈이 드리라 생각하여 손을 떼는 사람, 빌딩은 관리가 어려운 애물단지라는 소문을 들어 포기하는 사람 등이 있었죠.

이들 모두 빌딩 투자 여건이 과거에 비해 많이 바뀐 것을 파악하지 못해 겁을 먹어 포기한 것입니다. 앞서 건물주가 되는 길이 쉽지만은 않다고 말씀드렸지만 비교적 과거에 비해 현재는 건물주가 되는 문턱이 낮아진 것은 사실이죠. 이에 따라 투자자의 나이도 눈에 띄게 젊어졌습니다. 이는 부동산 투자 트렌드가 아파트에서 빌딩으로 옮겨진 상황에 힘입은 것이기도 합니다. 이 책은 그런 환경의 변화와 이를 어떻게 활용하면 좋은지에 관한 설명이 담겨있습니다.

필자는 무일푼에서 건물주가 되기까지 10년이 걸렸습니다. 부친께서는 이른 나이에 갑자기 돌아가셨고 물려받은 재산은 없었습니다. 거기에 아르바이트로 하루하루를 연명해야 하는 젊은 시절을 보냈지요. 그래도 건물주가 되겠다는 꿈을 버리지 않았습니다. 부동산 업계에 발을 담근 뒤 8년 만에 논현동에 있는 아파트 한 채를 샀고, 그로부터 3년 후에는 건물주가 되었습니다.

주변에서는 망상이라며 비웃었지만 결국 저의 꿈은 현실이 되었습니다. 제 자신이 꽤 성공적인 길을 걸었다고 평가하고 있습니다. 괜한 자랑을 하려는 것이 아니라 불가능은 없으니 건물주의 꿈이 있다면 절대 포기하지 말라는 말을 하는 것입니다.

가진 것도 없고, 부동산의 '부'자도 모르던 필자도 꿈을 이뤘는데 이 책을 읽으면서 공부까지 하는 독자 여러분이라고 왜 못하겠습니까? 성공이란 꿈꾸는 자만 얻을 수 있는 선물입니다. 그때랑 지금이랑 시장이 다르다고요? 제가 처음 빌딩을 매입할 때도 들었던 소리입니다. 아직 늦은 것이 아닙니다.

본문에서 더 자세히 쓰겠지만 필자는 생애 첫 빌딩을 좋은 가격에 매각했고, 2021년 8월에 두 번째 빌딩을 매입했습니다. 최종적으로는 세 채의 빌딩을 보유하는 것이 현재의 목표입니다. 나름대로 힘든 어린 시절을 보낸 필자에게는 아내와 두 아이에게 빌딩을 한 채씩 남겨주는 꿈이 있기 때문입니다. 그 꿈을 이루기 위해 지금도 열심히 노력하고 있습니다.

요즘 세상에는 부동산 관련 책, 부동산 전문회사의 홈페이지, 경제 관련 신문 기사, 정부의 정책 발표, 실제 매매사례, 전문가의 온오프라인 강의, 유튜브 영상 등 정보의 소통로가 많습니다. 그리고 많은 사람이 자신을 빌딩 전문가라 자칭하면서 빌딩 투자 노하우를 얘기하고 있는 시대입니다. 그런데 과연 내 돈으로 빌딩을 매입해서 관리하고 이익을 남기면서 매도한 경험자가 몇 명이나 될까요? 개중에는 양질의 정보도 많이 있지만 포장된 성공 사례도 많습니다.

아무리 투명한 물조차도 손을 넣어보지 않으면 뜨거운지 차가운지 알 수 없습니다. 자기 돈을 직접 투자하지 않고는 절대 알 수 없는 것들을 이 책에 담았습니다. 빌딩 투자를 위한 자금 준비, 매물 고르기, 계약 등 매수의 과정, 빌딩 관리와 임차인 관리, 합리적인 매도 과정을 실제 사례와 함께 소개합니다.

무엇보다 여러분에게 들어오는 모든 정보를 100% 신뢰하기보다는 현장을 통해 필터링하여 나만의 데이터를 만들어내는 것이 좋습니다. 최고의 스승은 바로 현장입니다. 모든 공부는 현장답사와 함께 하는 것이 가장 좋습니다. 직접 내 발로 걸어 다니면서 눈으로 보고, 오가는 사람들의 목소리를 들어야 합니다.

필자의 경험과 노하우를 담은 이 책은 빌딩부자로 가는 길을 안내하는 내비게이션이 될 것입니다. 그 로드맵이 많은 분에게 자그마한, 아니 큰 도움이 되었으면 하는 바람입니다. 모두 부자 되시기를 기원합니다. 감사합니다.

차례

C O N T E N T S

PART 02

빌딩으로 수익을 창출하는 5가지 포인트

꼬마빌딩의 인기,
앞으로도 그럴까?

땅, 아파트, 빌딩 어디에 투자할 것인가?

"요즘에 빌딩 가격 많이 올랐잖아요? 설마 앞으로 더 오르겠어요? 지금 들어가면 뒤늦게 상투 잡는 것 아닌가요?"라고 의구심을 갖는 투자자들이 꽤 있습니다. 보통은 아파트 한 채 이상씩 보유하고 있는 자산가들이죠. 그럼 필자는 되묻습니다.

"최근 5년 사이 아파트 가격이 어마어마하게 올랐는데 앞으로는 어떨 것 같으세요?"

"당연히 계속해서 상승하겠죠."

맞습니다. 빌딩 역시 아파트처럼 땅 위에 지어진 건축물이므로 토지 가격이 상승하면 자연스럽게 동반 상승합니다. 언제나 지금 이 최고점 같고, 최악의 불황 같지만 부동산 시장은 꾸준히 상승하고 있습니다. 일시적인 소강상태였던 적은 있지만, 전체적으로 보면 꾸준히 우상향했습니다.

땅, 아파트, 빌딩 중에서 최고의 부동산 투자 상품을 하나만 고른다면 단연코 빌딩입니다. 그것도 꼬마빌딩입니다. 이는 대한민국 부동산 시장의 특수성에 기인하는 바가 큽니다. 그럼, 하나씩 살펴볼까요?

땅

땅은 신도시 건설이나 고속도로 개통, 공장 용지 건설 등 정부나 기업이 주도하는 뚜렷한 호재가 있을 때가 아니면 가격 변동이 거의 없습니다. 땅 주인의 의지나 개입보다는 주변 상황으로 인해 가격이 오르거나 내리는 것이죠. 물론 한번 상승하기 시작하면 그 탄력이 대단하긴 하지만 그 한번이 언제일지 쉽게 예측할 수가 없습니다. 토지 가격 상승을 위해 땅 주인이 특별하게 할 일이 없으니 마냥 묻어두고 기다려야 하는 재화에 속합니다.

아파트

아파트는 변수가 가장 많은 부동산입니다. 통상적으로 자본주의 시장에서 재화의 가격은 수요와 공급의 법칙에 따라 결정됩니다. 아파트 역시 주식처럼 '사자'의 수요와 '팔자'의 공급 곡선이 만나는 지점에서 가격이 결정되는 재화입니다. 하지만 집주인도 그 정체를 알지 못하는, 즉 보이지 않는 손에 의해 형성되는 동네 시세라는 것이 존재하기 때문에 본인의 통제 범위 밖에 있을 때가 많습니다.

게다가 대한민국에는 시장에서 자연스럽게 결정되는 부분 외에 정부의 개입이라는 변수가 있습니다. 문제는 그 변수가 워낙 자주, 때로는 정반대 방향으로 시장에 흘러간다는 것에 있습니다. 이른바 정책 리스크가 있다는 것입니다. 규제 혹은 허용 발표가 있을 때마다 가격이 요동을 치는데 정부의 의도와 정반대의 결과로 나타나기도 합니다. 한 곳을 통제하면 마치 풍선처럼 다른 곳이 부풀어 오르는 식입니다.

빌딩

수익용 빌딩은 어떨까요? 빌딩은 아파트보다 비싸기 때문에 인상폭의 단위도 다릅니다. 또한 아파트처럼 수요와 공급의 영향권 안에 있긴 하지만 건물주 본인의 의지로 가격을 상승시킬 수 있는 재화라는 점이 기본적으로 아파트 및 땅과 다릅니다. 임대료라고 하는 고정수익이 있다는 것도 매력적이죠. 그렇다고 아파트와 빌딩이 서로 전혀 다른 재화라고 생각하면 안 됩니다.

2006년, 필자가 부동산 시장에 처음 입문했을 때만 해도 아파트와 빌딩 시장은 서로 다른 세상이었습니다. 빌딩 시장은 회장님들만 노니는 '그들만의 리그'였죠. 고급 정보도 제한적으로만 유통되었습니다. 하지만 정보의 대중화로 그들만의 리그가 막을 내렸습니다. 대출이 잘 나와서 꼬마빌딩 건물주가 될 수 있는 문턱이 낮아졌고, 그 나이도 젊어졌습니다. 정보에 밝고, 의사결정이 빠르며, 대출을 투자의 일환으로 생각하는 주니어 세대가 시장에 진입한 것입니다.

그 결과 빌딩 시장이 커지면서 아파트와 빌딩을 한 바구니에 함께 담는 시장이 형성되었습니다. 아파트 투자자와 빌딩 투자자 사이에 특별한 벽이 없어진 것이죠. 아파트 갭 투자와 빌딩 투자는 이제 개념도 비슷해졌습니다.

무슨 뜻이냐면 예를 들어 전세 7억 원을 끼고 10억 원짜리 아파트를 매입한 투자자는 대출과 이자 없이 7억의 빚을 지고 투자한 셈입니다. 임대수익은 당연히 없고 향후 시세차익을 기대하죠. 한편 7억 원 대출을 받아서 10억 원짜리 빌딩을 매입한 투자자는 빚 7억 원의 이자를 임대수익으로 지불합니다. 역시 시세차익을 기대하죠. 과거 그들만의 리그가 있던 때는 빌딩 투자의 목적이 주로 임대수익이었지만 지금은 아파트나 빌딩 투자의 목적은 공통적으로 시세차익입니다.

개념은 비슷하지만, 빌딩 투자가 아파트보다 규제가 덜하면서도 이 책을 통해 설명하게 될 여러 가지 장점이 있어서 투자 상품으로 가치가 있다는 것이 필자의 생각입니다. 특히 개인이 매입할 수 있는 금액대인 꼬마빌딩이 그렇습니다.

꼬마빌딩이란 부동산 관련 법령에서 사용하는 단어가 아닌 비공식 업계 용어인데, 처음 등장했을 무렵에는 '5층 이하, 매매금액 50억 원 이하'로 거래되는 중소형 근린생활시설(이하 근생시설)이나 건물 등 상업용 부동산을 뜻했습니다. 대로변에 있는 큰 빌딩이 아니라 그 뒤편의 이면도로에 있는 빌딩이었죠. 원래는 주거지역이었던 것이 상업지역으로 변경되면서 주목받게 된 사례가 많습니다. 그래서 꼬마빌딩 중에 1층에 상가, 상층에 주거시설이 있는 상가주택이 많은 것입니다.

수도권과 지방, 강남과 강북 등 지역적으로 편차가 있긴 하지만 인기도와 맞물려 그 매매가격이 점점 올라가는 추세라는 점은 크게 다르지 않습니다. 최근에 부동산 가격이 급등하면서 지역에 따라 3,000㎡(약 1,000평), 매매금액 200억 원 이하까지 꼬마빌딩의 범위를 확대해나가는 추세입니다. 과거의 꼬꼬마빌딩이 지금은 꼬마빌딩이 되어버렸습니다. 참고로 공공기관 혹은 금융사별로 꼬마빌딩 기준이 조금씩 다른 관계로 이 책에서는 수치를 인용할 때마다 최대한 그 기준을 명시하겠습니다.

그렇다면 꼬마빌딩은 왜 이렇게 인기가 좋은 것일까요? 앞으로도 계속 그럴까요? 먼저 꼬마빌딩 변천사를 간단히 정리해보겠습니다. 최근 10여 년 사이의 역사적 흐름을 파악하고 있는 것은 매우 중요합니다. 과거를 아는 사람만이 현재를 분석해서 미래를 예측하고 준비할 수 있기 때문입니다. 그것이 바로 공부입니다.

KEY POINT

**땅, 아파트, 빌딩 중에서
최고의 부동산 투자 상품은 빌딩**

꼬마빌딩의 변천사 2008년~2021년

[2008년~2016년]

빌딩 시장이 지금처럼 높은 관심을 받게 된 것은 2008년 10월, 글로벌 금융위기 이후부터라고 할 수 있습니다. 불패의 투자 상품이던 아파트 시장이 붕괴하였고 투자자들은 대체재로 꼬마빌딩을 찾기 시작했습니다. 2009년부터 2014년까지의 빌딩 시장은 아파트와 다르게 글로벌 금융위기 이전의 가격을 조금씩 회복함은 물론 계속 상승했습니다.

그러다 2014년 7월, 박근혜 정부가 총부채상환비율(DTI: Debt To Income)과 주택담보인정비율(LTV: Loan To Value Ratio)을 완화해주면서 2차 급성장이 시작됐습니다. 이어서 한국은행은 2014년 8월부터 금리를 인하하기 시작했습니다. 이는 곧 높은 전세금에 허덕이지 말고 은행에서 대출받아서 아파트를 사라는 시그널이 되었습니다. 여유가 있는 사람들은 갭 투자에 나섰고, 아파트 시장이 회복되기 시작했습니다. 자연스럽게 5년 동안 아파트에 묶여 있던 자금이 움직이기 시작했는데 결국 그 종착지가 꼬마빌딩이었습니다. 워낙 인기가 좋아 빌딩이라고 표현하기 민망한 꼬꼬마빌딩까지 없어서 못 파는 정도가 되었죠.

2015년~2021년 서울 업무상업시설(상가, 오피스, 빌딩 등) 거래 추이

연도	거래 건수	총 가격 (만 원)	3.3㎡당 단가 (만 원 /연면적 기준)	3.3㎡당 단가 (만 원 /대지면적 기준)	200억 원~	50~ 200억 원	10~ 50억 원	10억 원 미만
2015	3,877	1,253,379,736	1,966	3,531	64	396	2,085	1,332
2016	4,510	1,668,289,677	2,105	3,706	89	476	2,480	1,465
2017	3,767	1,724,128,895	2,544	4,263	85	617	2,061	1,003
2018	2,897	1,727,073,895	3,544	5,428	115	600	1,449	733
2019	2,867	2,099,553,139	3,622	5,936	164	687	1,379	637
2020	3,714	2,919,421,114	3,943	6,534	216	1,093	1,796	609
2021	4,356	3,900,679,656	4,816	7,868	364	1,398	2,013	581

자료: 밸류맵

2015년은 빌딩 매매가 붐업되기 시작한 해였습니다. 밸류맵이 제공한 서울 업무상업시설 실거래 자료에 따르면 2015년 3,877건에서 2016년 4,510건으로 약 16.32% 증가했습니다.

강남의 중소형 빌딩이 특히 인기였고, 마포구 연남동에 경의선 숲길이 조성되면서 연트럴파크가 주목받기 시작했습니다. 또한 서울숲의 등장과 함께 '숲세권'에 속하는 성수동과 뚝섬의 아틀리에길이 신흥강자로 부상하기 시작했습니다. 후자의 두 곳은 연예인들의 매입 열풍까지 가세하면서 인기에 불이 붙었고, 지금까지도 여전히 상승 곡선을 달리고 있습니다.

2016년 30억 원 미만의 빌딩의 거래는 전년도 59.21%에서 52.31%로 줄어든 반면 30~50억 원 미만의 빌딩은 26.74%로 전년도 20.36%보다 상승했습니다. 이는 투자수요 확대로 저가 매물이 소진되고, 전체적인 매매가격이 상승하면서 20억 원 미만의 빌딩이 차지하는 비중이 감소한 결과이기도 합니다.

2016년에 주목할 곳은 여전히 성동구였는데 다른 해와 달리 용산구, 마포구와 함께 9% 거래 건수를 차지하면서 어깨를 나란히 했습니다. 강남 3구를 포함한 마용성 3구(마포구, 용산구, 성동구) 등 상위 6곳의 거래 건수는 60%로서 전년도 54%보다 상승했습니다. 이 6곳의 인기는 2022년인 지금까지도 여전합니다. 서울에 있는 6마리 용이라 불리는 이 지역에 대해선 자주 언급하게 될 것입니다.

[2017년~2019년]

2017년 8·2 부동산대책은 꼬마빌딩 역사에서 하나의 분기점이 됩니다. 투기지역이나 과열지구를 지정하면서 대출을 제한하고, DTI와 LTV를 40%로 축소해 대출을 규제하는 등의 수요억제정책을 시행했습니다. 서울 11개 구를 투기지역으로 선정하는 등 규제 종합세트라 불렸죠.

다주택자에 대한 금융규제(투기지역 내에서 주택담보대출을 1세대당

1건으로 제한)를 펼치자, 즉 매도하라는 시그널을 보내자 자금의 여유가 있는 사람들이 꼬마빌딩 시장을 들여다보기 시작했습니다. 하지만 거래량은 그만큼 나타나지 않았습니다. 앞의 표에서 확인한 바와 같이 2017년과 2018년 서울지역 일반 업무상업시설의 거래는 얼어붙었습니다.

국토교통부 상업용 부동산 실거래 자료에 따르면 2016년까지 증가 추세를 보이던 서울 업무상업시설 거래량이 2017년에는 전년 대비 16.5% 감소한 3,767건으로 나타났습니다. 2018년은 전년 대비 23.1% 감소한 2,897건이었습니다.

2018년 3분기 기준 지역별 거래량을 보면 전년 동 기간 대비 서울이 43.1%, 인천이 22.1%, 경기가 14.7% 감소한 것으로 나타나 서울지역의 거래가 특히 크게 위축되던 시기였습니다. 하지만 매매가격이 상승한 상태였기 때문에 거래량은 줄었음에도 거래금액은 상승했습니다. 거래금액 총액은 2012년 2조 8,000억 원에서 2017년 9조 2,000억 원까지 늘어났습니다. 평균 거래금액을 파악해봐도 소규모 빌딩(연면적 100㎡ 초과 1,000㎡ 미만)의 평균 거래금액은 2016년 21억 7,000만 원에서 2017년 26억 2,000만 원, 2018년 3분기에는 32억 2,000만 원으로 상승했습니다.

다만 2018년부터는 거래량이 감소하면서 3분기 기준으로 거래총액이 전년 동 기간 대비 22.5% 감소한 5조 7,000억 원 수준을 보였습니다. 이는 2018년 9·13 부동산대책과 금리 인상의 우려 때문이었습니다. 2018년 10월부터 2019년 3월까지 약 6개월간의 거래는 전년도 대비 50%의 수준에 머물렀습니다.

이러한 소강상태가 지속되는 분위기에서도 연이은 금리 동결로 금리 인상의 우려가 사라지면서 매입 시기를 연기해온 매수자부터 움직이기 시작했습니다. 2019년 4월부터 거래량이 전년도의 70~80% 수준으로 회복되기 시작한 것입니다.

역설적이지만 2010년대 후반은 투자수요 확대로 저가 매물이 소진되고 매매가격이 상승하면서 20억 원 미만 빌딩이 차지하는 비중이 지속해서 감소하는 시기였습니다. 수도권에서 20억 미만 빌딩이 차지하던 비중은 2013년 83.9%를 고점으로 2018년 3분기 68.9%까지 감소한 것이죠. 50억 원까지 확대해서 파악해도 상황은 비슷합니다. 꼬마빌딩이 꼬꼬마가 되고, 그나마도 없어서 못 판다는 말이 그렇게 엄살만은 아니었던 것입니다.

2018년 9·13 부동산대책 이후 가계와 개인 임대사업자에 대한 대출 규제가 강화되면서 상대적으로 대출이 쉬운 법인회사 명의로 빌딩을 우회 매입하는 추세가 늘어났다는 것도 특이점입니다. 2017년에서 2018년으로 넘어오면서부터 급속도로 늘어났습니다. 법인이 왜 개인보다 빌딩 투자에 유리한지는 천천히 설명하도록 하겠습니다.

또 다른 특이점은 2017년부터 2018년 3분기까지 거래된 소규모 빌딩의 특성에서 찾아볼 수 있습니다. 용도지역별로 살펴보면 일반주거지에 있는 빌딩의 거래가 많았습니다. 일반주거지 거래 비중은 서울과 경기도의 경우 72% 정도에 달했죠. 반면에 인천의 경우 상업지역 비중이 28.0%로 다른 지역에 비해 높았습니다.

도로 조건별로 보면 서울에서 거래된 소규모 빌딩의 37.5%가 8m 미만 도로에 접해 있었습니다. 전형적인 꼬마빌딩의 형태였죠.

하지만 인천과 경기의 경우 12m 미만 도로에 접한 경우가 각각 37.1%와 36.4%로 높게 나타났습니다.

건축 연도별로 보면 서울의 경우 건축 경과 연수가 30년이 넘는 노후 빌딩의 비중이 높았습니다. 거래량의 27.8%가 1980년대에 지어진 건물이었으며 24.9%는 1970년대 이전에 지어진 건물이었습니다.

반면에 수도권에서는 2000년대 이후 지어진 빌딩의 거래 비중이 높았습니다. 인천의 경우 2000년대에 지어진 건물이 16.4%, 2010년 이후 지어진 건물이 10.2%를 차지했으며 경기도의 경우 신축 빌딩 비중이 상대적으로 높아 거래량의 15.1%가 2010년 이후 지어진 건물로 나타났습니다.

서울은 일반거주지의 뒷골목에 있는 오래된 건물이 팔리고 있었으며, 경기도와 인천은 새로 지은 건물 위주로 손바꿈이 잦았던 것입니다. 같은 수도권이지만 이처럼 서로 출발점과 지향점이 달랐습니다.

조금 더 분석해보자면 서울의 경우 오랜 기간 빌딩을 소유했던 연로한 건물주가 관리도 힘들고 가격이 상승 무드에 진입하자 매물로 내놓은 것이라는 해석이 가능할 것입니다. 또한 낡은 빌딩까지 마다하지 않고 사들이는 투자자가 많았던 것이 이런 결과를 낳았습니다. 노후 빌딩을 사서 증개축이나 인테리어 등으로 빌딩의 가치를 상승시키는 전략이 그때부터 지금까지도 이어지고 있습니다. 당연히 매도자 입장에서도 원하는 가격을 받을 수 있었습니다. 반대로 수도권은 주로 활발한 상권을 중심으로 한 신축 빌딩의 매매가 왕성했던 것입니다.

2019년에는 상업용 부동산 공급이 저조한 해이기도 했습니다. 건축 허가와 착공 면적이 지난해 같은 기간보다 20%나 감소했죠. 많이 증가하던 상업용 부동산 공급이 2015년에 고점을 찍은 후 감소세를 보여 왔습니다. 그러나 2020년부터 다시 투자수요 증가와 함께 건축 허가와 착공 면적이 늘어나기 시작했습니다. 이에 공급 과잉을 우려하는 목소리가 있는 것도 사실입니다. 특정 지역에 갑자기 신축 매물이 많아지면 아무래도 공실이 증가하고 임대료가 내려갈 가능성도 있기 때문입니다.

서울을 돌아다니다 보면 갑자기 건설 붐이 일어나는 지역을 만날 수 있습니다. 마치 유행처럼 한 집 걸러 한 집이 빌딩을 올리고 있는 것을 볼 수 있습니다. 2022년 상반기 성수동 구두 거리가 그렇죠. 반면에 수년 동안 레미콘 차량 하나 다니지 않는 지역도 있습니다. 그 이유는 건축 붐이 일종의 트렌드이기 때문입니다. 쉽게 말해 대로변 건물주 김 사장이 증개축을 하면 뒤 건물 박 사장도 계획에 없던 움직임을 보이게 됩니다. 같은 시기에 완공된 빌딩이 많은 지역일수록 노후 시기가 비슷하므로 특히 그렇습니다.

2017~2018년 꼬마빌딩 시장에서 주목받았던 상권과 그 이유도 알아보겠습니다. 시장의 흐름을 파악하고 2022년 이후를 예상할 수 있는 참고 자료로서 가치가 있을 것입니다.

첫째, 용산구에 다양한 호재가 생기면서 강남구 주변 상권 및 부촌의 이미지를 형성하기 시작했습니다.

둘째, 홍대 상권을 중심으로 연남동, 상수동, 망원동, 합정동의 거래량이 꾸준히 이어지면서 홍대 상권이 다시 주목받았습니다.

셋째, 성수동의 일시적 소강과 익선동의 인기 상승이 주목할 지점이었습니다. 성동구 성수동은 대림창고가 오픈했던 2016년도에 113건에 달하던 30억 원 미만의 빌딩 거래가 66건으로 대폭 감소했습니다. 이는 가격이 급등하고, 눈에 보이는 상권의 변화가 미비했기 때문으로 분석됩니다.

한편 종로3가역에서 북쪽, 안국역 4번 출구와 종로3가역 6번 출구 중간 정도의 골목에 있는 종로구 익선동은 한옥의 감성과 현대의 세련미가 공존하는 곳으로서 2019년 가장 핫한 상권이었습니다. 서울에서 가장 오래된 한옥마을 중 하나로서 약 100여 가구의 한옥이 남아있는데 도로 폭이 매우 좁아 차량의 진입은 물론이고 사람들이 걷기도 힘든 곳이죠. 하지만 뉴트로(새로움을 뜻하는 New와 복고를 뜻하는 Retro의 합성어)를 원하는 내외국인들에게 큰 사랑을 받았습니다. 익선동 상권은 종로3가 지하철역 라인을 따라 조성된 포장마차 거리와 시너지 효과를 내면서 성장세를 이어가는 중입니다.

넷째, 강남권에 변화가 있었습니다. 30억 원 이하 빌딩이 2016년 162건에서 108건으로 대폭 줄었지만 30억~50억 원 사이의 매매가 97건에서 158건으로 늘어난 것입니다. 이 역시도 강남에 30억 원 미만의 빌딩이 사라지면서 생긴 현상입니다. 더불어 매수자들이 인상된 가격에 매입했다는 것으로도 해석할 수 있습니다. 시장이 활황기를 맞이하면서 30억 원짜리가 50억 원이 되어버린 것이죠. 저금리와 불황이 맞물리고, 고정임대수익과 시세차익을 노리는 투자자들이 꾸준하게 시장에 진입하면서 오른 가격을 인정하고 매입했다는 얘기가 됩니다.

2019년 서울 꼬마빌딩 거래량 중에서 강남 3구가 차지하는 비중은 약 20%, 이듬해인 2020년에는 25%에 달했습니다. 강남 불패 신화가 아파트에 이어 꼬마빌딩으로도 넘어온 형국이었습니다.

여담이지만 2020년은 가로수길에 조던 브랜드의 단독 매장인 조던 서울과 애플 공식 1호 매장인 애플스토어가 문을 연 해였습니다. "가로수길이 가로수길 했다"로 이해하면 될 것 같습니다. 함부로 "가로수길은 이제 망했어!"라고 하면 안 됩니다.

[2020년]

2019년 12월, 코로나19 시대가 시작되었습니다. 글로벌 경기 불황의 신호탄이었죠. 2020년이 되면서 사람이 거리에 나오지 않으니 돈이 돌지 않았습니다. 결국 상권이 붕괴할 것이고, 빌딩 시장에도 영향을 끼칠 것으로 예상했습니다. 우려는 현실이 되었습니다.

우선 눈에 띄는 가장 큰 변화는 1층 공실이 빠르게 늘어나기 시작했다는 것입니다. 강남은 그런대로 버틸 수 있었지만 강북 꼬마빌딩의 1층 상가들은 이가 빠지듯 공실이 생겨나면서 건물주들도 힘겨워했습니다. 대한민국 최대 상권인 종로구를 비롯하여 서촌과 북촌 등의 공실은 심각했습니다. 외국인 관광객들에게 의존하던 상권은 그야말로 치명적이었습니다.

2020년 시장을 논하기에 앞서 그 이전 자료부터 보는 것이 옳을 것 같습니다. 국토교통부의 자료에 따르면 서울 전체의 상권 공실률은 이미 2017년 3월 말 6.5%, 2018년 3월 말 7.7%, 2019년 3월 말 8.3%로 조금씩 증가하였습니다. 강남구 신사역 주변 역시 같은 기간 2.9%, 7.8%, 8.3%로 가파르게 공실이 증가했습니다.

이는 개성 있는 상점들이 들어서면서 형성했던 고유의 상권을 대기업의 플래그십 스토어가 점령하면서 발생한 젠트리피케이션(gentrification)의 후폭풍이라고 볼 수 있습니다. 젠트리피케이션이란 상류층을 뜻하는 젠트리(gentry)에서 파생된 용어로 도심의 노후한 지역에 중산층 이상의 계층이 유입되면서 기존 주민들을 밀어내는 현상을 말합니다. 상업지역에서 발생하는 젠트리피케이션의 부작용은 임대료 상승 등으로 인해 기존 상점들이 밀려나면서 결국 상권이 경쟁력을 잃고 쇠퇴하는 현상입니다. 단골 가게가 사라지면서 유동 인구가 줄고, 결국 대기업까지 흥미를 잃고 가로수길을 떠나기 시작한 것입니다.

가장 충격적인 곳은 이태원의 대표적 상권인 경리단길입니다. 'ㅇ리단길'의 원조로 통하는 경리단길의 언론 노출 빈도는 2013년부터 늘기 시작해 2015년(445건)에 최고치를 기록했고, 창업 역시 2015년이 고점이었습니다. 언론 노출은 2016년 298건으로 확 줄었고 상권도 쇠퇴하기 시작했습니다. 2017년부터는 폐업하는 매장이 창업보다 더 많아졌죠. 2017년 3월부터 2019년 3월까지의 공실률이 14.9%, 22.4%, 24.3%로 가파른 상승곡선을 이어 나갔습니다. 심지어 2017년 4분기부터 2018년 4분기까지만 살펴보면 11.8%에서 21.6%로 두 배 가까이 상승했습니다. 이후로도 좀처럼 나아지지 않았습니다. 국토교통부 발표에 따르면 2019년 1분기 경리단길로 대표되는 이태원 일대 상가 공실률은 24.3%로 서울 평균 공실률 (7.5%)보다 세 배가량 많았습니다.

'○○○길'에서 촉발된 젠트리피케이션과 공실 확산, 거기에 코로나19까지 겹쳤으니 자영업자들이 견디기 힘든 2020년이었습니다. 그나마 2017~2019년 기간 동안 의외로 선전한 곳은 홍대 및 합정동 상권이었습니다. 2017년 8.0%, 2018년 8.3%로 서울 평균보다 높은 추세를 보이다가 2019년 4.6%로 급격하게 상권 공실률이 줄어들었습니다.

서울대 입구, 일명 샤로수길도 2017년 3월의 공실률이 2.8%로 신사역 상권과 비슷했으나 2017년 4분기부터 2018년 4분기까지의 공실률은 제로에 가까웠습니다. 조금 증가했다고 볼 수 있는 2019년 의 공실률조차 3.3%로서 서울 평균의 절반도 되지 않았습니다.

또한 을지로3가 상권 역시 빈 점포를 찾아보기 힘들 정도로 급성장했죠. 을지로 인쇄골목은 2018년부터 뉴트로 열풍과 함께 2030세대가 유입되면서 새롭고 개성 있다는 뜻의 '힙(hip)'과 을지로의 '지로'가 합쳐진 '힙지로'라는 별명으로 불리기 시작했습니다. 을지로는 지금까지도 계속해서 확장되고 있는 상권입니다.

젠트리피케이션이라고 하는 특수성을 제외하고 본다면 장사가 되는 곳은 그래도 유지가 되고, 거품이 있는 곳은 급격하게 쇠락한다는 것을 3년 치 통계가 말해주고 있습니다. 갑자기 핫해진 동네는 리스크 역시 핫하다는 것, 즉 갑자기 뜨거워진 냄비는 빨리 식는다는 것이 골목상권의 단점입니다.

2019년과 2020년을 통과하면서 뚝섬역 상권이 떠올랐습니다. 서울숲, 아틀리에길 주변으로 예쁜 카페와 식당이 많아지면서 서서히 주목받다가 2019년 5월, 뚝섬역 1번 출구 앞에 오픈한 세계적인 커피 브랜드 '블루보틀'이 화제가 되었습니다. 고급 아파트 단지 조성, 성수동과 함께 성장하는 상권, 연예인들의 빌딩 매입 등이 연일 이슈였습니다.

코로나19와 함께 새해를 맞은 2020년, 경기가 급격히 나빠지면서 임차인들의 연체 및 공실률이 증가했습니다. 당연히 임대수익이나 투자수익률까지 낮아지면서 상업용 부동산 시장도 얼어붙었습니다.

국토교통부에 따르면 2020년 서울 중대형 상가와 소규모 상가의 연 임대수익률은 각각 2.94%, 2.08%였습니다. 그나마 임대료가 높은 오피스는 연 4.1% 정도였죠. 꼬마빌딩에 오피스, 상가 등이 혼합되어 있음을 감안하면 소비자물가 상승률(2.5%)을 겨우 턱걸이 하는 수준의 임대료 이익을 얻었던 셈입니다.

구체적으로는 강남권이 연 2~3%대, 강북권이 연 3~4%대, 기타 수도권이 연 3.5~4.5%이고, 지방은 연 4~5% 수준이었습니다. 결국 대출이자를 부담스러워하는 건물주가 등장하는 상황이었던 것입니다. 그런데도 빌딩의 인기는 식지 않았습니다. 식었다기보다 오히려 더 성장했습니다. 2020년 2분기까지만 해도 분기 거래량이 1조 원대로 2019년보다 적었지만 2020년 3분기부터 저금리의 영향으로 시장의 반전이 시작되었습니다. 2020년 4분기까지 역대 최고를 기록했다는 말까지 나올 정도로 상업용 부동산 거래가 활발해진 것이죠. 거래금액, 건수 모든 것이 전년보다 많이 증가했습니다. 코로나19가 자영업자들에게는 큰 영향을 끼쳤지만 의외로 빌딩 매매에는 영향이 없었다고 분석할 수 있습니다.

10억 원 미만의 빌딩은 시장에서 찾기조차 힘들었고, 50억 원이상 200억 원 이하의 빌딩은 법인투자자들이 임대사업이나 사옥으로 사용하기 위해 과감한 투자를 하면서 전년보다 인기를 끌었습니다. 여기에는 50억 원 이하였던 빌딩이 50억 원 이상으로 상승하면서 이익 실현을 위해 매물로 나온 경우도 추가로 포함되어 있어서 분위기는 더욱 고조되었습니다.

2021년 분석으로 넘어가기에 앞서 2020년 연말을 기점으로 지난 5년 이내의 추이를 중간 정리할 필요가 있습니다. 우선 '2019년~2021년 월별 서울 업무상업시설의 거래 건수 현황' 그래프를 살펴보면 2020년까지 월별 거래 건수에서 몇 가지 특이한 지점이 있습니다.

2020년 초, 코로나19가 창궐하여 마스크 대란이 일어났을 때 정부는 금리를 3월에 0.5%, 5월에 0.25%로 두 번 인하합니다. 이렇게 두 번의 금리 인하가 시장에서는 엄청난 결과를 만들어냅니다. 2019년 12월에 시행한 아파트 대출 규제로 갈 곳을 잃은 투자자가 저금리를 활용한 꼬마빌딩 시장으로 급속하게 유입되면서 거래 건수가 갑자기 많아지게 된 것입니다. 그 결과 7월의 빌딩 거래 건수는 급증했습니다. 이런 저금리 기조가 2021년까지 계속 이어지면서 2021년은 4,356건으로 2020년 3,714건보다 17.29% 상승합니다.

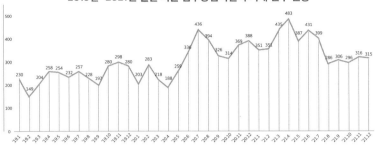

2019년~2021년 월별 서울 업무상업시설의 거래 건수 현황

자료: 밸류맵

　　2020년 7월은 코로나로 낮아진 금리를 활용하기 위한 매수자와 아파트 규제를 피해 새로운 투자처로 꼬마빌딩을 선택한 매수자의 유입으로 업무상업시설의 인기를 실감할 수 있는 때였습니다. 그 인기는 그래프에서 확인하듯 2021년 상반기까지 꾸준히 이어졌습니다. 그러나 2021년 하반기 금리 인상이 발표된 뒤부터 매매 건수가 기존 대비 20~30% 정도 감소했습니다. 수익용 부동산이 직접적으로 금리의 영향을 받는다는 사실을 보여주는 예라고 할 수 있습니다.

2017년~2021년 서울시 업무상업시설 자치구별 거래 현황

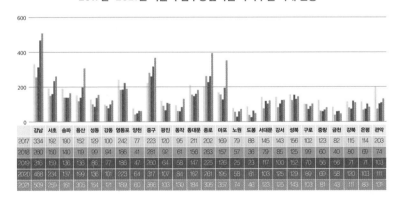

	강남	서초	송파	용산	성동	강동	영등포	양천	중구	광진	동작	동대문	종로	마포	노원	도봉	서대문	강서	성북	구로	중랑	금천	강북	은평	관악
2017	334	192	190	152	129	100	242	77	223	120	95	211	202	169	79	88	145	143	156	102	123	82	115	114	203
2018	260	150	140	119	99	94	186	41	281	92	61	156	263	157	57	36	79	85	125	99	60	40	80	69	74
2019	316	136	136	135	86	77	186	47	260	64	58	147	260	126	25	31	117	100	122	70	56	56	71	71	103
2020	468	234	137	199	136	101	223	64	317	107	84	162	261	195	58	61	103	125	129	89	58	120	103	111	
2021	509	259	161	305	154	121	189	60	366	103	130	184	305	357	74	48	123	125	143	103	81	43	111	103	131

자료: 밸류맵

2019년부터 2021년까지 3년 동안 서울시의 25개 구의 변화를 살펴보는 것도 의미가 있습니다. 강남구를 비롯하여 서초, 용산, 성동, 마포, 강동, 중구, 동작, 종로, 동대문 등의 거래 건수가 증가한 것을 알 수 있습니다. 그중에서도 강남, 종로, 마포의 상승이 압도적입니다.

구체적으로 한번 볼까요? 2017년부터 2020년까지 서울 자치구별로 업무상업시설의 거래 현황을 보면 2018년에 거의 모든 자치구가 2017년보다 거래가 적었습니다. 특히 관악구가 큰 폭으로 급락했습니다. 이는 고시생들이 빠지면서 수익성이 낮아졌기 때문으로 보입니다. 더불어 아파트 대출 규제로 대출금이 줄어들면서 원룸이나 고시원으로 지어진 빌딩이 많은 관악구가 저금리로 대출을 많이 받으려던 투자자들에게 외면당한 것입니다.

이런 가운데 25개 자치구 중에서 종로구와 중구만 유일하게 2018년에 오히려 전년보다 거래량이 많이 증가했습니다. 이는 대형 오피스 또는 오피스텔을 짓기 위해 작은 꼬마빌딩을 매입하는 등의 부동산 개발 붐이 일어서 나타난 결과로 판단됩니다.

한편 2017년보다 매매 건수가 증가하거나 회복한 자치구는 강남구, 서초구, 마포구, 용산구, 성동구, 종로구와 중구인데 역시 강남구가 압도적입니다.

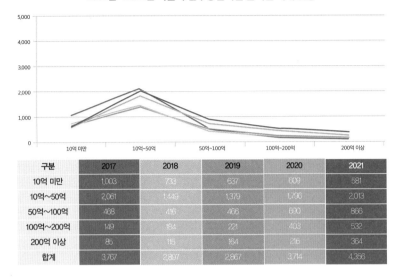

2017년~2021년 서울시 업무상업시설 금액별 거래 현황

구분	2017	2018	2019	2020	2021
10억 미만	1,003	733	637	609	581
10억~50억	2,061	1,449	1,379	1,796	2,013
50억~100억	468	416	466	690	866
100억~200억	149	184	221	403	532
200억 이상	85	115	164	216	364
합계	3,767	2,897	2,867	3,714	4,356

자료: 밸류맵

2017년부터 2020년까지 금액별 거래 현황도 살펴보겠습니다. 2017년 1천여 건에 달하던 10억 원 이하 꼬마빌딩은 2018년부터 급격히 줄면서 2020년에는 2017년 대비 절반으로 떨어졌습니다. 이는 인기가 떨어진 것이 아니라 매물이 소진된 결과입니다. 반면에 100억 원에서 200억 원 사이의 빌딩은 계속해서 증가하는 추세를 보였습니다. 특히 2019년에서 2020년은 약 두 배까지 거래 건수가 늘었습니다. 이는 임대수익으로 매입하는 수요가 아닌 법인이 자가 사용, 즉 사옥용으로 매입한 사례가 많아서 그렇습니다. 임대료를 내는 것보다는 이자를 내는 것이 금전적으로 더 이득이기 때문이었죠.

필자의 고객 중에서도 이 시기에 사옥을 매입한 경우가 많습니다. 은행에서 대출만 나온다면 가격 상승이 예상되는 빌딩을 매입하여 자산의 가치도 올리고 매월 부담하는 임대료 대신 이자로 부담함으로써 월 지출 비용을 줄인 것이지요.

[2021년— 리테일 시장의 심각한 공실률]

2021년은 조금 더 자세히 분석해보겠습니다. 먼저 공실률입니다. 설마 하던 코로나19가 1년을 넘도록 종식되지 않은 채 2021년을 맞이했고 공실은 늘어만 갔습니다. 탄탄한 주거지역을 배후에 두고 있는 목동이나, 오피스가 많고 인구밀집도 높은 강남은 그래도 배달앱이 활성화되어 있어서 나름대로 버틸 수 있었습니다.

문제는 강북이었습니다. 주말 장사를 노리는 데이트 코스의 상점들은 코로나19가 치명적이었습니다. 식당은 낮에 밥이라도 팔수 있다지만 특히 당구장, 호프집, 헬스클럽, 노래방은 직격탄을 맞았습니다. 소규모 상가보다 중대형 상가 쪽에서 버티지 못하는 모습을 더 많이 보였습니다. 아무래도 임대료 영향이 컸던 것이죠.

2021년 1분기와 연말을 비교해봤을 때 전국적인 상황을 보면 중대형 상가(50% 이상 임대되는 3층 이상, 연면적 330㎡ 초과 건물)의 공실률은 13.0%에서 13.5%로, 소규모 상가(일반 2층, 연면적 330㎡ 이하)는 6.4%에서 6.8%로 증가했습니다. 서울 중대형 상가는 8.9%에서 10.0%로, 소규모 상가는 6.5%에서 6.7%로 역시 증가했습니다.

반면에 명품 거리로 불리는 청담동 같은 경우는 공실률이 오히려 역주행했습니다. 점포 수도 늘고, 임대료까지 올랐죠. 이런 상황은 다시 투자자들의 관심을 끌어모으는 선순환구조가 됩니다. 한국부동산원의 2021년 3분기 상업용 부동산 임대 동향 조사에 따르면 청담동 소규모 상가 투자수익률은 3.53%로서 서울 소규모 상가 평균 수익률(1.53%)보다 무려 2% 포인트 높았습니다. 투자수익률은 3개월 동안 부동산 보유에 따른 투자성과를 나타낸 지표로 소득수익률과 자본수익률을 합산해 산출합니다.

그렇다면 한국에서 가장 비싼 땅, 명동의 2021년은 어땠을까요. 외국인 관광객, 특히 중국인 관광객의 의존도가 매우 높은 명동은 코로나19로 인한 장기적 불황과 관광객 감소로 인해 직격탄을 맞았습니다. 2019년 내국인 하루 평균 유동 인구는 18만 명이었지만, 2021년은 13만 8,000명으로 2년 새 약 25%가 감소했습니다. 또한 같은 시기 외국인 방문도 하루 평균 3,000명에서 150여 명으로 급감했습니다. 그 결과 곳곳에 '휴업', '공실', '임대' 간판이 내걸린 상점들이 본격적으로 늘어났죠.

한국부동산원이 발표한 2021년 1분기 상업용 부동산 임대 동향 조사에 따르면 명동 중대형 상가의 공실률은 38.3%였습니다. 2020년 2분기에 8.4%, 3분기에 9.8%이던 비율이 4분기부터 22.3%로 급등하더니 해가 바뀌면서 무려 40%에 육박하게 된 것입니다. 이는 한국부동산원이 신표본으로 조사를 시작한 2020년 이후 가장 높은 수치였죠. 그러던 것이 결국 2021년 3분기에는 47.2%까지 치솟았습니다. 이는 서울 중대형 상가의 평균 공실률(9.7%)보다 37.5% 포인트 높았습니다. 소규모 상가만 분석하면 43%로서 서울 소규모 상가 평균 공실률(4.4%)보다 38.9%포인트나 높은 수치입니다.

건물주들이 임대료를 30% 이상 내렸지만 버티는 자영업자들은 여전히 힘들었고, 새로 입점하려는 자영업자들은 없었습니다. 공실이 늘어날 수밖에 없었죠. 흔들린 것은 상권과 자영업자들이었지 토지 가격만큼은 요지부동이었습니다.

단위 면적당 대한민국 공시지가 상위 10위가 모두 명동에 있습니다. 전국 1위는 네이처리퍼블릭의 부지로 공시지가가 3.3㎡당 2억 원에 달하죠. 역시 명불허전 명동입니다. 임대수익이 감소해도 토지 가격 상승을 통한 시세차익은 언제든지 충분히 볼 수 있는 지역으로서 어찌 보면 떨어질 이유가 하나도 없는 것이죠. 빌딩 투자의 매력 중 하나가 바로 이 시세차익입니다.

한편 이태원, 홍대, 합정 등에 있는 소규모 및 중대형 상가의 공실률도 만만치 않았으며, 지방은 말할 것도 없었습니다. 경상도의 최대 상권 중 하나인 대구 동성로의 경우 2021년 1년 사이 폐점한 음식점이 161건에 달했습니다.

공실률이 높으면 당연히 임대수익도 떨어지고, 수익이 떨어지면 매각을 시도하는 건물주들이 생깁니다. 특히 종로처럼 소매업 비중이 높은 상권 같은 경우는 2년씩 공실을 버티기가 쉽지 않아서 중대형 위주로 10억씩 낮춘 상태에서 매물로 내놓는 건물주들이 생기기 시작했던 2021년이었습니다. 한국부동산원에 따르면 종로 일대 중대형 상가(3층 이상)의 공실률은 2021년 3분기 기준 10.9%로서 강남대로(9.7%), 을지로(7%)보다 높았습니다.

통상적으로는 임대료를 내리면 매매가격까지 덩달아 내려간다고 생각해서 공실로 남겨두더라도 임대료나 매매가격을 낮추지 않습니다. 그런데 종로는 다른 지역과 달리 임대료를 올렸습니다. 종로 중대형 상가의 1㎡당 월평균 임대료는 2021년 3분기 기준 7만 6,300원으로 1년 전보다 2.3%나 올랐습니다. 같은 기간 광화문, 명동, 신사역 등은 임대료가 내려갔으니 임차인들이 체감하는 부담감은 훨씬 더 컸을 것입니다. 결국 공실이 더 생길 수밖에 없게 된 구조가 된 것입니다. 2022년 1월 3일 영업을 시작한 종로의 대표 매장 KFC 한국 1호점이 38년 만에 간판을 내린 점은 시사하는 바가 크다고 할 수 있겠습니다. 이미 지난 2016년에는 맥도널드가 종로 1가에서 28년 동안 운영하던 직영 2호점 영업을 중단했죠.

이런 상황임에도 불구하고 유동자금이 대거 몰리면서 오히려 거래는 늘었습니다.

"공실인데도 임대료를 올리면서 공실을 유지해?"

"공실에 대한 부담을 안고 매입을?"

예비 투자자라면 이런 의문을 당연히 품어야 합니다. 공실이 있는 빌딩이 왜 매입에 유리한 점이 있는지를 아는 것도 빌딩부자로 가는 길입니다. 이것에 대해서는 PART 2 부분에 있는 '매수인의 자금 상황과 전략'에서 다시 설명하도록 하겠습니다.

[2021년- 빌딩 투자 역대급 돌풍]

토지·건물 정보 플랫폼 밸류맵에 따르면 2021년 전국 업무상업시설(빌딩, 상가, 숙박시설, 오피스 등) 거래액이 71조 8,000억 원을 기록했습니다. 2006년 실거래가제도 도입 이래 최고치였죠. 이는 단위 가격이 크게 오르면서 전체 거래액이 급등한 것으로 보입니다. 그리고 2021년 들어 전국 업무상업시설의 토지면적 단가는 3.3㎡당 2,029만 원을 기록해 처음으로 2,000만 원대로 올라섰습니다. 최근 5년간 빌딩 시장을 정리하면 리테일(상가)의 공실률은 늘었지만, 주요 지역의 오피스 공실률은 감소하였습니다. 상가의 임대료는 낮아지고, 오피스의 임대료는 올라가는 결과가 발생하였습니다. 임대수익에 기대를 건 투자자보다는 시세차익에 무게를 둔 투자자들이 매입하였고, 올라간 임대료 때문에 사옥으로 실사용할 회사들이 건물주에게 임대료를 낼 바에 은행에 이자를 내겠다는 생각으로 주요 지역의 사옥용 빌딩을 매입하면서 2021년은 빌딩 투자의 돌풍이 불었던 해였습니다.

2011년~2021년 서울시 꼬마빌딩 실거래 추이

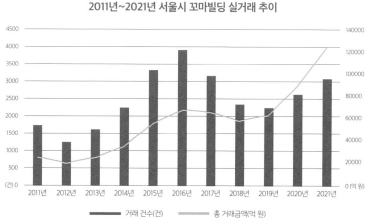

정보: 밸류맵

연면적 1,000㎡ 이하인 서울지역 빌딩의 2021년 실거래 현황을 보면 거래 건수는 3,102건으로 전년 대비 428건이 증가했고, 총 거래금액은 12조 4,000억 원으로 전년 대비 39% 증가했습니다. 3.3㎡ 단가는 전년 대비 20% 상승하여 7,000만 원을 넘어섰습니다.

연면적 기준 330㎡ 이하 꼬마빌딩의 거래는 2021년 1월부터 11월까지 1,617건을 기록했습니다. 이는 전년(1,480건) 대비 100건 이상 늘어난 것으로 같은 기간 서울 전체의 업무상업시설 거래인 3,466건의 절반에 달합니다.

중대형 빌딩의 거래 건수는 큰 변화가 없는 반면 소형 빌딩 거래는 늘어났는데 이는 법인보다는 개인 투자자가 규제가 심한 주택 시장에서 벗어나기 위한 움직임을 보임과 동시에 기존 건물주들이 코로나19의 영향으로 인해 매도에 나섰기 때문으로 분석할 수 있습니다.

매매가 원활하지 못해 새 주인을 만나지 못한 빌딩은 결국 경매 시장으로 나오게 됩니다. 임대수익이 낮아서 인기가 없어야 하는데 꼬마빌딩은 품귀 현상을 보였습니다.

법원경매 전문기업 지지옥션에 따르면 2021년 서울에서 경매를 통해 낙찰된 60억 원 미만 꼬마빌딩의 평균 낙찰가율은 120%에 달했습니다. 지난 3년 동안 소형 빌딩 평균 낙찰가율은 2019년 97.1%, 2020년 99.2% 등으로 감정가에 미치지 못했지만 2021년 들어 급격히 높아진 것입니다.

낙찰가율이란 감정가 대비 낙찰가 비율을 말하는데 응찰자들이 몰리면 올라갑니다. 실례로 강남구 청담동 소재 건물 면적 536㎡ 규모의 빌딩 입찰에 120명이 몰리면서 감정가 52억 2,000만 원짜리 빌딩이 두 배에 육박하는 102억 5,000만 원에 낙찰, 196.4%에 달하는 낙찰가율을 보이면서 화제가 되기도 했습니다. 2021년의 낙찰가율 120%라는 수치는 관련 통계를 집계한 2015년 이후 가장 높습니다.

[2021년- 상업용 부동산의 투자수익률]

정리해보면 2021년은 공실이 늘고 임대료 수익도 낮았지만, 투자수익률은 오히려 상승한 것으로 나타났습니다. 한국부동산원의 발표에 따르면 전국 상업용 부동산의 투자수익률이 6~8%인 것으로 조사되었습니다. 다른 투자 상품에 비하면 매우 높은 수치입니다.

아래 표를 보면 2018년부터 2020년까지 계속 떨어지던 수익률이 2021년 들어 반등했음을 알 수 있습니다. 이는 빌딩의 '가치'가 높아진 결과입니다. 2020년 3분기부터 활기를 찾은 시장 상황이 반영된 것으로서 부동산 시장의 자금이 꾸준하게 빌딩 쪽으로 이동하고 있다는 방증이기도 합니다.

2018년~2021년 전국 상업용 부동산 투자수익률 추이

구분		2018	2019	2020	2021	전년 대비
투자수익률	오피스	7.61%	7.67%	6.01%	8.34%	2.33%p
	중대형 상가	6.91%	6.29%	5.10%	7.02%	1.92%p
	소규모 상가	6.35%	5.56%	4.62%	6.12%	1.50%p
	집합 상가	7.23%	6.59%	5.40%	6.58%	1.18%p

자료: 밸류맵

지역별로 살펴보면 중대형 상가의 경우 서울, 경기, 대구, 대전, 세종 등이 7.5% 이상의 수익률을 기록했고, 소규모 상가의 경우 서울, 경기, 대구, 대전, 세종, 강원 등이 6.5% 이상의 수익률을 기록했습니다.

중대형 상가의 경우 서울이 7.90%로 1위였고, 소규모 상가의 경우 7.50%로 세종이 1위였습니다. 경기는 중대형과 소규모, 집합 상가에서 각각 7.57%, 7.02%, 7.00%로 모두 7% 넘는 수익률을 보였습니다. 주목할 지역은 세종입니다. 중대형과 소규모에서 각각 7.67%, 7.50%라고 하는 높은 수치를 보였지만 집합 상가의 수익률은 2.86%로 전국 평균 6.58%에 크게 미치지 못하면서 주요 17개 시도 가운데 가장 낮았습니다. 공실률과 함께 이미 몇 년째 회복의 기미가 보이지 않는 세종시의 고질적 문제입니다.

참고로 집합 상가란 강변 테크노마트처럼 점포마다 소유권이 따로 있는 리테일 상가를 말합니다. 2000년대 중반까지만 해도 동대문 두타나 밀리오레를 시작으로 인기를 끌기 시작했죠. 하지만 온라인 쇼핑몰의 활성화와 장기적 불황으로 직격탄을 맞은 상황입니다. 의류, 컴퓨터, 카메라, 휴대전화 대리점들이 차례로 문을 닫고 있는 실정입니다.

2021년에 달라진 정책 중 하나는 규제가 강화되었다는 것입니다. 정부는 2021년 5월 17일부터 비주택담보대출에 대한 주택담보대출비율(LTV)을 80%에서 70%로 낮추겠다고 발표했습니다. 한국토지주택공사(LH) 일부 직원이 비주택담보대출을 활용해 땅 투기

했다는 의혹에 따른 대책입니다. 결국 50억 원짜리 빌딩을 매입할 때 40억 원까지 나오던 대출이 35억 원으로 줄어들게 된 것이죠. 일시적인 현상이지만 결국 투자자 입장에서는 부담이 되었습니다.

또한 7월부터 토지거래허가구역 내 비주택 LTV를 40%로 제한하였습니다. 강남구의 대치동, 삼성동, 청담동, 압구정동 외에 송파구 잠실동, 성동구 성수동, 양천구 목동, 영등포구 여의도동, 용산구 이촌동 등 서울 인기 지역이 토지거래허가구역입니다.

토지거래허가제란 토지의 투기 방지와 합리적 지가 형성을 위해 일정 기간(5년 이내) 토지거래 계약을 허가받도록 하는 제도를 말합니다. 쉽게 말해 개발 호재가 있어서 가격이 급등할 지역을 정부가 나서서 규제하는 것입니다. 따라서 이 구역에 있는 빌딩을 매입하면 실제 목적대로만 사용해야 합니다. 건물주 본인이 직접 상업 행위를 하지도 않으면서 단순한 임대수익용으로 매입하는 것은 허가가 나지 않을 수 있습니다. 자기 경영을 하는 공간과 임대하려는 공간은 분리되어야 하고 토지이용계획서에 구체적인 임대계획을 밝혀야 합니다. 이 기간이 지나면 가격은 폭등할 가능성이 큽니다. 정부가 가격이 상승할 지역이라고 공식적으로 인정한 셈이기 때문입니다.

KEY POINT

**빌딩 시장은 언제나
우상향 곡선으로 상승 중**

2021년 강남 3구와 마용성 3구 분석

만일 필자에게 어느 지역의 빌딩을 사는 것이 좋겠냐고 묻는다면 '환금성과 입지를 고려할 때 무조건 강남!'이라고 답합니다. 필자의 부동산 철학은 언제나 '입지!'입니다. 안정적인 임대소득도 물론 중요하지만 향후 시세차익을 염두에 둔다면 토지 가격이 높으면서 거래가 활발한 지역을 찾는 것이 더 중요하기 때문입니다.

자금상 강남 3구에서 매입이 곤란하다면 상권, 입지, 미래가치를 고려할 때 한강을 따라 북쪽으로 형성된 마용성 3구가 2순위입니다. 모두 교통의 요지로서 역세권 상권이 형성되어 있고 유동 인구도 많습니다. 또한 고급 아파트나 재건축으로 환골탈태한 아파트 단지가 인근에 있어서 배후세대의 소비력이 좋습니다.

[강남 3구]

2021년 전국 일반 업무상업시설(빌딩, 상가, 숙박시설, 오피스 등) 거래액이 71조 8,000억 원을 기록했습니다. 2006년 실거래가제도 도입이래 최고치였죠. 서울의 경우만 보면 거래금액이 32조를 넘어서면서 전체의 46%를 차지했습니다. 이는 전년 대비 21.5% 늘어난 수치인데 이 중에서 강남 3구가 차지하는 비중은 19%였습니다.

강남 3구가 서울 전체 거래금액의 20% 가까이 차지한 배경에는 강남 3구 업무상업시설의 평당 단가가 1억 2,097만 원으로 서울 평균(7,849만 원)보다 1.5배 높았기 때문입니다. 이는 전년 대비 19% 늘어난 수준입니다. 또 강조하지만 역시 강남입니다. 꼬마빌딩이나 50억 원 이하의 꼬꼬마빌딩은 정말 매물을 찾기가 힘든 상황입니다.

강남권은 현재 굵직한 지역적 상승 요인 호재가 있는 상황입니다. 영동대로 복합환승센터가 2028년에 완공되면 지난 50년 동안 전성기를 구가하던 강남대로와 테헤란로의 시대가 가고 영동대로의 시대가 열릴 것 같습니다. 2호선 삼성역에서 9호선 봉은사역 630m 구간에 조성되는데 수도권광역급행철도(GTX)의 A와 C 노선, 위례와 신사를 오가는 경전철, 버스와 택시 환승시설이 들어서게 됩니다. 삼성동 코엑스와 송파구 잠실 일대가 이어지는 효과가 나타나면서 새로운 상권이 생기게 되는 것이죠.

또한 현대차 GBC는 2026년 완공이 목표인데 국내 최고층인 105층으로서 옥상은 드론 택시 착륙기지로 활용될 예정이라고 합니다.

[마용성 3구]

전통적 인기 지역인 강남 3구의 매물이 씨가 마르고 가격이 오르면서 한강을 따라 북쪽으로 형성된 마포구·용산구·성동구, 이른바 비강남권을 대표하는 마용성 3구에 대한 투자자들의 관심이 커졌습니다. 일종의 반사효과인 셈이죠.

2021년 서울 25개 구 업무상업시설에서 3.3㎡당 가격이 가장 높은 곳은 강남구(1억 4,605만 원)였으며, 서초구(1억 536만 원), 용산구(9,311만 원), 마포구(7,674만 원), 성동구(7,650만 원), 송파구(6,744만 원) 등이 그 뒤를 이었습니다.

전년 대비 상승률이 가장 높은 곳은 도봉구(42.5%↑·3,420만 원), 광진구(41.0%↑·6,360만 원), 동작구(34.0%↑·7,330만 원) 등이었습니다. 반면에 강북구(3,452만 원)와 은평구(4,172만 원)는 각각 7.9%, 3.1%씩 떨어졌습니다.

이러한 상권의 교체가 2021년 빌딩 시장의 특징 중 하나였습니다. 마용성이 상승세를 보였던 반면 중구, 종로구, 영등포구, 동대문구 등 전통적인 상권은 외면당한 시장 분위기였습니다. 사람이 모이지 않는 곳에는 돈도 모이지 않습니다.

마용성을 좀 더 구체적으로 살펴볼까요? 마포구는 그야말로 뜨거웠던 한 해였습니다. 거래 건수는 총 310건으로 2020년(184건)보다 68.5% 늘었고, 거래금액은 1조 9,716억 원을 기록하며 처음 1조 원을 돌파했습니다.

2021년 4월에 거래된 마포구 서교동의 지상 2층짜리 상가는

125억 원에 거래됐습니다. 3.3㎡당 1억 6,825만 원에 거래된 셈이죠. 1974년에 준공한 빌딩인데 2011년 8월에 32억 원, 2019년 2월에 107억 원에 거래된 바 있습니다. 결국 약 2년 만에 18억 원의 시세차익을 올린 것이죠.

성동구의 경우 거래 건수도 늘고 평당 단가가 상승한 것이 주목할 점입니다. 2017년 3,761만 원을 기록한 이후 매해 두 자릿수 상승률을 보이면서 2021년에는 평균 7,650만 원을 기록했습니다.

심지어 평당 1억 원이 넘는 거래도 있었습니다. 뚝섬역 인근 48.59㎡짜리 1층 건물은 1965년에 준공한 오래된 빌딩인데도 2021년 1월, 22억 4,000만 원에 거래됐습니다. 3.3㎡당 1억 5,238만 원이죠. 지난 2016년 10월, 8억 4,000만 원에 매수했던 매물이니 약 4년 만에 가격이 167% 상승한 것입니다.

성수동1가의 면적 301.83㎡, 지상 2층, 지하 1층 규모의 제2종 근생시설은 2020년 4월, 177억 8,500만 원에 거래됐습니다. 3.3㎡당 1억 9,489만 원 수준이었죠. 이 빌딩은 2014년 25억 5,000만 원에 거래된 바 있으니 598%나 상승한 것입니다.

지금은 성수동뿐만 아니라 약수역과 청구역, 신당역까지 매수세가 번지고 있는 상황입니다. 끝으로 용산구는 거래량이 큰 폭으로 는 것이 특징이었습니다.

코로나19 여파로 상권이 무너졌는데도 성동구 성수동과 마포구 서교동의 상가건물이 투자자들에게 관심을 받은 것은 기업, 특히 스타트업이나 엔터테인먼트 회사들이 둥지를 틀었기 때문입니다.

무신사와 SM엔터테인먼트는 각각 2020년에 본사를 성수동으로 이전했습니다. 물류 스타트업 바로고는 2020년에 서교동에 자체 공유주방 '도시주방'을 열었고, 웹툰 플랫폼 레진엔터테인먼트를 인수한 키다리스튜디오는 2021년에 웹툰 제작 스튜디오를 서교동으로 확장 이전했습니다.

강남 3구와 마용성 3개 구가 상대적으로 비싸다는 것을 알면서도 매매가 활발했던 이유는 화폐가치가 하락하는 상황에서 지가 상승에 따른 시세차익에 관심을 둔 투자자들이 늘었기 때문이기도 합니다. "인기 지역은 비싸니까 다른 곳을 사야겠다!"라는 생각보다는 "비싼 것은 역시 비싼 값어치를 한다!"는 생각으로 매입에 임하는 자산가들이 그만큼 많았던 것이죠.

투자자들이 6개 구에 보인 관심이 곧 '수요'입니다. 여유 있는 투자자들이 걸음을 옮기면서 노크하면 당연히 '공급'의 문이 열립니다. 수요가 공급을 견인하니 매매가 활성화되면서 가격 상승으로 이어집니다. 가격이 오름에도 시장은 "앞으로도 더 오를 여지가, 가능성이 있으니 나도 시세차익을 기대하며 투자해야겠다"고 반응했습니다.

사실 매수자 입장에서는 거래가격의 상승이란 곧 임대수익률 하락을 의미합니다. 따라서 임대수익보다는 시세차익을 기대할 수 있는 지역을 중심으로 한 매수세가 당분간 이어질 수도 있습니다. 다시 강조하겠습니다. 상가 임대수익률이 하락하거나 정체된 상황이기 때문에 토지 가격 상승에 따른 시세차익을 중요시하는 것이 요즘 투자의 트렌드입니다. 아파트 갭 투자와 궤도를 같이하는 것이죠.

[기타]

강남 3구와 마용성처럼 거래량이 많은 지역은 훗날 매각할 때 쉽게 잘 팔고 나올 수 있다는 장점이 있습니다. 하지만 이 지역에 입장하려면 그만큼 이름값, 즉 인기에 대한 초기비용도 지출해야 합니다. 비용이 부담스럽다면 향후 거래량이 많아질 것으로 전망되는 곳을 찾아서 투자해야 합니다.

강남 3구와 마용성 3구 외에 주목할 곳은 동작구, 강동구, 영등포구, 도봉구 등입니다. 서초권에서 확장된 곳이 동작구이고, 송파구에서 확장된 곳이 강동구입니다. 영등포구 문래동은 성동구 성수동이나 뚝섬 사례와 비슷한 준공업지역입니다. 오래된 공장이 빠져나가고 환경이 개선되면서 그 자리에 특색 있는 근생빌딩이 들어서는 중입니다.

또한 2020년 대비 2021년 상승률이 가장 높았던 도봉구도 주목해야 합니다. 서울시가 민간투자 사업으로 추진하는 국내 최초 대중음악 전문공연장이자 복합문화시설인 '서울아레나'가 드디어 본궤도에 올랐기 때문입니다. 지난 7년 동안 논의를 지속한 끝에 2022년 6월 착공, 2025년 준공 예정입니다. 최대 2만 8,000명을 동시 수용할 수 있는 공연장이 완공되면 도봉구 창동 일대 랜드마크로 자리매김할 전망입니다. K팝 관광객들의 발길을 강북 지역으로도 끌어오겠다는 계획이죠. 서울시는 "주변 일대가 중랑천 수변공간과 서울아레나가 결합하는 수(水)세권 중심의 도시공간으로 재편될 예정이다"라고 설명했습니다. 나아가 상계동 일대에는 바이오

메디컬 단지가 조성되면서 창동과 상계동을 동북권 경제거점으로 육성하겠다는 청사진이죠.

지하철 1, 4호선이 지나는 창동역사를 현대화하는 '창동민자역사 개발사업'이 11년 만에 공사를 재개해 복합쇼핑몰 '아레나X스퀘어'로 탈바꿈하는데, 창동역은 수도권광역급행철도(GTX)-C 노선이 정차할 예정이라서 교통망 호재도 주목받고 있습니다. 주변 아파트 거래는 2021년에 이미 급등세를 보인 바 있습니다.

KEY POINT

**강남 3구, 마용성 3구의 인기는
당분간 지속할 것**

2022년 이후 꼬마빌딩 시장은?

최근 몇 년 동안 주거용 부동산 대신 수익형 부동산을 찾는 투자자가 늘어나면서 거래량이 늘고, 가격대까지 상승했습니다. 공실률이 늘었고, 코로나19가 언제 종식될지 모르는 불확실한 상황에서도 계속된 저금리 기조에 의한 시중 유동성 증가와 주택 시장 규제의 풍선효과에 따른 수익형 부동산의 수요 확대가 있었죠.

한편 지속해서 현금 가치가 하락하는 경향을 보이자 자산가들이 방어 차원에서 적극적으로 나섰다는 분석도 가능합니다. 역시 '위기는 곧 기회'였습니다. 물론 공부하고 준비된 투자자에게만 해당하는 얘기죠.

주목할 특이사항은 2021년부터 기존 호텔이 고급 주거시설로 용도를 전환하고, 고급 신축 오피스가 늘고, 비대면 소비 확대로 물류창고 거래가 늘고 있다는 점입니다. 또한 지식산업센터가 수익형 부동산의 새로운 투자 상품으로 뜨거운 주목을 받으면서 공급과 거래가 상승세를 보이고 있기도 합니다. 상업용 부동산에 대한 인기가 높아지면서 자금이 있는 자산가들은 꼬마빌딩에, 그렇지 않은 경우는 지식산업센터에 투자했다고 보면 될 것 같습니다. 앞으로도 이런 투자 인기는 더욱 커질 것으로 판단됩니다.

2022년 상반기는 2021년과 달리 경매시장이 다소 어둡게 시작했습니다. 지지옥션에 따르면 2022년 1~2월 경매시장에서 60억 원 이하 빌딩의 낙찰가율은 107.8%를 기록했습니다. 이는 지난해 평균 낙찰가율 대비 12.1% 포인트 떨어진 수치입니다. 평균 응찰자 수도 지난해(13.21명)의 34% 수준인 4.5명을 기록했죠. 이는 2021년 8월부터 단행된 기준금리 인상 기조에 따른 대출 부담과 코로나19로 인한 임대수익 저하의 영향을 받은 것으로 분석할 수 있습니다. 금리 얘기를 더 해보겠습니다.

필자의 지인이 2022년 5월 신한은행을 통해서 매매가 대비 80%의 대출을 받으면서 책정된 금리가 3.7%였습니다. 많이 올랐죠. 2022년 상반기 추세가 3% 후반대입니다. 이 수준이면 임대료 받아서 이자 납부하기가 빠듯한 것도 사실입니다.

그런데도 시장에 매물은 나오지 않고 있습니다. 가격을 낮춰서라도 급하게 매도하려는 움직임은 없습니다. 매도한다고 해서 딱히 다른 대안이 있는 것이 아니기 때문이죠. 주식시장이나 코인은 계속 하락세이고, 현금 역시 인플레이션 때문에 보유하고 있을 이유가 없으니 기존의 부동산 보유가 답입니다. 적어도 마이너스 투자는 아니니까요.

또한 건물주들이 힘들다는 소문이 났으면 매수세도 잠잠해져야 하는데 매물을 찾는 사람 역시 줄지 않고 있습니다. 재테크 중에서 빌딩만 한 것이 없기 때문입니다. 결국 자금 여력이 있는 개인 투자자들이 그나마 안정적인 부동산, 그중에서도 수익형 빌딩 매수에 나서고 있는 것입니다. 돈이란 물처럼 흘러 다니면서 유통이 되어야 하는데 흘러갈 최적의 장소가 결국 빌딩 시장입니다.

게다가 윤석열 정부가 다주택자 양도세 중과를 1년 동안 일시 중단한다고 천명했습니다. 기회를 줄 테니 팔라는 뜻이죠. 윤석열 정부의 부동산 기조는 '규제 완화를 통한 시장 자율화'입니다. 규제를 풀고 수도권 공급을 늘리는 것을 골자로 하고 있죠. 그렇다면 아파트를 매도해서 현금화된 돈은 다 어디로 갈까요? 결국 꼬마빌딩입니다.

앞서 필자의 지인이 받은 대출금리가 3.7%였다고 설명했는데 이런 경우라면 임대수익률은 최소 3%가 나와야 합니다. 그래야 임대료를 받아서 이자를 내면 제로섬 정도가 됩니다. 겨우 손해를 면하는 정도라고 할 수 있죠. 그런데 막상 내가 매도하려고 할 때 금리가 4%를 넘어서게 된다면 수익률은 적어도 3.3% 이상은 나와야 합니다. 쉽지 않죠. 결국 현 건물주는 기대수익이 조금 떨어질 수밖에 없을 겁니다. 하지만 다른 투자 상품처럼 마이너스 투자는 아니기 때문에 매수세가 받쳐주고 있는 것입니다.

필자 생각에는 2022년 하반기 이후 새로운 정부와 포스트 코로나 시대가 맞물리면서 매매가 활성화될 것 같습니다. 그 시장에서도 여전히 매도자 우위 시장이 지속될 것으로 보입니다. 지금보다 가격이 더 오를 수도 있어 보입니다.

주목할 특이점은 투자 패턴이 변하고 있다는 점입니다. 지난 17년간의 경험에 의하면 저금리가 지속되면 투자자들이 적극적으로 대출을 받아서 매입에 나서게 되니 가격 상승으로 이어지고, 반대로 금리가 올라가면 빌딩 매매가는 떨어져야 정상입니다. 아파트는 정부 정책의 영향을 받지만, 빌딩은 금리의 영향을 많이 받기 때문에 이 규칙은 거의 불변의 원칙이었습니다. 하지만 지금 시장은 그렇지 않습니다. 매수자들이 빌딩 가격이 내려갈 틈을 주지 않고 바로바로 장바구니에 담고 있습니다. 필자가 17년간 중개업을 하면서 배운 기본적인 빌딩과 금리의 상관관계가 깨지고 있습니다. 그래서 필자도 다시 시장을 바라보면서 이해하고 있습니다. 다른 투자 대안이 나타나지 않으면 매도우위 시장은 계속될 것 같습니다.

KEY POINT

금리가 올라도 식지 않는
꼬마빌딩 인기

요즘 진짜 부자들은?

⬡⬡⬡⬡⬡⬡⬡⬡⬡⬡⬡⬡⬡⬡⬡⬡⬡⬡⬡⬡⬡⬡⬡⬡⬡⬡⬡⬡⬡⬡⬡⬡⬡⬡⬡⬡

　　하나금융연구소가 발표한 '2021년 부자들의 자산관리 트렌드'에 따르면 자산
가들은 주택을 투자가 아닌 실제 거주용으로 받아들이고 있습니다. 2020년 부자들
의 부동산 자산 중 주택이 차지하는 비중은 52%였는데 주택을 보유한 목적을 보
면 거주(41%)가 투자(11%)보다 약 4배 많았습니다. 투자 상품으로는 상업용 부동산
(34%)이 토지(14%)보다 많았습니다. 이는 토지를 포함한 상업용 부동산이 주택을
대체할 부동산 투자 수단으로 떠오르고 있다는 의미로 해석됩니다. 주택에 대한
규제는 강화되고, 토지 가격은 계속해서 오르는 상황이었으니 당연한, 합리적인 투
자 포트폴리오입니다.

　　2022년에도 이런 분위기는 지속됩니다. KB금융지주 경영연구소의 '2022 KB
부동산 보고서'에 따르면 KB 자산관리전문가(PB) 50명의 고객이 2021년 가장 유
망한 부동산 투자자산으로 꼬마빌딩을 꼽았습니다. 상위 자산가에 속하는 PB 고객
이 선호하는 부동산 1순위가 재건축 아파트(20%), 일반 아파트(20%)를 제치고 상
가(38%)로 선정된 것은 이러한 관련 조사를 시작한 이래 처음 있는 일입니다.

　　연구소는 "급격한 주택가격 상승으로 다주택자 종합부동산세 부담이 현실화
하면서 2019년을 정점으로 일반 아파트 선호도가 빠르게 하락한 결과이며 반면 공
급 과잉으로 2019년까지 하락하던 상가와 오피스 빌딩의 선호도가 빠르게 상승한
결과"라고 분석했습니다.

　　한편 선호도 17%를 차지한 오피스 빌딩은 수요 증가에 힘입어 2020년과
2021년 모두 임대료가 전년 대비 5% 이상 상승하면서 강세를 보였습니다. 상가는
코로나19 이후 공실률이 증가하고 임대료가 떨어지는 상황에서도 거래가격이 빠르
게 상승하는 양상을 보였습니다.

　　주목할 것은 고액 자산가들이 어떤 부동산을 처분하고 있느냐는 조사입니다.
PB 고객이 처분을 희망하는 보유 부동산은 2019~2021년 3년 연속 일반 아파트,
상가, 토지, 재건축 아파트 순으로 나타났습니다. 다주택자 중과세와 부동산 규제

강화로 2019년 가장 높은 비중을 차지했던 일반 아파트 처분 의사가 주택가격 급등 영향으로 인해 세 부담이 한 단계 더 높아지면서 2021년에도 가장 높게 나타난 것이죠. 무려 52%였습니다.

아파트에 이어 상가가 24%로 처분을 희망하는 부동산 2위를 차지했는데 선호도 역시 1위라는 점을 참작한다면 상가의 양극화 혹은 차별화라고 할 수 있겠습니다. 오피스 빌딩에 투자하기에는 자금 규모가 크고, 주택에 투자하기에는 세금이 장애물이므로 가치가 떨어지는 상가는 버리고 똘똘한 상가로 갈아타려는 심리가 반영된 것으로 분석할 수 있겠습니다.

과연 PB 고객들은 어떤 상담을 가장 많이 했을까요? 2021년 상담과 자문내용을 분석한 결과 부동산 세무가 42%로 1위였습니다. 이는 종합부동산세 부담이 가중되면서 보유 부동산 처분에 대한 상담이 급증한 결과로 분석됩니다. 또한 2020년 3위를 차지했던 보유 부동산 처분 상담은 11% 포인트 상승한 28%를 기록하며 2위에 올라섰습니다. 현금흐름을 창출하는 수익형 부동산 상담은 21%로 3위였습니다.

수익형 부동산 상담은 2017년 이후 꾸준히 줄어드는 추세이지만 여전히 큰 관심 분야이며 2020년 이후 세무 상담 비중이 워낙 커지면서 줄어든 결과로 보입니다. 결국 2021년 PB 고객들의 가장 큰 걱정은 세금과 이를 해소하기 위한 부동산 자산 처분이었던 것입니다.

이제 가장 중요한 2022년 전망입니다. PB들은 2022년 가장 유망한 부동산 자산으로 꼬마빌딩(24%)을 꼽았습니다. 2021년 조사에서 4위(12%)에 그쳤으나, 아파트 분양과 신축 주택 구입 비율이 확연히 줄어들면서 1위가 되었습니다. 이는 부동산 투자 자금이 아파트·주택에서 상가·사무용 건물로 이동하는 상황이 여실히 반영된 것으로 보입니다. 다주택자의 세금 부담이 커지면서 분양 아파트 투자가 유망하다는 답변은 2020년 32%, 2021년 26%, 2022년 18% 등으로 지속적 내림세입니다. 이 통계는 주목할 필요가 있다고 봅니다.

한편 주거용 부동산에 대한 선호도가 전반적으로 낮아지는 상황에서도 재개발에 대한 투자 전망은 2021년 10%에서 2022년 15%로 오히려 비중이 상승하는 모습을 보였습니다.

꼬마빌딩의 인기가 식지 않는 이유는?

[부동산이라는 재화의 특징]

재화는 시간이 지나면서 자연스럽게 그 가치가 하락하는 것이 상식입니다. 세상에 나오는 순간 바로 중고가 되기 때문이죠. 하지만 주지하다시피 대한민국의 아파트나 빌딩은 오래되었다고 해서 가격이 내려가지는 않습니다.

화폐는 가치가 점점 떨어지는 인플레이션이 존재하기 때문에 우하향이지만 부동산은 화폐가치의 하락만큼 우상향하는 대표적 실물자산이기 때문에 더욱 그렇습니다. 그리고 토지 가격이 계속해서 오르고 있기 때문이기도 합니다. 하향과 상향 곡선의 간극은 시간이 지날수록 더 커지게 마련이죠. 다음 그림은 21년 말에 PB가

뽑은 22년에 투자 유망한 부동산의 종류를 표시한 것입니다. 부동산 투자 상품 중 꼬마빌딩만 우상향하는 것을 볼 수 있습니다. 예상대로 22년 현재 꼬마빌딩에 대한 관심도가 커진 상태입니다.

PB가 전망하는 유망 부동산

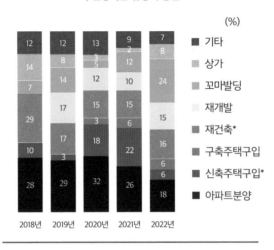

주: 2018 전망 조사는 재개발·재건축 합산치
　　2020 전망부터 신축(~5년), 구축(5년~) 아파트 구분 조사
　　꼬마빌딩은 2020 전망까지는 소형빌딩으로 조사

정보: KB경영연구소

　　현장에서 투자자들을 만나보면 성향이 크게 세 가지로 나뉩니다. 첫 번째는 가격이 오르는 조짐이 보이기 시작하면 '앞으로 더 오를 것이니 더 오르기 전에 지금이라도 추격매수'를 하는 투자자입니다. 결국 불붙은 시장에 기름을 부으니 시장은 더 달아오릅니다.

　　두 번째는 시장이 하락장에 접어들 때 '평소보다 저렴해졌으니 반등을 기대하며 지금 당장 매수'를 하는 투자자입니다. 결국 내려가는 가격을 붙잡아서 위로 끌어올리는 격이니 시장은 단기적인 침체기를 거친 후에 다시 상승모드로 전환됩니다.

세 번째는 '조금 더 추이를 관망하다가 최저점에 매수'를 하겠다고 얘기하는 투자자입니다. 이런 경우는 머뭇거리다가 결국 원하는 빌딩을 매수하지 못하고 '다음 기회'를 기약하며 퇴장합니다. 어쨌든 입질이라도 해서 분위기를 만들어놓았으니 시장은 어떻게든 반응합니다. 무관심보다는 호재로 작용할 수밖에 없죠.

전체적으로 상황이 이러니 부동산 시장에서 단기적 침체기는 있어도 장기적 냉각기는 거의 없는 것입니다. 이러한 경험과 학습을 통해 "대한민국 부동산은 보유만 하고 있으면 언젠가는 꼭 오른다"는 기대심리와 믿음이 형성된 투자자들은 투자 상품을 찾는 움직임을 멈추지 않습니다. 부동산, 그중에서도 특히 꼬마빌딩이 인기를 독차지하고 있는데 그 이유를 살펴보도록 하겠습니다.

[꼬마빌딩의 인기 비결]

아파트보다 덜한 규제

개인이나 기업, 정부 등의 경제 주체가 시장에서 어떻게 서로 작용하는지, 수요와 공급의 법칙을 통해 살펴보는 경제학 이론이 미시경제학입니다. 반면 거시경제학의 핵심적인 논쟁은 '정부가 시장경제에 어디까지 개입할 것인가?'에 대한 물음과 대답입니다.

"정부가 개입하지 말고 보이지 않는 손에 맡기자"는 것이 애덤

스미스로 대표되는 고전학파의 주장입니다. 반대로 케인스학파는 "정부가 시장경제에 적극적으로 개입해야 한다"고 주장합니다. 미시경제학과 달리 거시경제학은 시대가 바뀔 때마다 학파와 학자를 바꿔가며 논쟁을 반복하고 있습니다.

예로 들자면 분양가 상한제가 투기 차단의 효과를 거둘 수 있을 것인지, 아니면 오히려 주택난을 부채질할 것인지를 논쟁하는 식이죠. 임대차보호법이 실질적으로 임차인에게 득이 될 것인지 아니면 악용되어 실이 될 것인지를 판단하고 개입 여부를 결정하는 것도 비슷한 맥락입니다.

이와 마찬가지로 대한민국은 정권이 바뀔 때마다 새로운 부동산 정책을 발표해왔습니다. 특히 아파트가 대한민국 국민의 최대 관심사이기 때문에 표를 의식한 정치인들이 주먹구구식 땜질 정책을 추진해온 것입니다. 가격이 오를 때면 무주택자 서민을 위한 대책을 발표하고, 가격이 내리면 집주인을 위한 정책을 내놓는 식이었죠. 국민의 주거안녕을 명분으로 과하게 개입할 때도 있고, 경기부양을 이유로 과하게 풀어줄 때도 있었습니다.

이처럼 정부가 규제와 허가를 반복할 때마다 시장은 풍선효과로 반응했고, 변수는 예상치 못한 곳에서 터졌습니다. 갑자기 이유도 없이 아파트 가격이 오르기도 하고, 갑자기 공급이 넘치면서 일시적으로 가격이 하락하기도 했습니다. 이렇듯 아파트는 정책 리스크, 변동성이 큰 상품입니다.

특히 2017년 이후만 보면 기본적으로 '다주택자에게는 철퇴를', '무주택자에게는 혜택을', '대출은 규제를' 하겠다는 것이 정부의 기본 기조입니다. 그 결과 다주택자와 고가의 아파트를 가진 사람들, 즉 자금 동원력에 여유가 있는 투자자들이 규제를 피해 아파트를 매도하고 꼬마빌딩을 포함한 빌딩 시장 공략에 나서게 된 것입니다.

문재인 정부 들어서, 특히 2021년부터 아파트 가격이 폭등하자 위와 같은 경향은 더욱 심해졌습니다. 가격이 워낙 많이 올라서 다주택자라면 똘똘한 아파트 한 채만 팔아도 꼬마빌딩을 살 수 있는 상황이 된 것입니다.

엄밀히 따지자면 2020년 하반기부터 대부분 지역에서 주택가격이 상승하면서 전국 상승률은 최근 20년 이내 최고치를 기록했습니다. 2021년만 놓고 보면 전국 주택매매가격이 15% 상승해 2002년 이후 가장 높은 상승률을 기록했습니다. 2016년부터 2020년까지 5년간의 상승률이 지난 1년간 나타난 것이죠. 이 상승세가 꼬마빌딩에도 영향을 끼쳤습니다. 2020년 3분기부터 매매가 급증하면서 전체 꼬마빌딩 거래액이 10조 원을 돌파한 것이죠.

사실 길게 보면 아파트 시장이 활황이면 활황인 대로 넘치는 자금이 빌딩 시장으로 넘어왔습니다. 아파트 시장이 불황이면 불황인 대로 새로운 투자 상품, 즉 대안을 찾는 자금도 유입되었습니다. 꼬마빌딩의 인기가 꾸준히 상승곡선으로 이어지는 이유입니다.

2010년부터 시작된 베이비부머 1세대(1955년~1960년 출생)의 은퇴도 꼬마빌딩 인기에 영향을 끼쳤습니다. 자산을 확보한 은퇴 세대가 장기적인 저금리로 인해 신규 투자 상품을 찾아 나선 것이죠. 안정적인 투자 상품을 찾는 은퇴자들에게는 아파트 여러 채보다 고정적인 임대수익이 있는 빌딩 한 채가 노후대책으로서 더 메리트가 있던 것입니다. 게다가 빌딩은 아파트와 달리 여러 채를 가지고 있어도 추가로 적용되는 규제가 적기 때문에 '아파트 대체재'로서 주목을 받을 수밖에 없습니다.

이러한 경향은 다주택자를 규제하는 현 상황이 지속되는 것과 맞물려 당분간 지속될 것입니다. 특히 베이비부머 2세대로 불리는 1961년~1974년 출생자들의 은퇴가 본격적으로 시작되었기 때문입니다.

이를 반영이라도 하듯 3040 세대가 새롭게 투자자 대열에 진입했습니다. 다주택자 부모의 증여와 영끌에 힘입어 아파트 매입도 늘고, 빌딩 매입도 늘어난 것입니다.

문재인 정부에서 28번의 부동산 정책을 발표하면서 오히려 가격 상승이 시작되었다고 비판한 윤석열 정부가 출범했습니다. 공약 중 하나가 '5년 내 주택 250만 호 공급'이었는데요. 앞으로 어떤 변화가 있을지 귀추가 주목됩니다.

필자는 빌딩부자가 되기 위해서는 수익용 부동산은 아니지만, 재개발 및 재건축 지역을 눈여겨봐야 한다고 생각합니다. 재개발, 재건축 투자와 빌딩 투자의 상관관계는 PART 3 '건물주로 가는 길 2단계: 매입목적과 매입지역 정하기' 부분에서 설명하도록 하겠습니다.

참고로 2022년 현재 상황을 보면 다주택자에 대한 규제는 매우 강화된 상태입니다. 조정대상지역의 2주택자의 경우, 기본세율 (6~45%)에 20% 포인트, 3주택 이상 보유자는 30% 포인트를 더해 양도소득세를 내야 하기 때문입니다. 종합부동산세를 포함한 보유세 부담도 상당히 높아졌습니다. 1채는 규제지역인 조정대상지역에, 1채는 비조정대상지역에 있다면 종합부동산세율이 3%지만, 만약 2채 모두 조정대상지역에 있다면 종합부동산세율은 6%까지 올라가는 것입니다. 결국 답은 빌딩입니다.

소유주의 의지와 노력으로 가치 상승이 가능

빌딩은 토지나 아파트와 달리 소유주 본인의 의지와 노력으로 가치를 상승시켜 투자수익을 높일 수 있다는 점도 매력 포인트 중 하나입니다. 기본적으로 땅이라는 부동산은 정부의 호재를 기다려야하고, 아파트는 동네 시세를 따라야 합니다. 특히 아파트 시세는 집주인도 그 정체를 알지 못하는, 어떻게 손을 쓸 수 없는 '시장의 흐름'에 의해 결정된 시세라고 할 수 있죠. 그러니 자치구별, 단지별로 가격이 대충 엇비슷하죠. 게다가 공동시설이라서 더더욱 그렇습니다.

예를 들면 613동이나 614동의 매매가는 큰 차이가 없죠. 1층과 로열층, 전망 등에 따른 차이가 다소 있긴 하지만 매매가격에 비하면 미미한 수준입니다. 또한 내부 인테리어를 바꿨다고 해서 옆집보다 더 받고 매도할 수 있는 것도 아니고, 개인의 의지로 지하철역을 만들 수는 없는 노릇이니 "언젠가 오르겠지, 아니면 재건축 승인이라도……." 하는 마음으로 기다려야 합니다. 정부의 개입도 거의 모든 아파트에 적용되니 본인 혼자만 뾰족한 수가 있지도 않습니다.

이와 달리 빌딩은 건물주의 의지나 노력으로 수익모델을 양호하게 만들 수 있다는 장점이 있습니다. 내·외부 리모델링, 신축 및 증개축, 용도변경 등 건축물의 환경을 개선하여 임대료와 가격을 올릴 수 있습니다.

간단한 예로 외부 페인트칠만 다시 해도 빌딩의 인상이 달라지면서 가치가 있어 보입니다. 임차인들의 시선이 달라지죠. 혹은 없던 엘리베이터를 설치하면 매매가는 물론이고 보증금과 월세가 상승합니다. 이런 이유로 같은 지역 내에 있는 비슷한 빌딩끼리도 서로 가격이 다른 것입니다.

그런데 주지하다시피 코로나19로 인해 자영업자들이 사업을 포기하면서 빌딩마다 공실률이 높아졌습니다. 이런 이유로 매입을 두려워하는 투자자도 적지 않습니다. 대출이자는 계속해서 나가는데 월세가 끊기게 된다면 문제가 되는 것이 사실이죠.

하지만 경기는 틀림없이 다시 회복될 것입니다. 코로나19가 완전히 종식되지 않더라도 위드 코로나를 통한 일상 회복은 불가피합니다. 국가 경제를 이대로 멈춰둘 수는 없는 문제이기 때문에 정부가 사활을 걸고 살릴 것으로 믿어봅니다. 그렇게 경기에 훈풍이 불기 시작하면 매장의 크기를 줄여서라도 다시 시작하려는 자영업자들이 많아질 것이기 때문에 대형빌딩보다는 꼬마빌딩이 더욱 주목받게 될 것입니다.

절세 효과

빌딩은 세금 측면에서 아파트보다 유리한 점이 있어서 자산가들이 애용하는 부동산 투자 상품입니다. 보유세와 증여세 부담이 주택보다 덜한 것은 물론이고 대출, 매입, 매도의 과정에서도 절세할 수 있는 방법이 있기 때문입니다. 세금 문제는 워낙 중요하니 PART 2 '절세' 부분에서 더 자세히 언급하도록 하겠습니다.

수익률과 희소성

임대수익과 시세차익을 동시에 기대할 수 있다는 점, 투자금 대비 수익률이 높다는 점도 꼬마빌딩의 장점입니다. 코로나19 이후 많이 떨어지긴 했지만 그래도 꼬마빌딩 투자수익률은 괜찮은 편입니다. 특히 50억 원 미만 꼬마빌딩이 '똘똘한 효자'에 속하죠. 대형빌딩보다 저렴하게 매입할 수 있으면서도 입지가 비슷하다면 대형빌딩과 비슷한 수준의 임대료를 받을 수 있습니다. 매매가가 낮을 뿐이지 임대료를 싸게 받는 것은 아니기 때문이죠.

수요가 늘어나는 시장 상황이 지속되는 만큼 환금성이 높다는 장점도 있습니다. 보통 빌딩은 한번 매입하면 5년 이상 보유하게 되므로 임대수익을 충분히 누린 후에 시세차익을 보면서 매각할 수 있습니다. 현시점에서 보면 대부분 5~6년 전과 비교해 매매가가 2~3배 이상 올랐으니 단순한 희망 사항만은 아닙니다.

희소성도 꼬마빌딩 인기 비결 중 하나입니다. 수요는 넘치는데 공급이 따라오질 못하니, 즉 사고 싶어도 살 물건이 없으니 인기도 가격도 오르는 것입니다. 아파트와 빌딩이 대표적인 비탄력 재화이기 때문입니다.

짓고 싶어도 지을 수 있는 땅이 한정적이고, 당장 찾는 사람이 아무리 많더라도 건축 기간이 길어서 시장의 수요를 공급이 따라가지 못하는 것이죠. 게다가 빌딩은 아파트와 달리 한 대지에 하나의 건물만 지을 수 있어서 더욱 부족합니다.

현재 서울 주요 지역에서 노후한 다가구 지역에서 재개발을 추진하면서 개인이 '단독'으로 소유할 수 있는 '꼬마빌딩'이 점점 줄어드는 추세입니다. 불과 몇 년 전만 하더라도 단독주택 소유주가 꼬마빌딩으로 증개축하는 경우가 많았으나 이제는 씨가 말라버린 상황입니다. 재개발이나 재건축에 묶여버리면 아파트나 단지 내 상가를 받게 되는데 단독 건물이 아니기 때문에 메리트가 덜한 것이 사실이죠. 이처럼 돈이 되는 상품이 점점 줄고 있으니 남아있는 꼬마빌딩의 인기가 좋은 것입니다. 가격 상승이 필연적일 수밖에 없죠.

법인이라면 사옥으로 활용하면서 임대수익까지

매수의 주체가 법인회사라면 꼬마빌딩 투자를 적극적으로 검토할 필요가 있습니다. 이는 PART 2 부분에서 법인 명의로 빌딩을 매입할 때의 이익을 설명하면서 자세하게 언급하도록 하겠습니다.

편리해진 관리시스템

2010년대 초반부터 빌딩 매입의 경험이 없는 초보 투자자들도 손쉽게 접근할 수 있는 시스템, 즉 빌딩 관리를 주업으로 하는 전문 서비스 업체가 많이 생겨난 것도 꼬마빌딩의 인기가 상승한 이유가 될 수 있습니다.

아파트는 소유와 관리가 비교적 명확하게 구분되어 있습니다. 관리사무실이나 임차인이 주인 대신 관리를 해주고 있는 구조입니다. 전세를 주었다면 2년이라는 계약기간 동안 본인 소유의 아파트에 신경 쓸 필요가 없죠. 하지만 빌딩은 손이 많이 가는 재화입니다. 청소나 주차 등의 유지관리, 크고 작은 법률과 세금 문제, 홍수 등의 자연재해로 인한 피해와 보상, 세입자와의 문제에 이르기까지 속 썩을 일이 많습니다. 이 같은 이유로 자신을 스스로 건물주가 아닌 건물 관리인이라고 하소연하는 사람도 많았습니다.

불편은 발전을 가져옵니다. 불편함을 호소하는 건물주가 많아지자 아파트처럼 전문적으로 빌딩을 관리해주는 업체가 2010년대 초반부터 생겨나기 시작했습니다. 이제는 시설 및 임대차 관리에 대한 경험이 없는 초보 투자자도 여유자금만 있으면 누구나 손쉽게 투자할 수 있게 되었습니다.

정보의 대중화와 연예인의 성공담

인터넷의 보급으로 누구나 빌딩의 시세를 파악할 수 있다는 점도 시장을 확장시키는 요인이 되었습니다. 과거에는 일부 중개사들만 은밀하게 정보를 주고받았습니다. 흔히 말하는 싸고 좋은 물건에 대한 고급 정보를 누가 더 많이 알고 있느냐가 경쟁력이던 시대였죠. 하지만 이제는 인터넷 클릭 몇 번으로 정보를 수집할 수 있는 시대가 되었습니다.

만일 A 중개사나 B 중개사의 정보가 같다면 승부는 중개사가

제공하는 서비스의 질에서 판가름이 됩니다. 결국 투자자가 중개
사의 서비스를 비교해가면서 매물을 고르는 시대가 온 것입니다.

언론을 통해 자주 소개되는 연예인들의 빌딩 투자 성공담 역시
적나라하게 정보가 오픈되면서 일반 투자자들의 시장진입을 촉발
하는 효과를 낳았습니다. "어린 아이돌 스타도 건물주가 되는데 나
라고 못 할까?"라는 생각이 퍼져나가게 된 것입니다. 연예인이라고
대출금이 더 나오는 것이 아니라는 정보도 널리 알려지면서 일반인
들의 문턱도 낮아졌습니다.

규제의 풍선효과, 세테크의 용이함, 수익률과 희소성, 사옥 활용
으로의 장점, 빌딩 관리 대행업체의 전문적인 서비스 등 위의 요인
은 적어도 몇 년 안에 쉽게 사라질 것들이 아닙니다. 게다가 사람은
수도권으로 몰리는데 땅은 한정되어 있으니 건물이 위로 올라갈 수
밖에 없습니다. 당연히 가격도 함께 올라가는데 그래도 꼬마빌딩
은 개인 투자자가 접근할 수 있는 기회가 조금 더 열려있기 때문에
더 인기가 있는 것입니다. 융통할 수 있는 가격이면서 동시에 투자
상품으로서의 가치가 더 크기 때문이죠.

필자가 부동산 시장에서 17년 동안 빌딩만 바라보면서 느낀 점
은 안전성과 수익률 측면에서 꼬마빌딩이 매우 매력적인 재테크 상
품이라는 것입니다. 특히 '똘똘한' 꼬마빌딩은 예나 지금이나 불티
나게 거래가 이루어지고 있습니다. 빌딩은 공장에서 찍어내는 것
이 아니므로 희소성은 늘 유지되기 마련이죠. 공급이 수요를 따라
가지 못하니 가격이 언제나 오름세인 것입니다.

연예인들의 빌딩 투자 사례 Top 10

지난 2022년 1월, KBS 2TV '연중 라이브'에서 연예인 빌딩부자 리스트를 공개하였습니다. 트렌드를 읽을 수 있는 자료로서의 가치가 있어 소개하려고 합니다. 연예인들이 매입한 빌딩의 지역을 살펴보면 10명 중 5명이 용산구, 4명이 강남구, 1명이 서초구였습니다. 입지 선정도 탁월했고, 개별적 상승 요인을 적극적으로 활용했으며, 때로는 과감한 투자 스타일로 기대 이상의 이익을 실현하기도 했습니다. 한편 공동명의 혹은 법인 명의로 매입하면서 절세 효과를 톡톡히 본 연예인도 있습니다.

　매입과 매도 과정을 간단하게 정리해보겠습니다. 10위까지의 순위는 어디까지나 KBS의 의견임을 밝혀둡니다.

1위 송승헌

2006년 114억 원을 투자해서 서초구 잠원동 소재의 빌딩을 매입했고, 2015년~2017년 사이에는 바로 뒤편 건물을 36억 원에 추가로 매입했습니다. 뒤편 건물을 매입한 것이 신의 한 수였죠. 강남대로, 먹자골목, 신사역이 위치한 트리플 역세권이라는 강점은 물론 앞으로도 개발 호재가 끊이지 않을 지역으로 예상되어 현재 가치가 850억 원 정도로 추정됩니다.

참고로 싸이도 2021년 강남구 신사동 을지병원사거리 이면 빌딩을 50억 원에 매입한 후 뒤편 다가구주택을 추가로 매입하면서 가치를 상승시켰습니다. 앞뒤 도로를 확보한 빌딩으로 신축하여 뒤편을 주차장으로 사용 중에 있죠.

2위 신민아

신민아는 용산역과 삼각지역 사이에 위치한 1932년 준공된 목조 건물을 2018년 55억 원에 매입했습니다. 이후 모든 건물을 철거하고 주차장으로 운영 중입니다. 주변에 용리단길이라는 상권이 형성되면서 현재 토지 가격만 100억 원에 달하는 것으로 추정됩니다.

3위 장동건

2011년 용산구 한남동 빌딩을 126억 원에 매입했는데 현재 약 200억 원 정도로 상승했습니다. 모 자동차 브랜드가 보증금 9억 원, 월세 3천만 원에 임차 중이며 11년 동안 공실이 없는 것으로도 유명합니다. 장동건의 부인 고소영의 청담동 빌딩까지 더하면 두 부부의 부동산 보유액은 약 437억 원으로 추산됩니다.

4위 한예슬

2018년 강남구 논현동 꼬마빌딩을 시세보다 저렴한 34억 원에 매입했습니다. 꽤 영리한 투자 스타일을 보여주었는데요. 매각에 유리한 조건으로 빌딩을 세팅한 다음 2021년에 70억 원을 받고 매각했습니다. 경사면에 위치한 빌딩이었는데 이것이 오히려 장점이 되었습니다. 1층의 절반 이상이 지하에 묻히게 되어 지하층으로 간주, 현행법상 용적률에 포함되지 않기 때문에 신축할 때 더 높게 건물을 올릴 수 있습니다.

5위 태양

재개발이 예정된 용산구 한남3구역의 상가 빌딩을 2016년 77억 원에 매입했습니다. 특별계획구역으로 지정된 곳이라서 공원이 될 수도 있었으나 이런 위험을 감수하고 시세보다 저렴하게 매입했습니다. 현재는 공원 개발이 취소되었고, 160억 원 정도의 가치가 형성되었습니다.

6위 유아인

용도변경이 가능한 용산구 경리단길 단독주택을 2016년 58억 원에 매입했는데 현재 가치 80억 원 정도로 추산됩니다.

7위 이효리

2017년 강남구 삼성동 아파트를 전 카라 멤버인 박규리에게 21억 원에 매각했습니다. 2018년에는 '효리네 민박'의 배경이 된 제주도 신혼집을 JTBC에 14억 원에 매각했고, 논현동에 위치한 단독주택을 A 법인에 38억 원에 매각했습니다. 이러한 매각 자금을 모아서 용산구 한남동에 위치한 빌딩을 남편 이상순과 공동명의로 58억 원에 매입했습니다. 현재 가치 약 90억 원 정도로 추산됩니다.

8위 브라운 아이드 소울 정엽

2015년 용산구 후암동 3층 빌딩을 8억 원에 매입한 후 카페를 운영하다가 2019년 22억 원에 매각했습니다.

9위 박서준

2020년 3월 강남구 신사동 도산공원 인근의 낡은 빌딩을 110억 원에 매입했습니다. 건물 외벽을 바꾸고, 입체적인 디자인으로 신축하고, 1층에 트렌디한 디저트 숍을 입점시키고, 엘리베이터를 설치하는 등의 개별적 상승 요인을 통해 2년 만에 건물의 가치를 150억 원으로 올려놓았습니다.

10위 장범준

벚꽃 연금으로 유명한 장범준은 2014년 강남구 대치동 주택가 빌딩을 20억 원에 매입했습니다. 1층에 카페를 오픈하고, 건물 전체를 작업실로 바꿔서 사용 중입니다. 조용한 곳이었는데 학원들이 주택가로 이동하면서 인근에 학원가 상권이 형성되어 현재 시세는 50억 원에 달합니다.

물론 이외에도 연예인들의 빌딩 투자 성공기는 많습니다. 부동산 자산만 750억 원이 넘는다고 알려진 광고 퀸 전지현은 2007년 자신이 최초로 86억 원에 매입한 강남구 논현동 빌딩을 2021년 230억 원에 매각하면서 화제가 되기도 했습니다. 2013년 용산구 이촌동의 스타벅스가 입점한 빌딩과 삼성동 빌딩을 각각 58억 원, 340억 원에 매입했는데 모두 대출 없이 현금으로 매입한 것도 화제가 되었습니다.

최근 연예계 부동산 재벌 1위로 등극한 비와 김태희 부부, 월드스타인 싸이도 빌딩부자로 통합니다. 권상우, 장근석, 하정우, 정우성과 이정재, 이병헌과 이민정, 김희애, 최지우, 이승철, 강호동 등도 잘 알려진 빌딩부자입니다. 한편 최근에 합류한 류준열의 투자 방식도 주목할 필요가 있습니다.

류준열은 2020년 59억 원에 토지를 매입한 뒤 약 24억 원을 투자해서 꼬마빌딩을 지었습니다. 그리고 2년 뒤인 2022년에 150억 원에 팔아 60억 원의 시세차익을 거뒀습니다. 토지매매가의 90%를 대출로 충당했고, 빌딩을 짓는 데 필요한 자금 17억 원도 추가로 대출받았습니다. 레버리지 효과를 톡톡히 본 것이죠. 심지어 매입 주체는 어머니가 대표로 있는 가족법인이라서 절세 효과도 봤을 것입니다.

서장훈, 박찬호, 이승엽 등 운동선수 출신의 투자 성공기도 많이 알려진 바 있습니다. 잘 알려지지 않은 케이스 중 하나는 kt 위즈 황재균의 투자입니다. 2018년 송파구 방이동 빌딩을 약 117억 원을 주고 매입했다가 2021년 210억 원에 매각했습니다. 장기보유특별 공제를 채운 3년 만에 세전 시세차익을 무려 92억 5,000만 원이나 올린 것이죠. 자그마치 79% 상승입니다. 해당 물건은 송파구 잠실 진주·미성아파트 건너편, 방이동 먹자골목에 있는 숙박업소였습니다. 매입 당시 대출은 약 90억 원에 자기자본은 약 30억 원으로 추 정되는데 세후 수익이 최소 40억 원이니 3년간 수익률이 100%가 넘는 장외홈런 투자였습니다.

이처럼 연예인들의 빌딩 투자 성공기는 자주 화제가 되곤 합니다. 너무 눈에 띌 정도로 탁월한 나머지 은행에서 특별대우를 받은 것 아니냐는 의심을 사기도 하지만 꼭 그렇지만은 않습니다. 연예 인 혹은 매니지먼트 법인 역시 그냥 한 명의 대출신청자일 뿐이죠. 그렇다면 어떤 비결이 있는 것일까요? 필자가 생각하는 비결은 이 렇습니다.

첫째, 연기나 노래로 성공한 연예인들이 부동산 분야까지 전문 가이기는 어렵습니다. 결국 주변의 PB나 디벨로퍼 등 전문가의 도 움을 받는 경우가 많습니다. 너무 믿은 나머지 사기를 당하는 경우 도 종종 있지만, 전문가의 도움은 투자 성공에 꼭 필요한 부분입 니다.

둘째, 연예인 직업 특성상 트렌드를 잘 읽는다는 점 외에도 본인 들이 트렌드를 이끌고 나가는 리더라는 것도 비결입니다. 성수동에 먼저 치고 들어온 것은 원빈이었고, 강남권을 벗어나 성동구(성수동)를 비롯해 용산구(한남동과 이태원)와 마포구(연남동)로 눈을 돌린 초기 투자자 중에도 연예인이 많습니다. 이들이 주목한 곳을 언론과 일반인 투자자도 주목하게 됩니다. 결국 추격매수로 이어지고 상권의 확장과 성장을 거쳐 빌딩의 가치 상승이라는 결과를 만들어 냅니다. 그래서 필자는 연예인이 매입한 지역을 따라 매입하는 것도 성공적인 투자의 한 가지 방법이라고 얘기합니다.

셋째, 매우 과감합니다. 현금 동원력이 뛰어나기 때문에 대출을 두려워하지 않고 과감하게 투자합니다. 레버리지 효과를 제대로 활용하는 것이죠. 유동성 자금 측면에서 일반인보다 우월하므로 본문에서 언급한 10단계의 과정을 일반인보다 훨씬 더 빠르게 통과한다는 장점이 있습니다.

넷째, 법인 명의로 매입하면서 절세하는 경우가 많습니다. 본인이나 가족이 대표로 있는 가족법인을 적극적으로 활용하고 있습니다.

다섯째, 본인이 사무실 용도 또는 카페 같은 근생시설로 직접 사용하는 경우가 많습니다. 건물주인 연예인 또는 그의 동료들이 그지역에 자주 출몰하게 됩니다. 당연히 이슈가 되면서 연예인 특수를 누리는 지역이 되겠죠.

물론 투자에 실패한 연예인도 많습니다. 부동산 투자는 대표적인 '하이 리스크 하이 리턴'이기 때문에 모든 사람이 성공할 수는 없죠. 필자가 주목하던 연예인 투자자 중에 소지섭의 경우가 그렇습니다. 지금까지 3차례에 걸쳐서 강남권 빌딩을 매입했는데 냉정하게 평가하자면 모두 다 실패한 축에 속합니다.

첫 번째 빌딩은 사옥용으로 매입했는데 대출 없이 자체 자금만으로 작은 사이즈를 매입하면서 큰 재미를 보지 못했습니다. 두 번째 빌딩은 시세차익이 거의 없어서 실패한 투자였습니다. 세 번째 빌딩은 강남에서도 노른자위라고 할 수 있는 강남구 테헤란로 대로변 일반상업지역의 빌딩이었습니다. 2018년 293억 원에 매입하면서 70% 이상을 대출로 충당하는 등 과감하고 공격적인 투자를 했죠. 당시엔 주목할 만한 투자였습니다. 사이즈가 워낙 커서 월 이자가 약 6천만 원에 달할 것으로 추산되었지만 월 임대료가 1억 원 정도에 달했기 때문에 크게 문제 될 것은 없어 보였습니다. 인근에 대형호텔이 들어설 예정이라는 등의 호재도 있었죠. 문제는 공실이었습니다. 예전 건물주가 운영하던 학원이 빠져나가면서 공실률이 65%에 이르게 되었던 것입니다. 결국 소지섭은 1년여 만에 317억 원에 매각하고 말았습니다. 계산상으로는 24억 원의 시세차익이 있는 것처럼 보이지만 남는 것이 거의 없었을 것으로 보입니다. 계산법은 이렇습니다.

293억에 매입하면서 취·등록세와 중개수수료로 15억 원 정도 지출. 즉 취득가액은 308억 원. 317억 원으로 매각하는 과정에서 양도세 신고 비용과 중개수수료로 약 1억 원 지출.

결국 '매도가(317억 원) - 취득가(308억 원) - 필요경비(1억 원)'이 되면서 양도차익은 8억 원에 불과했을 것으로 추정됩니다. 하지만 끝이 아닙니다. 양도세 과세표준으로 추측하면 양도세율이 40%라서 양도세 3억 원, 지방소득세 3,000만 원 정도가 나왔을 것이고, 대출 201억 원에 대한 이자가 6억 원이 넘었을 테니 오히려 마이너스일 수도 있겠습니다.

반면 소지섭에게 빌딩을 매입한 매수자는 공유오피스를 입점시키면서 공실을 채우고, 빌딩의 측면에 LED 광고판을 부착하는 등의 행위를 통해 빌딩의 수익을 엄청나게 개선한 것으로 판단됩니다. 당연히 향후 매도 시 양도차익도 많겠죠.

역시 빌딩 투자는 매입도 중요하지만 어떻게 풀어나가느냐가 중요한 것 같습니다. 전문가의 조언과 참신한 아이디어를 잘 활용한다면 임대수익 또는 양도차익을 극대화할 수 있는 투자 상품인 것은 확실합니다. 다만 알아서 잘 커나갈 것이라는 막연한 기대감으로 빌딩에 투자한다면 종종 실망감을 안겨준다는 것을 잊지 말아야 합니다.

KEY POINT

**연예인의 빌딩 투자 사례로 읽는
빌딩 투자 트렌드와 성공 비결**

가장 좋은 투자 시기는 '바로 지금!'

가격이 계속해서 오름세이기 때문에 기회가 있을 때마다 "건물주의 꿈이 있다면 훗날을 도모하지 말고 지금 당장 도전하세요! 부동산은 당신을 기다려주지 않습니다"라고 강조하는 것입니다.

오늘도 올랐고, 내일도 또 오를 것입니다. 그러니 이 책을 읽는 지금부터 건물주가 되기 위한 움직임을 시작해야 합니다. 읽기만 하고 행동하지 않는 것은 시간 낭비입니다. 나중에 가서 "거봐, 내가 오를 줄 알았다니까"라고 후회하면 또 앞으로도 후회할 일만 하게 됩니다.

"아무리 그래도 평범한 직장인이 건물주가 되는 것은 불가능하겠죠? 제가 타고난 금수저도 아니고……."라고 얘기하는 경우가 적지 않습니다. 이때 필자는 "절실하게 꿈을 꾸면 가능해집니다. 방법이 없는 것도 아닙니다"라고 대답합니다. 그래도 이렇게 꼬리를 내리는 사람들이 많습니다.

"아직은 때가 아닌 것 같아요. 돈도 더 모아야 하고, 부동산 공부도 해야 하니 일단 시장의 추이를 좀 지켜볼 생각입니다. 나중에 퇴직금 받으면 그때 적극적으로 알아봐야죠."

옳지 않은 생각입니다. 움직이지 않는다는 뜻에서 '부동산'이지만 부동산은 절대 기다려주지 않고 도망갑니다. 잘 아시겠지만, 샐러리맨들이 돈을 버는 속도보다 빌딩의 가격이 상승하는 속도가 훨씬 더 빠르므로 목표로 정한 돈이 다 모일 때쯤이면 시장은 더 큰 돈을 요구할 것입니다. 그러니 지금 당장 움직여야 합니다.

"그걸 누가 모릅니까? 돈이 없어서 못 사는 것이지."

결국 돌고 돌아서 다시 돈 얘기입니다. 물론 가진 돈이 넉넉하다면 마음 놓고 원하는 빌딩을 살 수 있겠죠. 세상에서 돈으로 해결하는 방법이 가장 쉬운 방법이니까요. 하지만 우리 대다수는 원하는 만큼의 돈을 가지고 있지 못합니다. 그래서 "부동산 책을 읽고, 공부도 해야 한다"는 것입니다. 그러고도 부족한 부분은 "전문가의 조언을 구하라"고 강조하는 것입니다. 꿈은 혼자 꾸면 망상이 되기 쉽지만, 함께 꾸면 현실이 될 수 있습니다. 꿈이 생겼으면 꿈만 꾸지 말고 행동해야 합니다. 한 살이라도 젊을 때 시작해야 정보력이나 시장분석에 유리합니다.

이 책을 통해서 여러 번 강조할 생각입니다만 가장 좋은 매수 타이밍은 '바로 지금'입니다. 그 지금이 눈앞에 왔을 때 기회를 놓치지 않으려면 평소에 관심을 두고 공부를 해둬야 합니다. 지난 10년 사이의 거래 사례, 시세 변화, 개발 계획 등을 꿰고 있어야 합니다. 지하철, 터널, 도로, 대형 편의시설, 학교 등이 언제 어떻게 들어서는지 파악해야 합니다. 이런 식으로 하나씩 공부해나가면 건물주의 꿈이 남 얘기가 아닌 시점이 올 것입니다. 이러한 노력을 기울이지 않는다면 여러분이 그토록 원하는 '싸고 괜찮은 물건'은 결코 만날 수 없습니다. 당연히 건물주의 꿈은 헛된 망상으로 끝날 테죠.

물론 필자도 진주 같은 매물을 놓친 경험이 많습니다. 그런 매물이 막상 눈앞에 왔을 때는 "사이즈가 작아서 안 되고, 추가로 공사를 해야 해서 안 되고, 자금도 걱정이고, 임차가 안 되면 어쩌지?"라는 식의 걱정과 이유로 손사래를 친 적이 많았습니다. 그리고 몇 달이 지난 후 후회하는 나 자신을 발견하곤 했습니다.

하지만 단순히 후회만 하고 그치는 것이 아니라 그 과정을 찬찬히 복기하면서 공부했습니다. 가격이 올라가면 왜 올라가는지, 떨어지면 얼마나 떨어지는지, 새 건물주가 건물을 어떻게 관리하는지, 그래서 그 결과가 어떻게 나타나는지 등을 연구한 것이죠. 그러면서 또 장단기 계획을 수립하곤 합니다.

독자 여러분도 늘 촉각을 곤두세우고 공부해야 합니다. 하루라도 젊을 때, 바로 지금부터 말입니다. 빌딩 열쇠는 어느 날 갑자기 뚝딱 발 앞에 떨어지지 않습니다. '어쩌', 즉 어쩌다 건물주가 된 사람은 없습니다. 항상 공부한 사람들의 몫입니다.

점점 젊어지는 꼬마빌딩 건물주

필자가 계속해서 '바로 지금'을 강조하는 이유는 건물주의 나이대가 점점 젊어지는 현실을 피부로 느끼기 때문입니다. 과거처럼 은퇴 후에 빌딩을 알아보는 것이 아니라 매입하면서 은퇴를 준비하는 3040세대를 자주 접하게 됩니다. 일반적으로 빌딩 투자는 은퇴 후 현금 유동성 확보 혹은 증여 수단으로 활용하기 위한 베이비부머 세대의 몫이었지만 5~6년 전부터 3040세대도 적극적으로 뛰어들기 시작한 것이죠. 심지어 친구들끼리 법인을 만들어서 공동으로 구매하기도 합니다.

자금의 여유가 있고 없고를 떠나서 공부도 도전도 젊을 때 해야만 성과가 좋다는 점에서 긍정적인 도전입니다. 만일 실패를 하더라도 버틸 근력이 있고, 다시 또 더 나은 미래를 준비할 수 있습니다.

이러한 현상은 2018년부터 두드러졌습니다. 2018년 1분기 서울에서 1,000억 원 미만 중소형 빌딩의 거래는 183건 이루어졌는데 이 가운데 법인을 제외한 개인 투자자의 매매는 162건이었습니다. 연령대를 살펴보면 40대의 비중은 2017년 같은 기간 23%에서 33%로 10% 포인트 뛰었습니다. 30대의 비중은 2017년 7%에 불과했지만 2018년에는 12%를 기록하면서 두 자릿수로 늘었습니다. 50대 이상 투자자의 비중은 55%로 여전히 절반 이상을 차지했지만, 전년과 비교할 때 크게 낮아졌죠. 2018년 3월 26일 임대업이자상환비율(RTI: Rent To Interest), 즉 '연간 임대소득을 연간이자 비용으로 나눈 비율'을 기준으로 한 규제가 적용되기 전에 발 빠르게 움직여야겠다고 결정한 것은 역시 젊은 세대였습니다. RTI는 PART 2 부분에서 더 자세히 다루도록 하겠습니다.

분기별 개인 거래량 연령대 분포

자료: 리얼티코리아

'분기별 개인 거래량 연령대 분포'를 나타낸 그래프를 보면 2020년 3분기 이후 3040세대 투자자의 진입이 두드러진 것과 2020~2021년 시장은 4050세대가 리드했다는 것을 확인할 수 있습니다. 젊은 세대라서 자금 여력이 다소 힘들어도 저축 등의 재테크를 통해 마련한 목돈, 아파트 담보대출, 상속·증여 등 모든 방법을 총동원해 장기투자에 나선 것으로 파악됩니다. 2030세대만 보면 2020년 202건에 달했는데 2021년에는 79건으로 거래량이 줄기는 했습니다. 그래도 여전히 시장의 한 축을 담당하면서 성장하고 있습니다.

사실 중장년은 여러 가지 실패의 경험이 있어서 결정에 신중합니다. 신중하다는 것이 장점이 될 수 있지만, 의사결정까지 시간이 걸린다는 단점도 있습니다. 하지만 젊은 세대는 상황 판단이 빠르고 과감합니다. 중장년층은 일일이 몸으로 움직이면서 정보를 파악하는 편이지만 젊은 세대는 이미 인터넷 등 다양한 루트를 통해 정보를 확인하기 때문에 의사결정이 빨라서 좋은 매물이 나타나면 쉽게 놓치지 않습니다.

물론 젊을 때 부동산에 투자하는 것은 큰 위험부담이 있는 도전입니다. 하지만 조금만 더 깊이 관심을 기울인다면 위험부담만큼 큰 수익을 낼 수 있는 것이 부동산 재테크임을 젊은 세대들은 알고 있는 것입니다.

젊은 투자자들의 또 다른 특징은 대출을 두려워하지 않는다는 점입니다. 분명 이자라는 부담이 있기는 하지만 이자보다 높은 수익이 나오는 부동산에 투자한다면 투자 대비 이익을 볼 수 있다는 것도 잘 알고 있습니다.

최근에는 임대수익보다는 향후 시세차익을 노리고 투자하는 경향이 많아지고 있다는 점에서 투자의 목적은 다르지만, 대출 레버리지를 이용하는 추세는 크게 다르지 않습니다.

필자는 고객들을 만날 때마다 이렇게 충고합니다.

"현재 빌딩 시장은 매도자 우위 시장입니다. 매도자보다 매수자가 더 많습니다. 그러니 매입할 생각이 있으면 의사결정을 빨리해야 합니다."

고객이 젊다면 이런 말도 빼놓지 않습니다.

"젊다면 대출은 축복입니다. 남들보다 조금 더 빨리, 조금 더 과감하게 시작한다면 노후는 조금은 더 풍요로워질 것입니다. 빚을 지고 그 빚을 갚기 위해 열심히 일하십시오. 나중에는 대출을 받고 싶어도 은행 문턱이 높아서 넘지 못합니다. 한 살 늦게 시작하면 두 살 늦어진 것과 같다는 점을 명심해야 합니다."

KEY POINT

**대출을 두려워하지 않고
오히려 이용하는 주니어 세대의 등장**

빌딩은 임자가 따로 있다!

부동산 거래를 하다 보면 "임자가 따로 있다"라는 생각을 자주 하게 됩니다. 아무래도 빌딩을 포함한 땅은 하늘이 맺어주는 인연 같은 것이 있는 듯합니다. 아무도 거들떠보지 않던 빌딩이 새 주인을 만나면서 가치가 뛰기도 하고, 웃돈을 얹어주어도 성사되지 않던 매물을 누군가는 심지어 더 낮은 가격에 매입하는 경우도 종종 있으니까요. 마치 주인을 기다렸다는 듯이 말입니다.

"나는 ○○ 지역에 있는 빌딩이 아니면 안 돼!"라는 식으로 선을 긋고 매물을 찾아달라는 매수 의뢰인이 제법 많습니다. 예를 들면 "강남 사거리 반경 1km 안에서 찾아 달라"는 식이죠. 하지만 입맛에 딱 맞는 매물은 쉽게 나타나지 않습니다.

이럴 때는 '꿩 대신 닭'을 찾는 전략을 구사해야 합니다. 닭이 꼭 나쁜 것만은 아닙니다. 오히려 주인을 잘 만나면 꿩보다 나은 닭이 될 수도 있습니다. 아니, 황금알을 낳는 거위가 될 수 있습니다.

노량진에 있는 본인 빌딩에서 십수 년 동안 독서실을 직접 운영하던 고객이 매도 의뢰를 해왔습니다. 코로나19 여파로 학생이 감소하는 등 독서실 운영이 예전 같지 않았기 때문입니다. 엎친 데 덮친 격으로 주변에 새로운 독서실 형태인 스터디카페가 최신 인테리어를 앞세우면서 많이 생겨나 독서실 매출은 더욱 떨어진 상태였습니다. 결국 20년 넘도록 독서실을 운영한 건물주는 빌딩을 매도하면서 독서실을 접을 생각이었습니다. 당연히 "제대로 가격을 쳐줄임자를 찾아줘"라는 주문을 하셨죠.

특히 필자가 운영하는 '오동협TV'라는 유튜브를 꾸준히 시청하던 고객이라서 필자와 미팅을 희망했습니다. 필자와 담당 직원인정 차장은 최대한 빨리 적절한 매수자를 찾기 위해 노력했습니다.

매도자가 원하는 가격은 적절했으나 해당 지역에서 소화되기에는 다소 큰 금액이었습니다. 당시 노량진이 뉴타운 개발 호재와 맞물려 강남, 서초권에서 밀려오는 상권의 확장성을 가지고 있어 향후 미래가치가 충분했습니다. 하지만 노량진이라는 지역의 이미지때문에 83억 원이라는 금액은 덩치가 꽤 큰 매물이었던 것입니다.

발전 가능성이 있는 매물이기 때문에 많은 매수자에게 매입을권유했지만 돌아오는 대답은 "위치는 너무 좋지만, 취득세와 리모델링까지 고려하면 투입자금이 100억 원 가까이 되는데, 향후 매도할 때 130~150억 원까지 받기에는 노량진에서는 무겁다"라는 것이었습니다. 필자도 그 가치를 알아보고 진지하게 매입을 검토했으나 안타깝게도 자금이 부족해서 매입까지 이어지지는 못했습니다.하지만 임자가 따로 있는 법. 숨은 가치를 알아보는 매수자라면 분명 매입할 것으로 판단했습니다.

임자는 멀리 있지 않았습니다. 필자와 빌딩 투자 강의를 함께진행하는 A에게 해당 매물을 브리핑했습니다. A는 아파트, 재개발, 재건축 전문 투자자로서 관련 강의도 꾸준히 하는 전문가였는데 마침 강남권에서 사옥으로 사용할 매물을 찾던 중이었습니다. A

가 희망하는 매물은 "지하층은 강의실로 활용할 수 있도록 40~50평 규모여야 하고, 1층은 베이커리 카페를 운영할 수 있어야 하며, 지상 1개 층 정도는 개인 사무실로 활용할 수 있고, 나머지는 임대를 통한 수익을 기대할 수 있는 곳이면 좋겠다"라는 것이었습니다. 그리고 '강남에 있는 빌딩일 것'이라는 조건이 있었죠.

하지만 2021년 하반기 당시 강남권은 매물 품귀였습니다. 게다가 매수 의뢰인의 자금 여력도 강남권을 검토하기에는 조금 부족한 상태였습니다. 이런 이유로 필자와 정 차장은 "비록 강남은 아니지만 남을 주기에는 너무 아깝다"라면서 노량진 독서실 빌딩을 대안으로 브리핑했습니다.

노량진 주변에서 초중고를 나와 이 지역의 변화에 대해서 누구보다도 잘 알고 있던 정 차장은 A에게 "옛날 수산시장 이미지만 떠올리면서 노량진의 가치를 평가절하하는 사람들이 많은데, 저는 토박이라서 누구보다 지역의 장점과 미래가치를 잘 알고 있습니다"라고 설명하면서 매물을 자세히 봐 달라고 요청했습니다. 매물의 구체적인 스펙은 다음과 같았습니다.

1. 교통: 지하철 1호선, 9호선 및 7호선(장승배기역)을 이용할 수 있어 서울 3대 주요 업무지구(광화문, 을지로, 종로 등의 도심권 / 강남권 / 여의도권)로의 접근성이 탁월하다. 올림픽대로를 이용하기에도 편리하고, 황금노선이라 불리는 9호선 급행이 지나가는 지역이다. 특히 2028년 개통 예정인 서부선 경전철의 중심에 있다.

2. 입지: 한강 접근성과 조망이 보장되고, 여의도의 배후 지역이
   다.

3. 전망: 공무원 학원과 대입 입시 학원의 일시적인 쇠퇴가 있지
   만 전망이 밝다. 뉴타운 개발을 통해 20억 원 이상의 고분양
   가 아파트 단지가 될 전망이며, 이를 통해 다시 대형 입시 학
   원가로 제2의 전성기를 맞이할 수 있다.

4. 옛 노량진 수산시장 부지에 호텔, 리조트, 복합쇼핑몰 개발
   계획이 잡혀있다. 현재 수협이 동작구에 기부채납을 했으며
   2~3년 뒤에 개발에 착수할 예정이다.

5. 본 매물 앞에 있는 동작구청이 동작행정타운(장승배기역 인근
   옛 영도시장 터)으로 이전하게 되면서 주상복합시설이 들어설
   예정이다. 동작행정타운은 구청, 보건소, 의회 등 기타 공공
   시설이 모이는 곳으로 동작구민들의 삶의 질이 올라가면서
   동작구의 가치도 상승할 것이다.

마침 A가 재개발 전문가라서 노량진 일대의 재개발 계획에 대
해 풍부한 사전 지식이 있던 터라 설명이 잘 통했고 진행은 급물살
을 탔습니다. 게다가 A를 알고 있는 수강생이나 다른 고객들까지
도 노량진 일대에서 매입할 빌딩을 찾아보라고 추천하는 상황이었
다고 하니, 타이밍이 기가 막혔던 것입니다. "임자가 따로 있다"라
는 말이 딱 들어맞는 상황이었죠.

그렇다면 꿩 대신 선택한 닭은 어떻게 되었을까요? 계약 과정에
서 약간의 금액 조정이 있었지만 나름대로 순탄하게 진행되었고,

2021년 10월, 계약이 성사되었습니다. A는 재건축 전문가답게 리모델링을 통해 메디컬빌딩으로 만들어갈 예정입니다.

'제 눈에 안경'이라는 말이 있죠. 모든 사람이 외면할 만한 '후진' 빌딩에서 '값진' 가치를 찾아내는 사람이 있습니다. 그 안목 있는 사람이 바로 진정한 임자입니다. 보석이 아닐 수도 있지만, 보석처럼 대하는 건물주를 만나면 그 빌딩은 정말로 값비싼 보석이 됩니다. 늘 관심을 기울이면서 닦고 조이고 기름칠해주니까요. 빌딩에 대한 애정이 있어야 빌딩을 환골탈태시킬 수 있습니다.

# 전문가를 더 많이, 더 자주 괴롭혀야 돈이 된다

누구나 강남에 있는 비싼 빌딩을 매입하고 싶어 합니다. 하지만 자금에 한계가 있으므로 비강남이더라도 저평가된 빌딩을 잘 찾아낸 다음 개발을 통해 가치 있는 물건으로 만드는 것도 현명한 투자입니다. 저렴한 빌딩을 찾거나 당장은 비싸더라도 향후 가치 상승의 여력이 있는 빌딩을 매입한 뒤 더 비싸게 매각해서 시세차익을 노리는 것이 유리하다는 것입니다.

강남이 아닌 다른 지역에서 그만한 효과를 누릴 수 있는 빌딩을 찾아야 하는데, 과연 누가 어떻게 찾아줄 수 있을까요? 답은 전문 중개인이 가지고 있습니다. 전문가는 일반인이 잘 알지 못하는 저평가된 원석이나 A급 보물에 관한 정보를 가진 경우가 많습니다.

물론 인터넷의 발달과 정부의 정보 공개로 인해 누구나 아는 정보가 많아졌지만, 정보의 홍수 속에서 정확한 분석을 통해 진주를 찾는 것은 누구나 할 수 있는 일은 아닙니다.

기본적으로 수십억에 달하는 빌딩을 사고파는 사람은 누군가의 지시를 받는 쪽이 아니라 거느리고 지시하는 쪽에 속한 경우가 많습니다. 전문가 이상의 해박한 부동산 지식을 보유하고 있는 고객도 많죠. 특히 상대적으로 조금 물려받은 금수저 중에 부동산 재테크에 재능을 보이는 경우가 많습니다. 진짜 하늘이 내린 금수저는 더는 재산을 증식할 필요가 없지만, 적당히 물려받은 금수저는 어떻게 하면 더 재산을 불릴 수 있는지 고민하고 공부하기 때문입니다. 이들은 물려받은 돈에 자신이 번 돈을 보태는 등의 방법으로 최대한의 종잣돈을 만들어 빌딩 매입에 도전합니다.

이런 선수급 고객에게 이 빌딩보다는 저 빌딩이 낫다고 자신 있게 컨설팅하려면 무기는 딱 하나뿐입니다. 바로 탄탄한 정보력입니다. 정보의 질은 축적된 시간과 양에 비례합니다. 가능하면 경험 많은 전문가를 만나야 하는 이유입니다.

또한 전문 중개인은 상권의 흥망성쇠, 빌딩의 히스토리도 잘 알고 있습니다. 작년, 재작년의 이슈를 알기 때문에 내년, 내후년의 운명을 가늠할 수 있지만, 일반 투자자는 세세하게 알 수가 없습니다.

이처럼 종합적 정보 분석과 크로스체크가 투자 결정의 최우선 과제이므로 아파트 단지 앞에 있는 로컬 부동산보다는 빌딩 전문 중개인을 만나라고 권하는 것입니다. 전문 컨설팅을 받지 않고 섣부른 투자를 하면 아니함만 못한 경우도 많이 생깁니다. 빌딩은 언제든지 쉽게 사고팔 수 있는 아파트가 아니기 때문이죠. 또한 신경 써야 할 일이 너무 많은 재화에 속합니다.

마음에 드는 빌딩을 사는 것은 돈만 많다면 누구나 할 수 있는 일입니다. 하지만 돈이 없으니 아예 엄두를 내지 못하는 사람들이 많지요. 돈이 없다는 이유로 건물주 꿈은 꾸지 않겠다는 사람은 거기서 멈춥니다. 하지만 전문가를 찾아서 상담까지 하는 사람은 앞으로 나아갈 수 있지요.

"중개인은 중개만 하는 것일 테니 나 혼자서 자금을 확보한 후에 컨설팅받아야겠지? 그런데 그 돈은 어디서 어떻게 만드나?" 하고 고민만 거듭하다가 일상이 바쁘다는 핑계로 꿈을 접었다는 예비 투자자들을 많이 봅니다. 필자는 혼자 해결하기 힘든 고민이 있을 때 전문가의 도움을 받으라고 말하고 싶습니다.

중개인은 파트너입니다. 자금을 함께 만들면서 빌딩을 물색하기도 하고, 빌딩을 찾아둔 다음 함께 자금을 맞춰나가기도 합니다. 빌딩 전문 중개인의 역할은 매물만 보여주는 것에서 그치지 않습니다.

간혹 중개인을 수수료만 뜯어가는 사람으로 인식하는 투자자들이 있습니다. 그런 투자자들은 본인의 자금 상황을 절대 오픈하지 않죠. 그냥 "50억 원짜리 빌딩을 찾고 있으니 소개해 달라"라고만 하죠. 물론 프라이버시가 있으니 그럴 수 있습니다. 하지만 그렇게 되면 제대로 된 컨설팅을 받지 못하기 때문에 결국엔 본인 손해입니다.

중개인이라는 존재를 '나를 위해 좋은 매물을 찾아주는 사람', '나의 돈을 불려주는 파트너'로 생각하면서 "현금 10억 원 정도인데 은행과 금고에 각각 얼마씩 있고, 대출은 60%까지면 좋겠고, 임대수익은 3% 이상을 원하고, 3년 뒤 매각할 계획이다"라고 세부적인 계획을 밝혀줘야 다음과 같은 맞춤형 상담이 가능합니다.

"연남동에 50억짜리 괜찮은 매물이 있는데 현금 10억이 있다고 하시니 40억을 대출받아야 하는데 취득세와 기타비용까지 고려하면 43억이 필요합니다. 이 정도 금액을 대출받으려면 개인보다는 법인으로 매입하시는 것이 좋습니다. 법인 설립은 특별히 어려운 것이 없는데 자본금을 얼마로 하실 생각인가요? 주주 구성은 보통 가족으로 많이 합니다. 가족관계가 어떻게 되시죠? 주주들이 소득증명이 어렵다면 증여하셔야 합니다. 자본금 액수에 따라서 은행에서 부채비율 때문에 대출이 안 되는 경우도 있습니다. 그리고 신규 법인으로 매입하면 감정가가 높게 나온다고 하더라도 대출이 적게 나오는 때도 있는데 이때 아파트 같은 다른 부동산을 공동담보로 넣으시는 방법이 있습니다. 그럼 아파트에 선순위대출 또는 전세가가 얼마인지에 따라서 대출금액이 달라집니다. 혹시 아파트 동, 호수를 알려주시면 대출까지 알아보고 연락드리겠습니다. 여러 은행의 대출금과 금리를 비교해서 전달해드리겠습니다. 그리고 해당 빌딩 같은 경우는 상가주택이기 때문에 주택 부분을 그대로 매입하시면 법인이 취득할 때는 취득세를 12% 내셔야 해서 명도 후 용도변경을 하는 경우가 있습니다. 그리고 다른 임차인을 명도하셔서 전체 리모델링을 한 후 재임대를 하면 임대료가 000원 정도 나올 것 같습니다. 그리고 3년 후에 수익률에 맞춰서 매도하시면 될 것 같습니다. 이때 다른 층 임차인을 명도하기 위해서는 계약갱신요구권을 파악해야 하는데 해당 빌딩은 임차인의 만기가 남은 상태입니다. 한동안 현재 임대료를 받아야 할 것 같은데 그동안의 대출이자는 현재의 임대료로 부족할 수도 있습니다. 그래서 명도를 매도자에게 요구하거나 명도비를 주고 임차인을 명도하는 방법이 있습니다. 이는 추가로 비용이 더 들 것 같습니다. 최종적으로 투입해야 하는 자금은 000원 정도이고 이 기간에는 이런 상태로 유지하시다가 그 후 신축 또는 리모델링(증축)하시면 개선된 새 빌딩이 만들어질 것 같습니다. 이 빌딩의 위치와 상태를 보면 신축보다는 1개 층을 증축하면서 리모델링을 하는 것이 좋을 것 같습니다. 시공비는 000원 정도 예상됩니다. 생각이 있으시면 리모델링 업체와 연결해드리겠습니다. 그 후 임대업에 대한 조언과 매도 시점도 상담해드리겠습니다."

본인의 상황을 솔직하게 오픈하면 이처럼 더 자세한 상담이 가능하고, 더 유리한 투자를 할 수 있게 되는 것입니다. 필자가 17년간 빌딩 중개를 하면서 얼마나 많은 매수자를 만나봤을까요? 셀 수 없을 정도로 많습니다. 같은 금액으로 매입하더라도 대출 구성이나 매입 방식에 따라 세금과 수익률도 달라지기 때문에 관련 세법을 잘 활용하거나 최적의 방법을 제안하는 전문가의 도움을 받는다면 빌딩을 통한 수익이 더 높아질 수 있습니다.

숨은 원석을 찾아내는 것, 금융권의 혜택을 최대한 받는 것, 빌딩의 가치를 키워 보석으로 만들어 매각하는 것. 이상 3가지가 빌딩 투자의 기본이라고 할 수 있습니다. 이러한 3가지 기본 원칙을 보면 누구나 아는 간단한 상식처럼 보입니다. 비전문가도 할 수 있는 일이지만 전문가의 도움을 받는다면 더 좋은 결과, 즉 더 많은 이익을 얻을 수 있기 때문에 추천하는 것입니다.

흔히 중개인의 역할은 매매계약서 작성과 함께 끝난다고 생각하기 쉬운데 마지막 단계인 가치 키우기와 매각하기 과정에서도 중개인은 필요한 조력자입니다. 토지나 아파트와 달리 빌딩은 건물주 스스로 가치를 높일 수 있어서 매력적인 투자 상품이라고 여러 차례 강조하고 있습니다. 리모델링, 신축, 증개축, 용도변경 등으로 건물을 개선해 임대료와 가격을 올리는 방식으로 수익을 극대화할 수 있죠. 주요 수입원인 임차인 구성도 매우 중요하고요.

키운 가치만큼 비싸게 잘 파는 것이 빌딩 투자의 마지막입니다. 성공적인 빌딩 투자는 매입에서 끝나는 것이 아닙니다. 매입과 동시에 매각 계획까지 세워야 하고, 실제로 잘 팔아야 합니다. 엑시트 플랜은 그만큼 중요합니다.

이러한 일련의 과정에서 전문 중개인의 도움을 받을 일이 많으니 그 관계를 매입은 물론 매각 시점까지 이어가는 것이 좋습니다. 중개인에게 자주 전화를 걸어 괴롭히면 괴롭힐수록 투자자의 통장이 두둑해질 수 있다는 점, 명심하시기 바랍니다.

KEY POINT

**건물주가 되려면
전문가를 자주, 많이 괴롭힐 것**

전대차 계약에서 명도까지

명도는 명도소송이나 명도 집행이라는 다소 무서운 단어로 우리에게 익숙합니다. 그만큼 매매계약에 있어서 복잡하고 중요한 문제라는 뜻이기도 합니다.

명도를 쉽게 표현하자면 '비워주다', '넘겨주다', '내주다' 정도가 적합할 듯합니다. 명도는 인도의 한 형태입니다. 주거인을 퇴거시키고 동산을 철거한 뒤에 인도하는 것이기 때문입니다.

예를 들어 경매를 통해 부동산 소유주가 바뀌었는데 점유자가 인도를 거절하거나, 임대부동산의 임차인이 월세를 내지 않고 임대차계약이 해지되었는데도 퇴거하지 않을 때 건물인도 및 퇴거청구소송, 즉 명도소송을 하게 되는 것이죠.

명도 이슈가 있었던 노량진 사례를 소개할까 합니다. 김 팀장은 2021년 필자의 투자 강의를 들은 수강생 중 한 분의 매수 의뢰를 받았습니다. 지방 아파트에 투자해서 얻은 이익으로 꼬마빌딩 매입을 희망하는 고객이었는데 매입목적은 시세차익이었습니다. 소위 말하는 상경투자였죠.

의뢰인에게는 보유한 5억 원 외에 추가로 융통할 수 있는 현금이 2억 원 정도 더 있었습니다. 서울에서 7억 원으로 매입할 매물을 찾기란 쉽지 않았죠. 당시 상황은 코로나 팬데믹 이후 기준금리 인하와 양적완화로 인해 시중에 현금이 풀리는 중이었습니다. 현금의 가치가 급속도로 떨어지자 자산가들은 인플레이션 방어를 위한 수단을 마련하기 위해 부동산(빌딩), 주식, 코인 등에 몰두하고 있었습니다. 특히 중소형 빌딩 시장은 아파트 투기수요 억제 정책으로 인해 대체재를 찾는 수요까지 더해져 하루가 다르게 금액이 오르면서 매물도 계속해서 소진되고 있었죠.

서울에서 20억 원에서 40억 원대 매물을 찾기 어려웠고, 강남 3구에서는 50억 원에서 70억 원대 매물까지 씨가 마른 상황이었습니다. 상가주택이나 다가구, 다세대주택 매물이 남아있기는 했지만, 이 고객의 경우 이미 많은 아파트를 보유하고 있어서 추가 주택 매입은 사실상 불가능했습니다. 김 팀장은 고객의 니즈에 맞춰 다음과 같은 조건으로 매물을 찾아보기 시작했습니다.

첫째, 현금 5억 원 이상, 7억 원 이하의 금액으로 매입이 가능할 것
둘째, 주택이 포함되어 있지 않은, 전 층 근생시설일 것
셋째, 시간 경과에 따른 화폐가치 하락으로 인한 토지 가격 상승에 더해 인근지역 호재로 시세차익을 볼 수 있는 지역일 것

여러모로 조사한 끝에 노량진에서 적합한 매물을 찾았습니다. 기존 건물주가 운영하던 사업이 코로나로 힘들어지면서 현금 확보를 위해 매각을 결심한 상태였죠. 조건도 좋았습니다. 노량진역(1호선, 9호선)으로부터 280m 거리에 있는 역세권 건물이었고, 3종 일반주거지역에 위치하며, 전체 근생시설로 이루어져 있었습니다. 지

노량진역 주변 개발 호재

구.노량진수산시장+
노량진역사
복합리조트 개발
(호텔, 오피스, 쇼핑몰)

3기 신도시
동작구
수방사 부지

노량진
뉴타운

노량진
뉴타운

동작경찰서
(오피스, 창업지원시설)

동작구청부지
주상복합 예정

동작구 행정타운
(현재 공사중)

자료: 빌딩로드부동산중개

하 1층~지상 4층에는 노래방, 식당, 펍, 사무실 등이 입주한 상태였
죠. 나아가 인근에 노량진 뉴타운 개발 호재, 서부선 경전철 개통
호재, 구 노량진 수산시장 개발 호재가 있고, 노량진 학원가 인근이
라 수험생들의 이동이 활발한 상권이었습니다.

매매금액은 40억 원, 월 임대수익은 750만 원으로 수익률
2.31%가 나오는 상황이었습니다. 고객에게 매물을 브리핑했고, 매
입 결정도 이루어졌습니다. 김 팀장은 곧바로 은행을 찾아다니며
대출 조건을 비교·분석했습니다. 보유한 현금이 7억 원인데 매매
가가 40억 원이었으니 취득세, 법무사 비용, 중개수수료 등의 추가
비용을 고려한다면 최소 35억 원은 대출받아야 하는 상황이었습니
다. 매매가의 87.5%에 달하는, 쉽지 않은 상황이었죠.

역시 은행 측에서 노량진 건물의 감정금액을 산출한 결과 담보대출 35억 원은 불가능하다는 반응을 보였습니다. 플랜B는 고객이 기존에 보유한 아파트를 공동담보로 추가 제공하는 것이었습니다. 여러 은행을 찾아다닌 결과 30억 원, 31억 원 등의 답변을 받았습니다. 이 금액도 적은 대출은 아니지만 필요한 35억에는 부족한 금액이었습니다.

　　그래도 포기란 없었습니다. 마른행주 짜듯이 은행에 더 연락했고, 결국 한 은행에서 "매수자를 만날 수 있냐?"라는 연락이 왔습니다. 김 팀장과 필자는 바로 그 은행과 매수자를 연결해주었습니다. 은행에서 대부비율이 높은 대출을 해주는 것이라서 매수자와 미팅을 원했던 것이었습니다. 다행히 매수자는 개인 의원을 운영 중인 의사였고 병원 영업도 잘되는 편이라서 은행에서 매수자의 자금 흐름을 높게 평가하여 매수자가 원하는 35억의 대출이 가능했지요. 대출금리는 실제 대출이 실행되는 잔금일에 결정되는데 매수자는 최종적으로 2% 중반대의 금리로 대출받았습니다. 건물 계약에는 성공했지만 안심하기엔 이른 상황이었습니다. 은행 측에서 2주일 내로 시중금리가 상승할 가능성이 매우 크니 대출 계약에 필요한 서류를 빠르게 준비해야 한다고 단서를 달았던 것입니다. 즉시 법무사와 세무사를 연결했고, 고객이 지방에 거주하고 있는 관계로 김 팀장이 직접 은행과 세무서에 오간 결과 필요 서류를 기한 내에 은행에 제출할 수 있었습니다. 이제 한숨 돌리나 싶었는데, 은행에서 문제가 생겼다고 청천벽력 같은 소식이 전해져왔습니다.

　　건물 2층의 임대차계약이 이상하다는 내용이었습니다. 건물주와 임차인 사이의 임대차계약이 아니고, 전대차 계약이라서 대출이 불가능할 수도 있다는 것이었죠. 전대차 계약이란 건물주와 임대차계약을 체결한 임차인이 임대인의 지위로 다른 임차인과 임대차계약을 맺는 것입니다. 즉, 건물주(임대인) - 임차인(전대인) - 임차인(전차인)으로 이어지는 구조입니다.

확인해보니 기존 건물주가 가족에게 자금을 빌리면서 차용증 대신 전세 계약 방식으로 건물 2층을 임대하였고, 자금을 빌려준 가족이 임대인의 지위로 다른 임차인과 임대차계약을 체결한 상황이었습니다.

대출이 정상적으로 실행되기 위해서는 기존 전대차 계약을 해지하고 현재 2층 임차인과 기존 건물주(매도인)가 직접 임대차계약을 체결하거나 전대차 계약을 해지하고 대출 실행 전까지 2층 임차인을 명도시켜야 했습니다. 대출은 잔금 지급일에 실행되므로 잔금 지급일 전까지는 2층 임차인을 내보내야만 했던 것입니다.

설상가상으로 2층 임차인은 코로나19 사태로 임대료를 제대로 내지 못하는 상황이었습니다. 다른 임차인들은 임대료를 제대로 잘 내고 있는데 하필이면 임대료조차 제대로 내지 못하는 임차인이 전대차 계약을 했다니, 막막했습니다. 그리고 결정적으로 새롭게 임대차계약을 체결하면 상가건물 임대차보호법상 계약갱신요구권이 있어 최장 10년 동안 임차인을 내보낼 수 없는 상황이었습니다.

고객과 여러 차례 상의 끝에 전대차 계약을 해지하고, 2층 임차인을 명도시킨 뒤 대출을 받는 방향으로 결정했습니다. 매도인에게는 기존 가족과의 임대차계약을 해지하고, 잔금 전까지 2층 임차인을 명도시켜 달라고 요구했습니다.

매도인은 이를 수락했고, 이제 문제가 다 해결되었나 싶었는데 또 다른 사소한 문제가 생겼습니다. 잔금일은 하루하루 다가오고 있는데, 2층 임차인은 사업장 정리와 개인적인 일정 등의 이유로 잔금일 이후에나 퇴거할 수 있다는 것이었습니다. 다행히 고객과 매도인은 임차인의 사정을 이해하여 잔금을 일주일 연기하는 것으로 협의했고, 모든 상황이 마무리되면서 대출도 실행되었으며, 안전하게 소유권도 이전되었습니다.

현재 이 건물의 가치는 55억 원으로 추정됩니다. 김 팀장은 대출을 알아보는 과정부터 계약, 명도, 잔금까지의 과정이 쉽지 않았지만, 매도인과 매수인 모두 만족스러운 매매였다는 점에서 중개인으로서의 보람을 느꼈다고 회상합니다.

필자는 이 과정에서 대화와 이해의 중요성을 실감합니다. 돌발 상황이 생겼고, 임차인의 사정으로 잔금일이 일주일 연기되면서 매수인은 이자 비용 증가로 손실을 볼 수도 있는 상황이었지만, "법대로 하자!"라고 매도인을 압박하지 않았습니다. 매도인 또한 미안한 마음에 2층 임차인 명도에 적극적으로 임해 결국에는 매수인도 손해를 보지 않고 잘 마무리되었습니다.

사람 사는 세상이고, 사람 간의 일에 예상치 못한 변수가 생길 수 있는데, 이 경우 법을 앞세우기보다 대화와 협의를 통하여 원만히 풀어나가는 방안을 우선 검토하는 것이 좋다고 다시 한번 느꼈지요.

근린생활시설에 대한 이해가 건물주로 가는 첫걸음

거리를 지나다 보면 공사 중인 빌딩을 보게 됩니다. 건물주를 꿈꾸고 있다면 가까이 다가가 '건축 허가표지판'을 확인할 줄 알아야 합니다.

"여기 연립이 있던 자리인데 뭘 짓는 거지? 지상 8층이나 올리는데 지하층이 없네? 그럼 주차는 어떻게 하지? 주차는 의무 사항이 아닌가?"

"원룸을 짓고 있군. 대학교와 직장이 많으니 수요는 있겠군. 편의점 장사 좀 되겠는걸."

표지판에는 공사명을 시작으로 대지면적, 건축면적, 연면적, 어떤 업체가 언제부터 언제까지 공사를 하는지 등을 한눈에 알 수 있게 안내되어 있으므로 이를 눈여겨보는 것만으로도 좋은 공부가 됩니다. 주차장이 궁금했다면 집으로 돌아와서 건축물의 용도에 따라 법정 주차대수에 어떤 차이가 있는지 찾아봐야 합니다. 단독주택, 다가구나 오피스텔, 교육 연구시설, 근생시설, 숙박시설, 업무시설 등에 따라 모두 다릅니다.

건축 허가표지판에서 가장 중요한 것이 바로 '용도'입니다. '1·2종 근생 + 주택' 같은 식으로 표기해두는데 이는 해당 빌딩이 향후 어떤 용도로 사용하게 되는지에 대한 정보이기 때문입니다. 특히 '근생'이 중요합니다. 근생이란 근린생활시설의 약자로서 주택가와 인접해 일상생활에서 필요한 재화 및 서비스를 제공하는 시설을 뜻합니다. 근린(近隣)의 사전적 의미가 동네, 가까운 이웃이라는 뜻이니 근생시설이란 우리 주변에 있는 생활시설이 되는 것입니다.

꼬마빌딩을 제대로 이해하기 위해서는 바로 이 근생시설에 대한 이해가 선행되어야 합니다. 세탁소, 슈퍼마켓, 식당, 노래방, 태권도장, 당구장 등 대부분의 꼬마빌딩 임차인들이 이 업종에 해당하기 때문입니다. 이 업종이 대부분 꼬마빌딩의 지하층과 1, 2층을 구성하니, 즉 건물주의 주요 수입원이라고 할 수 있으니 중요하다는 것입니다. 근생 임차인이 돈을 잘 벌어야 임대료 연체가 발생하지 않을 것이고, 장사가 잘되는 건물이라는 소문이 나야 가치가 올라갑니다. 이러한 소문이 퍼지면 이와 유사한 혹은 연관성이 있는 업종이 인근 빌딩에 입점하게 되면서 자연스럽게 상권이 형성되는 것입니다. 병원이 있는 빌딩 1층에 약국이 있는 것처럼 말이죠.

근생시설은 업종과 규모에 따라 제1종과 제2종으로 나뉩니다. 1종의 대표적인 시설은 일용품을 판매하는 소매점, 미용실, 병원 등으로 주택가와 인접해서 주민들의 생활 편의를 돕습니다. 실생활에 꼭 필요한 시설이죠. 2종은 취미생활이나 편의시설로서 1종보다 규모가 큰 것이 특징입니다. 같은 휴게음식점이나 빵집이라도 면적에 따라 1종과 2종으로 나뉩니다. 2종의 대표적 시설은 공연장, 종교집회장, PC방, 노래방, 체육시설, 사무실 등이 있습니다. 필수적이진 않지만 즐길 수 있는 시설이라고 생각하면 이해하기 쉬울 것입니다.

꼬마빌딩은 이 근생시설이 조성한 골목상권과 함께 인기를 끌기 시작했습니다. 꼬마빌딩이란 말 그대로 작은 빌딩입니다. 주로 대로변이 아닌 골목에 있죠. 또한 골목이지만 주거지역 중심에 있지는 않습니다. 그곳에 근생시설이 입점하면서 골목상권이 생겨난 것입니다.

[주거지역의 구분]

정부는 국토를 효과적으로 관리하기 위해 토지에 용도라는 것을 부여했습니다. 예를 들면 도시지역을 주거, 상업, 공업, 녹지지역으로 구분하고 각각의 지역을 다시 세분화하였습니다. 같은 지역 내에 존재하는 땅이라고 해도 용도에 따라 가격 차이가 크게 납니다. '활용도'가 다르기 때문입니다.

근생시설과 별도로 우리가 거주하는 주거지역은 크게 전용, 일반, 준주거지역 3가지로 나뉩니다. 우선 전용주거지역은 단독주택 중심의 제1종 전용주거지역과 공동주택 중심의 제2종 전용주거지역으로 분류됩니다.

서울의 대부분 주거지역은 시민이 일상생활을 할 수 있도록 주택이 밀집한 지역을 총칭하는 일반주거지역으로 분류됩니다. 이는 다시 1종, 2종, 3종으로 나뉘는데 1종에선 4층 이하, 2종에선 15층 이하 건물 신축이 가능하고, 3종에서는 용적률과 건폐율 제한은 있지만, 층수 제한은 없습니다. '2019 KB 부동산보고서'에 따르면 2017년부터 2018년 3분기까지 서울에서 거래된 소규모 빌딩(연면적 100㎡ 초과 1,000㎡ 미만인 건축물)의 74.3%가 일반주거지에 있던 것으로 나타났습니다.

준주거지역은 상업적 성격이 가장 강합니다. 주거 기능을 목적으로 하는 지역이면서도 동시에 상업적 활동 및 업무 기능을 보완하기 위한 곳이기 때문입니다. 용적률과 건폐율 면에서 일반주거지역보다 준주거지역이 건물주에게 유리합니다. 보통 주거 분류는 용적률이 80%에서 300% 사이인데 준주거지역은 500%까지 가능합니다. 근생시설을 이용한 높은 수익 실현이 가능한 지역이라고 할 수 있습니다. 건폐율과 용적률은 지역에 따라 허용범위가 조금씩 다르므로 지자체 규정을 확인해봐야 합니다.

필자가 생각하기에 종 상향 또는 용적률을 완화하는 정책을 실행한다면 모든 역세권 지역이 아니라 유동 인구나 산업이 밀집된 중심 지역 또는 주요 지역을 완화해줄 것으로 예상됩니다. 이런 지역에 건물을 더 짓도록 해줘야지 효과가 높은 것 아닐까요? 누구나 살고 싶고, 누구나 사업하고 싶은 지역에 건물을 더 지을 수 있게 된다면 중심지의 집중도는 더욱 높아질 것으로 예상됩니다. 그렇게 되면 주요 지역의 임대수요가 증가할 것이고, 이는 공실 감소와 임대료 상승으로 이어지면서 수익률이 개선되는 결과를 낳게 될 것입니다. 결국 최종적으로 빌딩 가격은 오를 것입니다.

2022년 4월에는 제주지사였던 원희룡 국토교통부 장관과 관련하여 이런 뉴스도 있었습니다. 제주지사에 당선된 직후인 2014년, 제주시 아라이동 소재 자연녹지 지역에 있는 2층짜리 단독주택을 배우자 명의로 7억 5,000만 원에 매입했습니다. 유명한 럭셔리 타운하우스였죠.

그런데 2016년 11월, 제주도는 도시관리계획을 변경하며 원희룡 장관의 단독주택이 포함된 자연녹지 지역을 자연취락지구로 지정했습니다. 자연녹지는 불가피한 경우에만 개발이 허용되지만, 자연취락지구로 지정되면 주민복지시설 설치 등이 가능해집니다. 자연취락지구로 지정되면 건폐율은 20%에서 50%로, 용적률은 80%에서 100%로 늘어나면서 공시지가가 상승하게 됩니다. 결국 2014년 매입 당시 ㎡당 24만 8,600원에서 2021년 50만 5,600원으로 두 배 이상 올랐습니다. 토지의 용도는 이렇게 중요한 것입니다.

건폐율과 용적률의 중요성

건폐율(建蔽率)의 건폐란 '건물을 덮는다'는 뜻입니다. 즉 대지면적을 덮는 건축면적의 비율로서 쉽게 '넓이'라고 생각하면 됩니다. 빌딩의 여러 층 중에서 가장 넓은 층의 바닥 면적을 건축면적이라고 하는데 이것이 건폐율 계산의 기준이 됩니다. 바닥 면적은 건축물대장에 기재되는 각층의 면적입니다.

용적률(容積率)의 용적이란 '얼굴에 쌓는다'는 뜻입니다. 즉 대지면적에 대한 건물 연면적의 비율로서 쉽게 '높이'라고 생각하면 됩니다. 연면적은 건축물 각 층의 바닥 면적을 더한 값입니다. 연면적은 지하층까지 포함되지만, 용적률은 지하층 면적을 제외하고 지상의 면적만 계산합니다. 지하는 용적률의 영향을 받지 않으므로 건축주 마음대로 지하 1층이든 지하 2층이든 시공비만 감당할 수 있다면 건축할 수 있습니다.

만일 건폐율 50%에 용적률 150%라고 하면 100평의 땅에 바닥 면적이 50평인 건물을 3층까지만 지을 수 있다는 뜻입니다. 건폐율의 나머지 50%는 조경면적, 주차장, 건물 간 거리 등으로 비워두어야 합니다. 건축물 주위에 최소한의 공간을 확보함으로써 건축물의 과밀을 방지하고 일조, 채광, 통풍 등에 필요한 공간을 확보하기 위해서입니다. 용적률을 규제하는 이유는 미관, 조망, 일조, 개방감 등을 좋게 해서 사람이 살기에 쾌적한 환경을 조성하기 위함입니다. 이런 용도지역 관련 법 규정이 2004년에 개정되면서 현재의 기준으로 세분되고 강화되었습니다.

주거환경을 이유로 규제가 더 강화되었기 때문에 리모델링과 분양을 목적으로 빌딩을 매입한다면 2004년 이전에 준공된 빌딩 중에서 용적률이 큰 매물을 고르는 것이 좋습니다. 물론 이런 이유로 조금 비싸게 거래됩니다.

내 땅에 더 넓은 평수의 빌딩을 짓고 싶어도 못 하게 막는 수평적 규제조항이 건폐율이고, 내 빌딩을 더 높이 올리고 싶어도 못 하게 막는 수직적 규제조항이 용적률입니다. 이 두 조항은 빌딩의 가치를 결정하므로 예비 건물주라면 반드시 알아야 합니다.

[꼬마빌딩이 부담스럽다면 구분상가에 관심을]

상업업무용 건축물은 통상 오피스텔과 비오피스텔로 구분하는데, 비오피스텔의 대부분은 구분상가입니다. 2020년 이후만 봐도 거래 비중이 50%를 넘습니다. 구분상가란 집합 건물에서 층이나 호와 같이 일정 규모별로 구분등기가 가능한 상가 한 칸을 뜻합니다.

구분상가는 관리사무소 형태로 건물 관리가 이뤄지기 때문에 건물주가 신경 쓸 일이 빌딩보다 적다는 장점이 있습니다. 매입 시 가격 부담도 덜하고, 공실에 대한 걱정도 상대적으로 빌딩보다 낮은 편입니다.

사실 용적률을 높여 꼬마빌딩을 신축한 뒤 고층까지 임차를 맞추지 못하는 경우도 적지 않습니다. 하지만 구분상가는 대부분 아파트 단지를 배후에 두고, 임차인이 있는 상태에서 시장에 매물로 나오기 때문에 임차에 대한 걱정도 덜한 편입니다.

그럼 "어떤 매물이 좋으냐?" 하면 답을 내기가 쉽지 않습니다. 대로변에 위치한다고 더 좋은 것도 아니고, 소규모 아파트 단지에 있다고 대규모 아파트 단지에 있는 것보다 더 나쁜 것도 아닙니다. 케이스 바이 케이스라고 할 수 있습니다. 문제는 수익률이 좋은 상가는 시장에 잘 나오지도 않는다는 데에 있습니다. 또한 의외로 저렴하게 나온 매물은 복잡한 문제를 안은 경우가 많으니 꼼꼼하게 따져봐야 합니다.

추가로 신도시에 새로 조성되는 상가를 매수할 때도 주의해야 합니다. '확정 수익률 10%!', '선임대 보장!' 등의 광고를 보게 되는데 인근 부동산에만 상담하지 말고 객관적인 시선으로 바라볼 수 있는 전문가를 찾아서 크로스 체크해야 합니다. 상권이 조성되지 않은 곳이기 때문에 거품이 있는지 아닌지 꼼꼼히 확인할 필요가 있는 것입니다. 세상에 무조건 안정적인 수익을 보장하는 물건이란 없으니까요.

KEY POINT

**근린생활시설과 주거지역의 중요성을
잊지 말 것**

매입부터 명도, 리모델링, 임차인 구성까지

이번 사례의 의뢰인 역시 필자가 진행하는 빌딩 투자 강의 수강생이었습니다. 그동안 아파트 투자를 많이 했는데 아파트 규제가 심해질 것을 예상하고 아파트 몇 채를 매도하여 꼬마빌딩으로 투자 상품을 변경하려는 계획이었죠. 다만 아파트 투자 경험은 많았지만, 꼬마빌딩 투자는 처음이라 일단 적은 금액으로 매입할 수 있는 매물을 찾았습니다. 아파트 갭 투자의 장점을 잘 아는 투자자라서 감정가격이 매매금액 수준으로 높게 나와 대출을 많이 받을 수 있는 매물을 원했습니다. 실제 투자금액은 최소화하고 레버리지 효과를 최대한 활용하고 싶어 하는 스타일이었습니다.

필자의 강의는 이론뿐만 아니라 실제 상권을 답사하면서 진행하는 임장 강의도 포함되어 있었습니다. 당시 연남동과 가로수길을 임장했는데 연남동에 이렇게 사람이 많은 줄 몰랐다는 반응을 보였습니다. 연남동에 대한 첫인상이 나쁘지는 않았지만, 본인에게는 생소한 지역이라서 선뜻 매입을 결정하지 못했습니다. 당연합니다. 적은 돈을 투자하는 것도 아니고 그동안 해왔던 재테크가 아닌 생소한 분야라서 시간이 필요했던 것입니다.

현실을 자각하기까지는 그렇게 오랜 시간이 걸리지 않았습니다. 10억 원대의 매물은 언제나 빠르게 소진되는 중이었고, 시장에 나온 호가보다 더 비싸게 팔리는 것을 보면서 의뢰인은 적지 않은 충격을 받았습니다. 게다가 리모델링이나 임차인 문제는 아파트보다 복잡하다는 것도 인지하게 되었죠. 매매를 도울 최 팀장과 의뢰인은 연남동을 재답사하면서 매물을 다시 한번 체크하였습니다.

그러던 중 필자가 매입하기 위해 검토하던 연남동 빌딩을 추천하게 되었습니다. 이미 필자가 매입을 위해 대출도 알아보고 여러 차례 방문한 매물이었는데 리모델링 비용을 추가로 투자하기가 부담스러워 포기한 빌딩이었습니다.

사실 장점이 많은 빌딩이었습니다. 우선 외부에서 유입되는 유동 인구가 많은 연남동이라는 지역적 특성, 즉 연트럴파크뷰 상권에 속하는 매물이라는 점이 가장 큰 장점이었습니다. 그리고 연남동은 코로나19로 인한 매출 감소가 상대적으로 적은 곳이라서 투자자라면 누구나 선호하는 지역이었습니다. 게다가 1층에 커피숍이 입점 중이었으니 구색이 좋았습니다.

또한 구축건물이라는 점도 장점이었습니다. 매수자의 노력 여하에 따라 리모델링을 통한 밸류업이 가능한 빌딩이었던 것입니다. 그냥 가만히 둬도 주변의 변화에 힘입어 가격은 오를 수밖에 없는 매물이었지만 리모델링을 통해 더욱 시세차익을 볼 수 있으니 투자할 만한 가치가 있었습니다. 이처럼 내 빌딩의 가치는 내가 직접 키우는 것입니다. 그러기 위해서는 건물주는 늘 공부해야만 하는 것이고요.

물론 단점도 만만치 않았습니다. 첫째, 매매가격이 그 지역의 최고가였습니다. 당시의 부동산 시장은 매도자 우위의 시장이라서 가격 절충이 쉽지 않았습니다. 강남의 여러 부동산 중개법인들이 고객에게 세일즈 브리핑을 하는 상황이라서 경쟁 또한 치열했습니다.

둘째, 전 층 임차인 명도가 불가능했습니다. 특히 계약갱신요구권 때문에 1층 임차업체는 명도가 불가능한 상황이었습니다. 사실 꼬마빌딩은 전체 수익률 중 1층이 차지하는 임대료가 가장 높습니다. 그러나 임차인이 영업 중인 상태였고, 용도변경 및 리모델링하는 동안 1층 임차인의 임대료를 인하해주어야 하는 것과 완공 후 임대료를 증액하려고 해도 임대료 증액 한계인 5% 제한에 적용되는 케이스라는 것이 문제였습니다. 하지만 다행히 매수자와 1층 임차인이 원만한 협의를 통해 해결했습니다.

셋째, 3층과 4층은 주택으로 되어있는 건물이라서 잔금 전에 용도변경 공사를 해야 하는데 구청에서 용도변경 신청을 받아주지 않았습니다. 옥탑의 위반 건축물과 1층에서 사용 중인 위반 건축물을 철거하고 용도변경을 신청하라는 것이었습니다. 옥탑의 불법 부분은 그냥 철거하면 되지만 1층의 불법 부분은 임차인이 사용 중인 곳이었습니다. 1층 임차인의 사전 동의가 없으면 철거를 할 수 없었으나 다행히 임차인이 양해를 해줘서 철거공사를 할 수 있었습니다. 하지만 이런저런 변수를 해결하면서 시간이 지체되다 보니 잔금까지의 시간이 얼마 남지 않았습니다. 잔금을 치르기 전까지 용도변경이 가능할까 서서히 걱정되는 상황이었죠.

여기에 정화조 용량이 턱없이 부족한 것도 알게 되었습니다. 오래전에 지어진 건물이라서 정화조 용량이 너무 적었고, 그 내용이 어디에도 기록되어 있지 않아서 아무도 몰랐던 것이었죠. 따라서 추가로 정화조 증설공사를 해야만 용도변경이 승인되는 상황이었습니다. 안 그래도 시간이 부족한데 추가 공사가 계속 발생하니 매입하라고 추천한 필자 입장이 난처해졌습니다.

임차인이 없는 빌딩이면 빨리 공사해서 용도변경까지 할 수 있는 기간이었지만 1층 임차인이 있는 상태에서 진행하려니 시간이 두 배나 더 들게 된 것입니다.

넷째, 리모델링 비용이 예상보다 많이 들었습니다. 하지만 최 팀장이 매수 의뢰인과 여러 리모델링 업체를 함께 만나면서 최적의 업체를 선정하여 비용을 절감할 수 있었습니다.

이처럼 복잡한 문제가 많았지만, 필자와 최 팀장은 투자자와 끊임없이 커뮤니케이션을 이어 나갔습니다. 매입, 명도, 대출, 리모델링 업체 선정 및 진행, 임차인 구성에 이르기까지 전반적인 사항에 관한 종합적인 컨설팅을 제공했고, 그 결과 고객의 자산가치를 상승시켜 최고의 만족도를 얻어냈습니다. 매도자와 매수자의 현재 상황에 맞는 조건으로 컨설팅을 하였기에 양측 모두 만족할 만한 선에서 계약이 성사될 수 있었습니다.

PART

02

빌딩으로
수익을 창출하는
5가지 포인트

투자수익을 높이는 5가지 포인트

자산가들이 빌딩에 투자하는 이유는 당연히 이익을 얻기 위함이지만 그 실현 방법을 모르는 경우가 의외로 많습니다. 투자자가 희망하는 최소한의 수익률을 요구수익률 혹은 기대수익률이라고 합니다. 그리고 실제로 얻은 수익률은 실현수익률 혹은 유효수익률이라고 하죠.

예를 들어 1억 원 수익을 희망하면서 매입했는데 나중에 결산해보니 2억 원을 벌었다면 요구수익률보다 실현수익률이 높다는 얘기와 함께 성공한 투자가 되는 것입니다.

오른쪽 그림처럼 빌딩 투자를 통해 요구수익을 달성하는 방법을 5가지로 나눠봤습니다. 매입에서부터 보유기간을 거쳐 양도까지 진행되는 전 과정에서 발생하는 요구수익을 100%라고 가정한다면 이를 달성하는 방법의 비율은 양도차익, 즉 자본수익 50%, 건축물을 통한 임대수익 20%, 법인으로 매입 등의 절세를 통해 10%, 고대출과 저금리를 이용한 레버리지 효과를 통한 수익 10%, 적정매수자와 딱 맞는 건물로 관리하여 잘 파는 엑시트 플랜 10%로 각각 구성되는 것이라고 필자는 생각합니다. 수익 창출을 위해 5가지 포인트가 상호 작용하여 적절히 융화되어야 좋은 결과가 나오게 되는 것입니다. 하나씩 살펴보겠습니다.

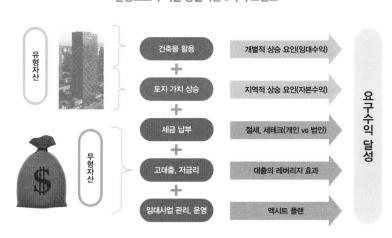

빌딩으로 수익을 창출하는 5가지 포인트

건축물을 활용하여 임대수익을 상승시키는 '개별적 상승 요인'이 첫 번째이고, 주변 환경이 개발됨에 따라 토지 가치의 상승으로 인해 발생한 양도차익을 통해 이익을 실현하는 '지역적 상승 요인'이 두 번째입니다. 임대수익과 자본수익을 합친 것이 바로 빌딩의 투자수익입니다. 두 가지 상승 요인이 적절히 작용하면 요구수익을 극대화할 수 있게 됩니다. 선순환구조의 시너지 효과라고 할 수 있겠습니다.

우리는 흔히 누군가 빌딩을 샀다고 하면 무의식적으로 건축물만 생각합니다. '몇 층? 사무실이 몇 개?' 같은 것만 생각하죠. 하지만 건축물과 함께 그 밑에 있는 토지도 함께 샀다는 것을 분명히 알아둘 필요가 있습니다.

예를 들어 10억 원에 매입해서 20억 원에 팔았다는 것은 콘크리트 덩어리인 건축물 자체의 가격이 올랐다기보다는 그만큼 토지 가격이 상승했다는 뜻이 됩니다. 임대료 상승도 투자수익률 계산에 반영이 되겠으나 그것이 10억 원의 가치를 가지고 있지는 않습니다. 전체 수익의 50% 정도가 지역적 상승 요인에서 비롯하므로 5억 원의 요구수익 달성은 토지 가격 상승으로 보면 됩니다.

이상의 두 가지 상승 요인은 유형의 자산을 기반으로 하지만, 아래의 세 가지 상승 요인은 무형의 자산을 기반으로 합니다. 무에서 유를 창조하는 것이니만큼 노력과 성과에 따라 의외의 수익이 될 수 있습니다.

그 세 번째가 바로 절세를 통한 이익 실현입니다. 절세를 잘하면 지출이 줄어들게 되므로 당연히 이익이 늘어나는 구조입니다. 일명 세테크라고 하죠. 세금을 내지 말라는 것이 아니라 합법적으로 적게 내는 방법이 있다는 것이고, 그 방법을 알아야 돈을 아낄 수 있다는 것입니다. 개인으로 매입할 것인지 법인으로 매입할 것인지, 지분 구성을 어떻게 할 것인지에 따라 세금이 달라집니다.

네 번째는 저금리와 높은 대출금을 이용한 이익 실현입니다. 금리가 낮을 때 유리한 조건으로 대출을 많이 받아서 레버리지 효과를 보면 이익이 됩니다. 단정적으로 얘기하자면 대출은 빚이 아니라 자산입니다. 빌딩이라는 큰 재화를 사면서 은행 빚을 두려워하면 아무것도 할 수 없습니다. 받을 수만 있다면 최대한 많이 받아서 크게 투자하는 것이 이익을 극대화하는 첫걸음이라고 필자는 생각합니다.

마지막으로 중요한 포인트가 엑시트 플랜(출구전략)입니다. 빌딩을 사줄 매수인에게 딱 맞는 빌딩을 만들어야만 엑시트 즉, 매도할 수 있는 것입니다.

이익 실현 방법을 하나씩 구체적으로 알아보기에 앞서 투자의 기준부터 정해보도록 하겠습니다.

KEY POINT

**빌딩 투자수익을 높이려면
5가지 포인트를 알아야 한다.**

투자 판단의 기준은?

"빌딩의 뭘 보고 투자해야 합니까? 기준이 뭔가요?"

　매우 중요한 질문입니다. "강남에 있는 빌딩 아무거나"라는 식의 막연함이 아니라 기본적인 기준을 알고 투자해야 성공할 수 있습니다. 투자를 결정할 때 판단의 근거는 수익성, 안정성, 환금성이 있습니다. 흔히 알려진 재테크 3요소인데 이는 부동산 투자에도 마찬가지로 적용됩니다.

수익성
수익성은 자산으로 이익을 만드는 성질입니다. 내가 투입한 자본에서 얼마만큼의 이익이 나는지를 보는 것입니다. 빌딩을 예로 든다면 대출받아서 빌딩을 매입할 때 순수하게 본인이 투입한 금액과 빌딩에서 받은 임대료에서 이자, 인건비, 관리성 지출 등을 빼고 남은 금액의 비율이라고 할 수 있습니다.

매매에 따른 세금을 납부하기 전이라면 세전수익률, 세금을 납부한 후라면 세후수익률을 보고 수익성을 판단하게 됩니다. 또한 임대료를 토대로 계산된 임대수익률이 있고 양도할 때 발생하는 양도차익을 토대로 계산된 투자수익률로도 구분합니다. 임대수익은 은행예금과 같은 개념이고 투자수익은 주식을 샀다가 팔면서 발생하는 양도차익과 비슷한 개념입니다.

보통 안정적인 투자자는 임대수익이 좋은 빌딩을 원하고, 공격적인 투자자는 투자수익을 노릴 수 있는 빌딩을 원하는 경우가 많습니다. 당연히 원하는 매물, 투자자의 목적에 맞게 매입하는 것이 맞습니다. 그래야 애정을 가지고 빌딩의 가치를 키울 수 있습니다. 사놓고 후회하는 것처럼 나쁜 투자도 없습니다.

안정성

안정성이란 자산의 가치 보전 능력을 나타내는 성질로써 흔히 원금보장이라고 합니다. 사실 원금이 손상되는 경우가 가장 최악의 투자라고 할 수 있죠. 요즘처럼 변동성이 큰 시장에서는 중요한 포인트라고 할 수 있습니다. 이는 상대적으로 보수적인 투자자가 투자 결정을 할 때 많이 고려하는 부분입니다. 마찬가지로 투자자의 목적에 맞는 빌딩을 매입하는 것이 정답입니다.

환금성

환금성이란 자산을 팔아서 현금화시키는 데 소요되는 시간이나 정도를 의미합니다. 흔히 유동성이라고도 합니다. 예를 들어 예금이나 증권 등은 거의 완전한 환금성 자산이라고 할 수 있습니다. 내가 필요할 때 언제든지 쉽게 현금화할 수 있기 때문이죠. 하지만 빌딩은 매도를 결정한 순간부터 수중에 돈이 들어오기까지 꽤 많은 시간이 걸리기 때문에 환금성이 낮은 상품이라고 할 수 있습니다. 아파트처럼 누구나 필요로 하는 필수적인 재화도 아니고 가격도 만만치 않기 때문입니다. 그래서 역설적으로 더더욱 환금성이 중요하다는 것입니다. 빌딩은 사는 것보다 파는 것이 더 중요하다는 점을 잊으면 안 됩니다. 싸게 잘 매입하는 것도 중요하지만 비싸게 잘 매도해야 성공적인 투자라고 할 수 있습니다.

빌딩의 조건에 따라 경중의 차이가 조금씩 있겠지만 위의 세 가지 투자 판단 기준은 모두 중요합니다. 그래도 필자에게 최우선 조건을 하나만 고르라면 필자의 선택은 환금성입니다. 수익성이 좋은 빌딩도 물론 중요하지만, 나중에 매도할 때 잘 팔리는 빌딩이 더 중요하기 때문입니다.

빌딩은 평생 가지고 있을 수 없습니다. 틀림없이 언젠가는 팔아야 합니다. 내가 안 팔고 죽으면 나중에 자식들이 팝니다. 그러므로 환금성이 중요합니다. 팔고 싶을 때 언제든지 팔고 캐시 아웃(cash out)을 할 수 있어야 좋다는 뜻입니다.

빌딩 투자가 일부 회장님만의 리그이던 시절에는 임대수익이 주목적이었지만 지금은 시세차익을 목적으로 한 경우가 많아졌습니다. 특히 코로나19로 지난 2년 동안 임대수익이 개선되지 않아서 더욱 그렇습니다. 기존 임차인과 재계약으로 임대료를 인상한다고 해도 5% 정도 수준입니다. 하지만 그사이 토지 가격은 30~40%씩 올랐으니 빌딩 투자를 통한 이익 실현은 매도할 때 발생하는 시세차익에 있는 것입니다.

투자란 현재 시점에서 미래의 가치와 소득을 기대하며 하는 것입니다. 그런데 팔고 싶을 때 아무도 사주지 않으면 어떻게 될까요? 그때부터 빌딩은 재산이 아니라 짐이 됩니다. 팔고 싶은 마음이 커지고 급할수록 가격을 내려야 하므로 수익성(양도차익)과 안전성(원금보장)에서도 문제가 됩니다. 목마른 사람이 우물을 파는 것이죠.

다시 말해서 환금성이 좋은 빌딩이란 언제든지 쉽게 매도하고 빠져나올 수 있는 빌딩이며, 언제든지 쉽게 매도할 수 있는 빌딩이란 누구나 탐낼 만한 빌딩이라는 뜻입니다.

물론 매매가격을 빼놓고 얘기할 수 없으니 매매가격은 비정상적인 가격이 아니라 시장에서 통용되는 오차범위 내의 가격, 즉 시세라는 것을 전제로 합니다. 내가 매입할 빌딩을 나중에 '매입 원가+요구수익= 매도금액'으로 계산하여 매물로 내놓으면 과연 쉽게 팔릴 것인지 아니면 외면받을 것인지를 판단해봐야 합니다.

매도하여 받고 싶은 금액이 본인의 빌딩이 있는 지역에서 충분히 소화할 수 있는 금액대인지도 잘 고민해봐야 합니다. 외양간에는 소가 있어야 하고 돼지우리에는 돼지가 있어야 합니다. 돼지우리에 소가 있으면 이상하지 않을까요? 이렇게 그 지역에서 소화되기에 큰 매물을 필자는 "무겁다"라고 표현합니다.

아무리 가격이 올랐더라도 팔아서 내 주머니로 돌아오지 않는 한 무소용입니다. 매입도 중요하지만 "언제 어떻게 얼마의 수익을 남기고 팔겠다"라는 엑시트 플랜을 잘 짜는 것이 중요합니다. 사는 것보다 파는 것이 더 중요하므로 일단 매입한 뒤 빌딩의 가치를 키워나가는 것이 투자의 정석입니다. 여기에 지역적 상승 요인과 개별적 상승 요인이 시너지를 발휘하면 할수록 환금성은 높아질 것입니다. 물론 건물주의 공부와 노력 없이는 불가능합니다.

KEY POINT

**수익성, 안정성, 환금성 중에
가장 중요한 것은 환금성**

수익 창출 포인트 ①: 개별적 상승 요인

빌딩은 수익용 부동산입니다. 이는 수익 즉, 임대료를 받는 것을 목적으로 한다는 얘기입니다. 그래서 당연히 임대료가 많이 나오는 빌딩이 가치를 높게 평가받습니다. 주변의 환경이 같다는 가정하에 본인의 건축물을 잘 활용하여 임대료를 상승시키는 방법이 바로 개별적 상승 요인입니다. 해당 빌딩을 활용하는 방법 즉, 개별적 상승 요인을 극대화하는 방법을 다음의 표로 나타내보았습니다.

건축물을 통해서 수익을 올리는 5가지 방법

상승 방법	조건	참고사항
임대료 인상	상가건물 임대차보호법 시행령 제4조 차임 등 증액청구의 기준 최대 5% 인상 환산보증금 계산 방법 = 보증금+(월세×100) 서울: 9억 이하 / 경기도: 6억 9천 이하 → 5% 적용	→ 소액임차인만 적용 → 보증금, 차임(월임대료) 각각 5% 인상 가능 → 1년 단위 계약, 관리비 인상 → 환산보증금을 초과하면서 5% 적용 안 받음
임차인 변경	계약갱신요구권, 권리금 회수방해금지 (모든 임차인이 적용)	→ 명도비를 주거나 계약갱신요구권 끝나는 10년 후 명도 → 18년 10월 16일 이후 신규, 갱신 임차인은 10년 적용 (18년 10월 15일 5년 계약한 임차인은 명도 가능)
용두변경	주택 → 근생시설 주택관련시설철거, 법정 주차대수 체크, 위반건축물 ×, 정화조용량 체크	→ 계약 후 잔금 전에 용도변경 완료 → 매도자는 1가구 1주택 비과세 혜택 가능 → 매수자는 취득세 중과를 피하고 고대출 가능
대수선, 증축 (리모델링)	2004년 허가 → 건폐율, 용적률 높음 2015년 도로사선폐지 → 증축 가능	→ 리모델링: 신축 대비 50% 공사비, 80% 효과 → 증축: 건폐율, 용적률, 주차대수, 구조보강 파악 → 엘리베이터 신설
신축	관련법규 체크, 시공비, 공사기간, 금융비용 감안하여 판단	기존 철거물 철거(무에서 유를 창조) 법정주차대수 및 공간 체크 → 1층 임차면적 중요함

[임대료 상승을 통한 수익 창출]

개별적 상승 요인 중에서 가장 손쉬운 방법이 만기일에 재계약을 하면서 임대료를 인상하는 것입니다. 하지만 말처럼 간단하지 않습니다. 일부 건물주의 갑질이 사회적 공분을 사게 되면서 임차인을 보호하기 위한 '상가건물 임대차보호법'이 제정되었기 때문이죠.

상가건물 임대차보호법은 영세한 임차인을 보호하기 위해 제정된 법으로서 영세한 임차인을 기준으로 한 환산보증금 액수에 따라 적용 여부가 달라집니다. 환산보증금은 '보증금+(월세×100)'으로 계산합니다. 예를 들어 서울에 있는 임차인 같은 경우는 환산보증금이 9억 원 이하일 때 상가건물 임대차보호법을 적용받습니다. 임대차보호법을 적용받는 임차인은 만기 시 연장할 때 보증금 또는 임대료 상한률이 최대 5%까지만 가능합니다. 그래서 임대인은 1년

단위로 계약하면서 매년 5%씩 올리기도 합니다.

반대로 환산보증금이 9억 원을 초과하여 상가건물 임대차보호법을 적용받지 못하는 임차인은 보증금 또는 임대료를 5% 이상 올릴 수 있습니다. 물론 임차인이 동의했을 때만 가능한 일입니다. 만약 임차인과 협의하지 못하면 분쟁조정위원회의 도움을 받거나 임대료 조정소송을 해야 합니다. 이런 경우 주변의 임대 시세를 기준으로 법원에서 정해주는 임대료를 받게 됩니다. 임대료 상승을 통한 수익 창출은 임차인과 협의만 잘하면 되기 때문에 가장 쉽고 돈이 추가로 들지도 않는 방법입니다.

[임차인 변경을 통한 수익 창출]

개별적 상승 요인을 극대화하는 두 번째 방법은 임차인을 변경하는 것입니다. 예전에는 만기가 되면 임대인이 계약연장을 해주지 않아 임차인이 쫓겨나는 경우가 다반사였습니다. 하지만 지금은 계약갱신요구권이라는 강력한 권리가 임차인에게 주어졌습니다.

계약갱신을 요구할 수 있는 기간은 최초 입주한 날로부터 10년이 될 때까지 가능합니다. 만약 임대인이 더 많은 임대료를 받기 위해 임차인을 바꾸려고 한다면 임차인이 계약갱신요구권 기간에 해당하는지 아닌지를 확인하는 것이 최우선입니다. 만일 임차인의 최초입주일로부터 10년이 되지 않았다면 10년까지 기다리거나 명도비를 주고 임차인이 자진해서 나가도록 유도하는 방법이 있습니다.

앞서 언급한 임대료 상한은 환산보증금에 따라 적용 여부가 달라지는 것이지만 계약갱신요구권은 모든 임차인에게 주어지는 권리입니다. 이 외에도 모든 임차인에게 주어지는 권리 중에는 권리금 회수방해금지법이 있습니다.

어쨌든 우여곡절 끝에 임차인을 바꾸는 방법은 새로운 임차인이 자연스럽게 맞물려서 들어오면 괜찮지만 그렇지 않고 공실이 되면 월세를 받을 기회를 놓치는 것이기 때문에 다소 리스크가 있다고 할 수 있습니다. 하지만 평소에 빌딩을 잘 관리했다면 새로운 임차인을 구성할 때 어려움을 겪지 않을 수 있습니다. 임대료가 저렴하지만 노후한 빌딩보다는 임대료가 비싸더라도 잘 관리되어 예쁘고 깨끗한 빌딩에 들어가서 장사를 하고 싶은 것은 인지상정이기 때문입니다. 깨끗한 빌딩에는 젊은 세대가 몰리고, 그렇게 되면 상권이 형성되면서 장사가 잘될 가능성이 상대적으로 높아지죠.

결과적으로 그런 상황이 되면 건물주는 업종이나 업주를 선별해가면서 계약할 수 있습니다. 장사가 잘되는 임차인이 많은 빌딩은 다시 또 가치가 상승하여 더 좋은 임차인이 줄을 서게 됩니다. 이것이 개별적 상승 요인의 핵심입니다.

과장해서 표현하자면 외벽 페인트칠 하나만 잘해도 돈이 벌리는 선순환구조가 형성된다는 것입니다. "00동의 랜드마크 파란색 빌딩 알지? 거기 지하 맥줏집으로 와!" 이런 관용적 표현은 의외로 순식간에 퍼지는 입소문입니다.

꼬마빌딩은 자영업자들이 지탱해주는 것입니다. 빵집, 치킨집, 편의점, 약국, 휴대전화 대리점, 안경원 등에서 발생하는 임대료가 건물주의 주요 수입원입니다. 그러니 건물주라고 갑질을 할 것이 아니라 월세를 많이, 잘 낼 수 있는 임차인을 극진히 모셔야 한다고 필자는 생각합니다. 당연히 빌딩을 깔끔하게 유지해야 좋은 임차인 '영입'이 가능하겠죠. 임대업은 본질적으로 서비스업입니다. 그 서비스 제공 대상이 임차인이고요.

빌딩은 단순한 콘크리트 덩어리가 아니라 하나의 생물입니다. 곡식이 농부의 발걸음 소리를 듣고 자라는 것처럼 빌딩도 주인의 사랑을 통해 가치가 커질 수도 있고 그 반대가 될 수도 있습니다. 아무도 건물주를 대신해서 빌딩의 가치를 높여주지 않는다는 점은 꼭 명심해야 합니다. 주인이 등한시하면 빌딩의 얼굴은 어두워지고 속은 썩어갑니다. 건물주의 애정이 가격변동의 주요 요인이라는 것을 잊지 말아야 합니다.

[용도변경을 통한 수익 극대화]

개별적 상승 요인을 극대화하는 또 다른 방법 중에는 '용도변경'이라는 것이 있습니다. 빌딩 전체가 주택인 다가구주택이거나 상부 층이 주택인 상가주택 같은 경우는 예전에는 주거지역이었기에 주택밖에 입점이 안 되었지만, 지금은 달라졌습니다. 골목상권이 생기면서 크고 작은 맛집 멋집이 생기는 상황이면 주택을 근생시설로 용도를 변경하여 상업적인 임차인을 입점시켜서 기존의 주택 임대차보다 임대료를 더 받을 수 있게 된 것입니다. '올(all)근생', 즉 전체가 근생시설인 건물로 용도변경 후 되파는 방식으로 수익을 창출할 수 있습니다. 다만 주택에서 근생시설로 용도변경을 하기 위해서는 해당 빌딩에 위반 건축물이 없어야 하고 법정 주차대수와 정화조 용량 등이 근생시설에 적합해야 합니다.

주택이 포함된 건물은 '올근생'보다 시세가 10% 정도 저렴한 편입니다. 다시 말해 용도변경만으로도 10%의 추가수익이 발생하는 것이죠. 다만 매수인과 매도인의 사전 합의가 꼭 필요합니다. 매매계약서에 특약사항으로 "매도인은 매수인의 요청으로 주택 부분의 임차인을 명도하고 주택에서 근생시설로 변경하는 용도변경 신청을 해준다. 용도변경에 필요한 비용은 매수인이 부담한다"라는 조항을 넣어야만 매도자는 주택으로 매도한 것으로 인정받아 1가구 1주택 비과세 혜택을 볼 수 있습니다. 그리고 잔금을 치르기 전까지 매도인은 세입자 명도를 마친 후 용도변경을 신청하면 됩니다.

매수인이 법인이거나 다주택자인 경우에도 취득세 중과를 피하고 대출을 많이 받기 위해서 잔금 전에 용도변경이 완료된 후 건축물대장의 층별 용도가 근생시설로 변경되어 있어야 합니다. 매수인은 용도변경에 따른 시세차익을 얻는 것은 물론이고 근생건물로 인정받아 대출받는 데 유리합니다.

매도인 입장에서 양도세 납부는 잔금일 건축물 용도를 기준으로 신고 및 납부해야 합니다. 하지만 매도인이 1가구 1주택 비과세 대상이고, 매수인의 요청으로 주택을 근생시설로 변경하는 것이 계약 조건이면 계약 시점의 건축물 용도를 기준으로 양도세를 계산할 수 있습니다. 이처럼 '용도변경'은 매도인과 매수인 모두 금전적으로 이득을 볼 수 있으므로 2018년 중반부터 많이 이루어지고 있습니다. 다만 단순히 임차인을 변경하는 방법보다 용도변경 하는 과정에서 비용이 발생하고 임차인 명도가 선행되어야 하므로 비용과 시간이 필요하다는 단점이 있습니다.

한편 주택을 사무실이나 상가로 용도변경을 추진하고 임차인을 새롭게 구성하면서 가장 중요한 것이 1층 임차인입니다. 빌딩의 얼굴이 달라지면 전체가 달리 보일 수 있기 때문에 보통은 예쁜 카페나 유명 프랜차이즈를 입점시키곤 합니다.

고층부의 주택을 상가나 사무실로 변경하는 경우 엘리베이터 유무가 가장 중요합니다. 없다면 꼭 설치해야 합니다. 요즘은 3층 이상을 걸어서 올라가는 임차인은 거의 없죠. 중개할 때 엘리베이터가 없는 빌딩은 매수인의 기피 대상 1호입니다.

실제로 강남의 50억 원짜리 4층 빌딩을 매입한 모 투자자는 엘리베이터 설치 등 2억 원을 투자해 리모델링을 진행했는데 월 700만 원 정도 받던 임대료가 두 배 이상 상승했습니다. 빌딩의 가치 또한 80억 원을 넘어섰죠. 이러한 트렌드를 반영이라도 하듯 최근에 엘리베이터 설치 수요가 많아서 신청 후 장기간 대기가 필요한 상황입니다.

이렇게 용도변경을 하는 과정에서 대부분 건물주는 "이왕 손을 댈 거면 싹 다 손보자"라는 생각을 하게 됩니다. 용도변경은 자연스럽게 리모델링으로 이어지곤 합니다.

[공사를 통한 수익 창출]

공사를 통해 노후화된 빌딩을 개선하여 가치를 올리는 것이 개별적 상승 요인의 주요 포인트입니다. 빌딩의 용도를 바꾸거나 임대료를 더 받기 위해서 디자인을 다시 한다고 생각하면 됩니다. 대중이 사용하는 곳이기 때문에 안전성이 필요하여 건축법으로 관리하고 있습니다.

건축법에서 사용승인 후 건축물의 허가(신고)요건을 바꾸어 수선하는 행위는 크게 개축(리노베이션), 대수선, 용도변경, 리모델링, 증축으로 총 5가지로 규정되어 있습니다. 면적 증감 여하에 따라서는 크게 두 가지로 분류됩니다.

개축, 대수선(용도 변화 없이 구조나 형태만 변경)과 용도변경(구조나 형태 변화 없이 용도만 변경)은 면적 증가 없이 건축물의 허가요건을 바꾸는 행위입니다. 반면에 리모델링(구조나 형태가 변경되고 면적이 증가)과 증축(면적만 증가)은 면적 증가가 있는 행위로 봅니다.

유사한 구조, 이용목적, 형태에 따라 분류한 건축물의 용도를 다른 용도로 바꾸는 용도변경은 신고대상입니다. 반면에 건축물의 주요 구조 5가지, 즉 지붕틀, 기둥, 보, 주 계단, 내력벽에 손을 대면 꼭 구청의 허가를 받아야 하는 허가대상이므로 계획을 수립하는 단계에서부터 법적인 문제를 확인해둘 필요가 있습니다.

참고로 대수선이란 건축물의 주요 구조 5가지나 외부 형태를 수선·변경하거나 증설하는 것으로서 건축물의 주요 구조부를 변경하기는 하지만 건축물을 해체하는 수준에는 미치지 않는 수선으로 규정하고 있습니다. 개축보다는 수선의 범위가 작아서 건축행위에는 포함되지 않는 것입니다. 건축법에서 규정하는 건축행위는 신축, 증축, 개축, 재축, 이전이 있습니다. 하나씩 장단점을 살펴보겠습니다.

신축

기존 건축물을 철거 또는 멸실한 다음 새롭게 축조하는 것입니다. 부속 건축물을 그대로 유지한 채 주 건축물을 새롭게 축조하는 경우도 이에 속합니다. 신축은 임대료 상승분이 가장 큰 방법으로서 잘만 짓는다면 양도차익을 많이 볼 수 있습니다. 일부 투자자는 골목에 있는 자신의 빌딩과 인접한 대로변 빌딩을 매입한 후 신축을 통해 자신의 빌딩 전체를 대로변 가격으로 올리기도 합니다.

또 한편으로는 낡은 꼬마빌딩을 신축한 후 임차를 세팅한 뒤에 곧바로 매각하는 단기투자를 본업으로 하는 투자자도 많습니다. 이런 경우 공실이 많은, 즉 인기가 좀 덜한 빌딩을 매입하는 경우가 많습니다. 주로 강남권이 그 대상입니다.

실제로 필자가 중개한 투자자는 강남구 신사동의 꼬마빌딩 부지(지하 1층~지상 3층)를 35억 원에 매입한 뒤 기존 건물을 허물어 신축 공사를 진행하는 중 75억 원에 되팔기도 했습니다. 불과 8개월 만에 공사비를 제외하고 10억 원을 벌었죠. 매도인으로서는 빠른 현금화로 공사 대금을 조달하거나 다른 투자를 진행할 수 있어 이득이고, 매수인으로서는 준공 후 임대까지 맞춰진 건물보다 저렴하게 선매입할 수 있어 유리한 매매 방식입니다.

하지만 신축 과정에 신경 쓸 일이 워낙 많아서 공사 한 번 하고 나면 십 년씩 늙는다고 합니다. 엄살이 아니라 실제로 기간과 비용도 많이 들고 리스크도 적지 않으니 신축은 최소한 리모델링 경험이 있는 투자자가 하는 것이 좋습니다. 또한 주차공간이 중요한 이슈가 되므로 1층 면적이 중요합니다.

증축

기존 건축물의 면적이 옆이나 위로 늘어나는 것입니다. 건축면적, 연면적, 층수(높이)에 변화가 생기면서 가치가 올라가는 것이죠. 그래서 늘어나는 면적에 맞게 주차대수를 확보해야 합니다. 자주식 주차 방식을 기계식으로 바꾸고 건축물의 일부분을 줄이면서까지 주차대수를 확보하는 사례도 종종 있습니다. 건폐율에 여유가 있다면 수평증축을, 용적률에 여유가 있다면 수직증축을 할 수 있습니다. 수평증축을 할 때는 줄어드는 조경면적을 고려해야 하고, 수직증축을 할 때는 높이 제한이나 일조권 사선제한을 검토해야 합니다.

개축

건축물 전체를 해체하거나 그에 준하는 정도로 철거 및 해체한 뒤 그 대지 안에 종전과 동일한 규모의 범위 안에서 건축물을 다시 짓는 것입니다. 가장 큰 범위의 수선으로 판단하여 건축행위의 범위에 포함하고 있습니다.

재축

건축물이 천재지변이나 재해로 멸실된 경우 그 대지에 다시 축조하는 행위로서 기존 건축물과 동일한 규모로 축조하게 됩니다.

이전

동일한 대지 안에서 다른 위치로 옮기는 것입니다.

리모델링

건축물의 노후화(사용승인 후 15년 이상)를 억제하거나 기능 향상 등을 위하여 대수선하거나 일부 증축 또는 개축하는 행위를 의미합니다. 이는 우리나라 건축물의 수명이 외국보다 상대적으로 짧기 때문에 건축물을 부수고 새로 지을 때 고쳐서 사용할 수 있는 건축물은 재사용하자는 취지로 만들어진 규정입니다. 정부가 인센티브를 주면서까지 장려하고 있죠.

[리모델링의 중요성]

대출을 많이 받으면 당연히 이자가 많이 나가죠. 이 때문에 임대료를 받아서 이자를 내고 나면 속칭 '똔똔', 즉 제로섬인 경우도 많습니다. 그래서 대출을 겁내지 말라고 하면 이런 질문이 나오곤 합니다.

"이자를 내고 남는 것이 없는 빌딩을 나중에 누가 사겠어요? 매각할 때 어려움을 겪지 않을까요?"

좋은 질문이지만 게으른 질문이기도 합니다. 빌딩을 손안에 넣었으면 그다음에 할 일은 손을 보는 것입니다. 상층부 주택을 근생으로 전환해서 임대수익을 늘리거나, 리모델링이나 신축을 통해 요즘 분위기에 맞는 빌딩으로 탈바꿈시켜서 임대수익과 외형적 가치를 올리는 노력이 필요합니다. 거기에 향후 토지 가격 상승분까지 더해서 매각하면 이익이 실현되는 것입니다.

이런 디벨롭 과정을 거치고 싶지 않다면 가능한 입지가 좋은 곳의 빌딩을 매입해야 합니다. 자연 상승분을 기대하는 것이죠. 입지가 좋은 곳에 있는 빌딩은 디벨롭 과정이 불필요한 경우도 있긴 합니다. 그만큼 비싸기도 하지만요.

하지만 디벨롭이 불필요한 빌딩을 찾는 것도 이제는 쉽지 않습니다. 많은 투자자가 선호하는 강남권의 꼬마빌딩, 다가구, 다세대 주택은 80년대 후반에서 90년대 초반 사이에 지어졌습니다. 소위 말하는 '강남시대'는 70년대 시작되었고, 지금의 구 아파트가 지어진 것이 80년대였습니다. 거기에 맞춰서 다가구주택과 근생빌딩이 들어섰고, 이제 30년이 넘었으니 손을 볼 때가 된 것입니다. 따라서 손을 보고 싶지 않아도 손을 대지 않을 수가 없는 상황입니다.

신축과 리모델링 중에서 필자의 선택을 묻는다면 신축입니다. 하지만 비용은 물론이고 여러 가지 면에서 신경 쓸 것도 많은 것이 사실이므로 한 단계 낮은 수준의 리모델링을 추진한 후 매각의 프로세스를 추천하는 편입니다. 중개를 해보면 실제로 리모델링을 염두에 두고 매입하는 거래가 가장 많습니다.

리모델링은 신축 대비 50%의 비용으로 80%의 효과를 얻을 수 있어서 많은 투자자가 개별적 상승 요인으로 많이 활용하고 있습니다. 다만 오래된 빌딩이라면 한계가 있습니다. 비교적 낮은 층고와 어정쩡한 코어 부분(계단 등 공용부분)을 개선한다고 하더라도 신축처럼 높은 층고와 효율적인 코어 부분을 만드는 데는 한계가 있으므로 신축 대비 80% 정도의 효과라는 것을 투자자가 이해해야만 합니다.

리모델링을 하면 빌딩의 단점을 개선하고, 기존 면적을 유지하면서 임대면적이 증가하고, 새로운 임차인과 임대차계약을 맺으면서 임대료를 높일 수 있어 수익이 증가합니다. 따라서 양도차익도 기대할 수 있는 매우 좋은 방법입니다. 건물주의 의지대로 빌딩의 가치를 올릴 수 있으므로 필자는 늘 적극적으로 추천하고 있습니다.

이러한 구조를 잘 아는 투자자는 오히려 낡은 빌딩을 선호합니다. 심지어 누수 등 특정시설에 하자가 있는 물건만 찾기도 합니다. 시설물에 하자가 있는 낡은 빌딩은 보수 부담 때문에 일반적인 투자자는 거들떠보지 않습니다. 그만큼 경쟁자가 적기 때문에 상대적으로 저렴한 가격에 매입한 후 리모델링을 통해 가치를 상승시킨 뒤 제대로 된 가격에 매각하겠다는 계획인데, 이는 경매를 통해 수익을 올리는 것과 같은 이치입니다. 경매의 기본적인 원리는 권리관계에 하자가 있는 매물을 경매나 공매를 통해서 매입한 후 깨끗한 권리관계를 만든 다음 매도하여 차익을 남기는 것입니다. 다만 빌딩 투자 경험이 풍부하거나 하자를 개선할 능력이 되는 투자자에게만 해당하므로 초보자에게는 권하지 않습니다.

KEY POINT

**건물주가 가꾸지 않으면 빌딩의 가치는
스스로 올라가지 않는다.**

빌딩은 북향이 더 좋다?

일조권 사선제한의 예

개별적 상승 요인을 살펴볼 때 제일 많이 언급되는 조건이 일조권 사선제한입니다. 위 건물 사진을 보면 빌딩의 왼쪽 면이 깎여 있는 걸 확인할 수 있는데, 이게 바로 일조권 사선제한 때문입니다. 일조권 사선제한은 일조권 확보를 통해 쾌적한 주거환경이 필요한 일반주거지역과 전용주거지역에만 적용되는 건축법입니다. 이

규정이 꼬마빌딩을 매입할 때 자주 언급되는 이유는 과거에 주거지역이었던 곳을 근생시설이 침범하면서 골목상권이 생기고, 그곳에 있는 빌딩을 매입하는 것이 현재의 빌딩 시장 추세이기 때문입니다. 여기에 숨은 팁이 한 가지 있습니다. 주택은 볕이 잘 드는 남향이 비싸지만, 빌딩은 일조권 사선제한 때문에 북향, 정확히 말하면 북쪽 도로를 접하고 있는 빌딩이 더 인기가 좋다는 것입니다.

일조권 사선제한이란 정확히 말하자면 내 집으로 들어오는 햇빛을 말하는 것이 아니라, 내 빌딩을 지을 때 뒷집이 햇빛을 볼 권리를 방해하면 안 된다는 뜻입니다. 이를 위해 건물의 높이를 제한하는 것이죠. 더 쉽게 설명하자면 해는 남쪽에 떠 있으므로 뒷집의 남쪽은 내 집의 북쪽이 되기 때문에 정북 방향을 기준으로 일조권을 따지게 됩니다. 일조권이 침해되는 것을 막기 위해 건물의 각 부분을 정북 방향의 인접 대지경계선으로부터 건축조례가 정하는 거리 이상을 띄어 건축해야 한다는 말입니다.

예를 들어 남쪽에 도로를 접하고 있는 빌딩의 높이가 9m 이하라면 이웃 땅과의 경계선에서 1.5m만 거리를 두면 되고, 9m가 초과하는 부분부터는 건축물 각 부분 높이의 1/2에 해당하는 거리만큼 경계선에서 떨어져야 합니다. 그래야 그 뒤 건물의 일조권을 보장할 수 있기 때문입니다.

보통은 빌딩을 지을 때 주차공간을 고려하는 것은 필수입니다. 그래서 정북 대지경계선 쪽에 주차공간을 확보합니다. 그 공간만큼을 띄우고 빌딩 외벽이 위치합니다. 당연히 대지경계선에서부터 1.5m 떨어지겠죠. 그래서 보통 3층까지는 일조권 사선제한을 받지 않는 빌딩이 대부분입니다.

빌딩을 짓는다고 가정해볼까요? 한 개 층의 층고를 3m로 정하고 북쪽으로 주차공간을 만든다면 당연히 1.5m 이상은 이격하므로 3층까지는 일조권을 받지 않고 반듯하게 올라갑니다. 남은 용적률을 사용하기 위해서 그 위로 지으려고 하면, 4층(12m)은 이격거리 6m, 5층(15m)은 이격거리 7.5m만큼 대지경계선에서 띄어야 합니다. 큰 대지에 빌딩을 짓는다면 대지의 여유분이 있으므로 6m든 7.5m든 띄울 수 있습니다. 그런데 대지가 협소한 꼬마빌딩이라면 물러날 땅이 없습니다. 그래서 정북 방향으로 사선이나 계단식으로 지어야만 하는 것입니다. 이는 일조권 사선제한 때문에 법정 용적률을 다 활용하지 못하고, 그 손실 때문에 연면적이 적어지고,

임대면적의 축소로 총임대료가 적어지고, 매도할 때 매매금액 대비 수익률이 낮아 매수인에게 외면당하고, 매도인은 매도하기 위해 매도금액을 낮추면서 양도차익에서 손해를 볼 수밖에 없는 결과를 초래하게 됩니다. 나중에 또 언급하겠지만 지금 설명한 것이 빌딩부자로 가는 길의 기본원리 중 하나입니다.

반대로 대지가 접하고 있는 북쪽 도로의 폭이 6m 이상이면 1.5m만 도로에서 물러나서 지으면 5층(15m)까지는 일조권 사선제한의 영향을 거의 받지 않고 신축할 수 있습니다. 4층의 높이가 12m이므로 이웃 땅과의 경계선에서부터 건물 높이의 1/2인 6m를 띄어야 하는데, 북쪽 도로의 폭이 이미 6m이므로 실제 경계로부터 1.5m가 더해진 7.5m를 띄운 것과 동일한 효과이기 때문입니다. 이처럼 4층 이상도 깎임 없이 수직으로 건물을 올릴 수 있어서 북향의 땅이 더 인기가 좋습니다. 물론 가격도 더 비싸죠.

결정적으로 남향 빌딩은 직사광선과 긴 채광으로 인해 상품의 변질이 쉽고, 냉난방비가 더 많이 들기 때문에 임차인이 선호하지 않습니다.

이처럼 일조권 사선제한은 임대수익에 결정적 영향을 끼치고 나아가 빌딩의 가격을 결정하는 중요한 요인입니다. 특히 신축을 계획하고 있다면 사전에 잘 알아보고 진행해야 합니다. 법으로 허용한 용적률을 다 써먹지 못하면 그만큼 건물주의 손해가 되기 때문입니다.

참고로 일조권이 적용되지 않는 경우는 너비 20m 이상의 도로에 접한 대지 상호 간에 건축하는 경우, 건축협정 구역 안에서 대지 상호 간에 건축하는 경우, 준주거지역과 상업지역에 있는 경우 등입니다.

옥외 광고판으로 부대 수익 올리기

최근 들어 부쩍 대로변 빌딩 측면에 부착된 LED 광고판이 많아졌다는 생각을 해보셨나요? 보행자는 물론이고 정차 중인 차량 운전자에게 여지없이 노출되는 광고입니다. 워낙 현란한 이미지가 많아서 억지로 눈을 감지 않는 한 주목할 수밖에 없죠. 잘 아시겠지만, 광고는 곧 돈입니다. 그런데 그 돈은 과연 누구 호주머니에서 나와서 누구에게로 가는 것일까요? 잠시 광고 얘기 좀 해보겠습니다.

신문사와 방송국은 지면이나 프로그램 사이에 광고를 삽입해주면서 광고주에게 돈을 받는다는 사실은 누구나 알고 있습니다. 하지만 건물주도 옥외 광고를 통해 수익을 올릴 수 있고, 나아가 광고를 통해 건물의 가치까지 상승시킬 수 있다고 하면 믿지 못하겠다고 하는 건물주도 많습니다.

건물 옥상에 있는 옥탑 광고를 떠올리는 독자들이 있을 텐데요. 옥탑 광고는 1990년 8월, 옥외광고물 관련 법이 제정되면서 체계화되었고, 1990년대 중반부터 전광판 형태의 옥탑 광고가 우후죽순 생겨나기 시작했습니다. 출퇴근길은 어지간해서 바뀌지 않기 때문에 지속성 측면에서 광고 효과가 탁월하다고 인정받았던 것이죠. 전문 광고대행사가 서로 좋은 빌딩을 선점하느라 경쟁이 치열하기도 했습니다.

하지만 광고판이 주로 고층 건물의 옥상에 있어서 보행자의 시야에서 벗어난다는 단점, 버스나 지하철 승강장처럼 다양한 옥외 광고 매체가 대안으로 떠올랐다는 점, 그리고 결정적으로 1997년 IMF 사태를 겪으면서 광고주가 비용을 줄이기 시작해 옥외 광고의 인기가 시들해졌습니다. 2000년대 들어 벤처 붐과 함께 옥외 광고가 다시 주목받기 시작했지만, 네이버 등의 온라인 광고에 밀려 과거의 인기를 되찾지는 못했습니다.

그런데 지금 다시 건물의 옥외 광고에 대한 수요와 관심이 늘고 있는 상황입니다. 바로 외벽에 부착된 LED 광고판 때문입니다. 이 광고판은 정지화면이 아닌 화려한 고화질 동영상이기 때문에 주목도 면에서 매우 효과적이고, 주로 7층에서 10층 사이에 부착되어 있어서 옥탑 광고보다 시야에 잘 들어온다는 장점이 있습니다.

이러한 광고판 하나가 빌딩의 가치를 상승시키기도 합니다. 매수자는 임대료 외에 광고를 통한 고정적인 부대 수익을 기대할 수 있으니 좋고, 매도자는 당연히 매매가격을 더 받을 수 있으니 윈윈 전략이 되는 것입니다.

실제로 지난 2021년 5월 무렵 강남구 학동사거리에 측면 광고판이 붙어 있는 A 빌딩이 비교적 좋은 가격에 거래되었습니다. 학동사거리 지역에서 가장 유명한 장소가 드라이브스루 맥도널드 매장인데 그 바로 옆에 있는 대지 약 100평, 지상 13층, 지하 4층짜리 빌딩이 400억 원에 팔린 것입니다. 평당 4억 원에 달하는 엄청난 가격이죠. 아무리 강남 요지에 있고, 지은 지 5년밖에 되지 않은 신축 빌딩이라고 하더라도 꽤 비싼 가격이라고 할 수 있습니다.

물론 신사역에서 위례신도시까지 이어지는 신사위례선이 개통되면 학동사거리에 전철역이 들어설 것이기 때문에 도산대로, 특히 학동사거리가 관심이 뜨거운 지역이긴 합니다. 이를 참작해도 만만치 않은 가격입니다.

빌딩의 가치를 한번 알아볼까요? 재조달원가, 즉 2016년에 완공한 이 빌딩을 계약 당시 다시 신축한다고 하면 시공비가 평당 약 800만 원이 들 것으로 예상됩니다. 5년의 감가상각을 생각해보면 650만 원 정도라고 볼 수 있습니다. 즉, 빌딩의 가격은 58억 원이고, 차액인 340억 원이 토지 가격이 되는 것입니다. 다시 말해 대지 평당 3억 4,000만 원에 매매된 것인데 이 역시 도산대로에 있는 빌딩 중에서도 최고가에 속한다고 할 수 있습니다. 이러한 가치를 끌어올린 것이 바로 LED 광고판을 통한 수익에 대한 기대였던 것입니다.

은행에서는 땅과 빌딩의 가치를 담보로 잡고 대출해줍니다. 이 과정에서 감정평가법인의 감정평가사가 빌딩의 가치를 감정하게 되는데 이때 적용하는 방법으로 원가법, 거래 사례 비교법, 수익환원법 등이 있습니다. 수익용 부동산을 감정할 때 주로 사용하는 수익환원법을 설명해 드리겠습니다.

이는 평가 대상 부동산이 미래에 생산할 것으로 예상되는 순수익을 환원이율로 환원하여 적정가격을 산정하는 방식으로서 흔히 수익법이라고 부릅니다. 구체적인 계산법은 '월 수익×12개월÷요구수익률= 매매가'입니다. 이 계산법에 따라 A 빌딩이 400억 원에 거래된 것입니다.

A 빌딩의 월 임대료 수익은 8,000만 원 정도입니다. 이를 400억 원에 매입했으니 연수익률은 2.4%밖에 되지 않습니다. 통상적으로 강남에서 매매되는 빌딩의 수익률이 2% 중반이라는 말을 많이 하는데 이는 지은 지 20년 넘은 노후 빌딩인 경우가 많습니다. 리모델링이나 신축을 거쳐서 수익을 더 올릴 수 있다고 예상하기 때문에 2% 중반에도 거래가 성사되는 것이죠.

실제로 '2019 KB 부동산보고서'에 따르면 2017년부터 2018년 3분기까지 서울에서 거래된 소규모 빌딩(연면적 100㎡ 초과 1,000㎡ 미만인 건축물)의 37.5%가 8m 미만 도로에 접해 있으며, 30년이 넘는 노후 빌딩의 비중이 높았습니다. 거래량의 27.8%는 1980년대, 24.9%는 1970년대 이전에 지어진 건물이었죠.

하지만 A 빌딩은 앞서 설명한 것처럼 5년 정도밖에 되지 않은 나름대로 강남의 신축 빌딩입니다. 2% 중반대의 수익률을 기대하고 거래될 매물은 결코 아니죠. 이럴 때 현명한 투자자는 "왜?" 혹은 "어떻게?"라는 궁금증을 가져야 합니다.

결국 답은 부대 수익에 있습니다. 월 임대료 8,000만 원 외에 광고 수익이 1억 원이 넘습니다. 결국 월 수익이 2억 원 정도가 되니 1년 수익률은 6% 정도입니다. 어디서도 쉽게 찾기 힘든 매물이죠.

참고로 광고판은 토지도 아니고 건축물도 아닌 건축물에 부착된 구조물입니다. 따라서 대출을 위한 담보 설정이 되지 않습니다. 수익환원법으로 계산할 때는 충분히 400억 원의 가치를 인정받지만 담보대출에서는 제외됩니다. 따라서 통상적으로 400억 원의 가치가 있는 빌딩이라면 320억까지 대출이 가능하지만, A 빌딩의 매입자는 약 285억 원의 대출을 받은 것으로 알려져 있습니다. 자기 자본금은 120억 원 정도가 되겠죠. 연수익이 24억 원 정도가 되니 5년이면 원금을 회수할 수 있습니다.

강남의 빌딩에서 발생하는 광고료 매출은 월 2~3억 원 정도 됩니다. 이처럼 수익형 빌딩이라고 하면 흔히 월세만 생각하기 쉬운데 월세보다 많은 부대 수익을 올릴 수 있다는 점도 염두에 둘 필요가 있습니다. 내용은 잘 알겠는데 광고의 '광'자도 모르는데 어떻게 광고 수익을 기대하냐고 묻는 건물주도 있습니다.

보통 광고판 운영은 건물주와 전문 광고대행사가 합작해서 법인을 만들고 수익을 나누는 방식으로 운영됩니다. 5대5로 나누는 것이 일반적이지만 빌딩의 위치나 크기에 따라 서로 다를 수 있으니 전문가와 상담이 필요합니다.

참고로 LED 광고판만 있는 것이 아닙니다. 빌딩이라면 무조건 존재하는 외벽이 광고판이 되어 건물주에게 수익을 안겨주기도 합니다. 이프비주식회사는 벽에 하는 낙서, 즉 그래피티를 수익 모델로 만든 기업입니다. 빌딩의 벽을 임대해서 광고주에게는 신규 광고 창구를 제공하고, 건물주에게는 수익 창출을, 아티스트에게는 일감을 제공하는 일을 하고 있습니다. 춘천의 팔호광장에 손흥민 선수 벽화를 그려 넣으면서 화제가 되기도 했죠.

수익 창출 포인트 ②: 지역적 상승 요인

성공적인 빌딩 투자를 위한 세 가지 조건이 있습니다.

첫째, 입지입니다. 부동산은 첫째도, 둘째도, 셋째도 입지입니다. 입지가 좋은 곳에 투자하는 것은 당연하고 입지를 기반으로 현재는 물론 미래를 예측할 수 있으므로 가장 중요한 조건입니다.

둘째, 레버리지 효과입니다. 일명 지렛대 효과를 잘 활용해야 성공적인 투자를 할 수 있습니다.

셋째, 매도와 매수 타이밍입니다. 싸게 사서 비싸게 파는 것이 투자의 목적이므로 매도와 매수 모두 중요하지만 하나만 고르라면 언제 어떻게 파느냐가 가장 중요합니다.

첫 번째 조건인 입지는 곧 상권을 의미합니다. 꼬마빌딩 상권은

'입지=상권'이라는 등식이 더욱 확실하게 적용됩니다. 상권(商圈)이란 한자에서 보듯이 상업의 세력이 미치는 범위 즉, 거래가 이루어지는 공간적인 범위를 말합니다. 상점이 고객을 유인할 수 있는 거리의 한계치와 고객이 상점을 찾아가는 거리의 한계치가 만나는 교집합에 이 상권이 형성됩니다. 상점의 유인력과 고객의 최대 이동 거리가 마치 수요와 공급의 법칙처럼 균형을 유지하게 됩니다.

고객을 최대한 많이 유인해야만 하는 상점은 인스타그램, 페이스북, 블로그, 유튜브 등의 소셜미디어(이하 SNS)를 통해 멀리 떨어진, 누군지도 모르는 불특정 다수에게까지 마케팅할 수 있게 되었습니다. 이는 고객을 유인할 수 있는 거리의 한계치가 늘어났다는 뜻이기도 합니다.

상점을 찾아가는 고객은 예전에는 항상 가는 지역 또는 잘 아는 지역밖에 갈 수 없었는데 이제는 교통의 발달로 원거리 지역, 스마트폰의 내비게이션을 통해 처음 가는 지역에 도달하기가 쉬워지면서 이동한계 거리가 크게 확장되었다고 볼 수 있습니다.

이런 사회적 현상이 기존 상권을 더 크게 확장하거나 신흥 상권을 만들어내기도 합니다. 과거에는 임차인이 유동 인구가 많은 곳, 예를 들면 지하철역 출구 앞을 선호했습니다. 고객이 찾아오기 쉬워야 좋은 상권이었죠. 그래서 상권이 형성되는 순서가 지하철역 출구 앞 → 유동 인구 유입 → 임차인 유입 → 상권 형성 순이었습니다.

하지만 이제는 고객이 언제 어디에서나 쉽게 찾아올 수 있으므로 임차인은 임대료가 싸고 권리금이 없는 건물을 선호하게 되었습니다. 그런 조건에 부합하는 지역은 자연히 주거지역이 많겠죠. 주택에는 권리금이 없으니까요.

상권 형성 순서가 임차인 유입 → 유동 인구 유입 → 상권 형성의 순으로 바뀌었습니다. 이것이 기존 상권의 확장으로 나타나기도 하고, 기존 상권이 쇠퇴하고 신흥 상권이 만들어지는 상권의 이동으로 나타나기도 합니다.

이처럼 지역적 상승 요인을 이해하려면 사회적 현상을 이해하는 게 먼저입니다. 상권은 숲과 같고, 그 숲에 있는 나무는 빌딩과 같습니다. 상권은 숲이라고 생각하면 되고, 입지는 해당 빌딩의 위치라고 생각하면 됩니다. 분명 숲과 나무는 다릅니다. 그런데 필자가 앞서 입지는 상권을 의미한다고 한 이유가 뭘까요?

보통 수익용 부동산에서는 입지가 상권보다 더 중요합니다. 내 빌딩의 위치만 좋다면 주변 다른 빌딩의 존재 여부나 형태, 상태, 임차 업종 등이 영향을 끼치지 않기 때문입니다. 그런데 입지가 아주 좋은 그 빌딩이 작은 꼬마빌딩이라면 이야기가 달라집니다. 규모가 큰 빌딩이라면 고객을 유인할 흡입력이 큽니다. 대형 쇼핑몰이 그런 경우죠. 하지만 우리를 빌딩부자로 만들어줄 꼬마빌딩은 그런 흡입력이 없습니다. 그나마 기대할 수 있는 것이 내 빌딩에 입점한 작은 상점의 마케팅 능력일 것입니다. 그렇기 때문에 나 하나가 아니라 옆 빌딩, 앞 빌딩, 뒤 빌딩에 입점한 임차인의 마케팅이 합쳐져야 합니다. 하나로 합쳐진 우리라는 개념의 흡입력이 필요한 것입니다.

빌딩의 양도차익을 높이는 즉, 지역적 상승을 만드는 요인도 여러 가지가 있습니다. 그런데 상권의 성장과 발달로 지가 상승이 이루어지면서 빌딩주가 이득을 보는 것의 80%는 임차인이 만들어주는 것입니다. 임차인이 너도나도 열심히 마케팅해주는 것이 대형 쇼핑몰보다 더 많은 고객을 유인할 수 있는 흡입력이 되는 것입니다. 그래서 꼬마빌딩은 입지보다 상권이 더 중요할 수도 있습니다.

또한 이런 임차인 유입으로 상권이 생기는 점진적 성장과 달리 대규모의 부동산 개발을 통해 급진적으로 상권이 만들어지는 예도 있습니다. 지하철 개통, 도로나 터널 개통, 공원 조성, 재건축과 재개발을 통한 배후세대의 상향 여과 등 배후세대 개선이 그것입니다. 필자는 이런 부동산 개발이야말로 지역을 살아있는 유기체라고 봤을 때 낡은 세포가 큰 수술을 통해서 부활하여 새로운 세포가 되는 회춘과 비슷하다고 생각합니다. 다시 젊어졌으니 우리의 '상권이'는 더 열심히 뛰어가겠죠.

이런 사회적 현상에 따른 지역의 변화로 임차인이 변경되고 임대료가 상승하고 임대수익이 개선되면서 추격매수가 이어지게 됩니다. 이런 변화에 힘입어 빌딩매각을 통한 양도차익도 실현되겠죠. 이것이 바로 지역적 상승 요인입니다.

하지만 사실 따지고 보면 내 빌딩 주변에 지하철역이나 공원이 생기는 것은 건물주 본인의 노력과 무관합니다. 그것은 정부나 지자체가 하는 일이지 건물주가 자신의 사비를 들여서 하는 일이 아니라는 것입니다.

그렇다고 운명에 맡긴 채 팔짱을 끼고 있자는 뜻은 아닙니다.

지역적 상승 요인이 건물주의 노력과 상관없다고 표현했지만, 방법이 있습니다. 상권분석 등의 노력을 통해 오를만한 여지가 있는 땅을 매입하면 되는 것입니다. 잠재된 가치가 있는 지역을 선별하는 혜안을 가지려면 공부해야 합니다. 과거와 현재를 기반으로 미래를 전망하면서 효율적인 투자를 해야 합니다.

지가 상승, 즉 지역의 상승 요인을 기대할 수 있는 빌딩은 매수인이 많이 모인 수도권, 서울지역의 빌딩일 확률이 높습니다. 대기업의 본사가 대부분 서울 중심가에 있듯이 향후 내 빌딩을 매입할 매수인도 대부분 서울에 살고 있습니다. 지방의 자산가들은 좋은 매물을 찾기 위해 계약금을 싸 들고 상경 투자를 하는 현실입니다.

KEY POINT

**성공적인 빌딩 투자를 위한
세 가지 조건 중 최고는 입지, 즉 상권**

연예인들이 선호하는 지역- 성동구

국민타자 이승엽의 빌딩 투자도 역대급 레전드로 통합니다. 이승엽은 지난 2009년 7월 뚝섬역 인근에 있는 지하 3층 지상 10층 규모의 빌딩을 293억 원에 계약하고 2010년 1월 소유권을 이전했습니다. 대출은 120억 원 정도였던 것으로 알려졌습니다. 그 빌딩은 1991년에 준공되었으며 에스콰이어 사옥으로 사용하던 오래된 빌딩이었습니다. 이 사실이 알려지자 부동산 업계에서 화제가 되었습니다. 지금이야 성수역과 뚝섬역이면 알아주는 상권이지만 당시는 투자처로 인기가 없던 곳이었는데 액수도 만만치 않았기 때문이죠.

물론 25m 대로, 12m 도로, 8m 도로 등이 3면으로 인접하고 건물 바로 앞에 건널목이 있어 접근성과 가시성이 뛰어난 빌딩이긴 했습니다. 그래도 무리한 투자라는 말이 많았습니다. 하지만 연이어 대형 호재가 터지면서 이승엽은 성수동 부동산 호황의 최대 수혜자가 되었습니다. 장외홈런 격이었죠.

2012년 10월 분당선 서울숲역이 개통했고, 성수동 일대에 대형 오피스 빌딩이 연이어 들어서는 것은 물론 폐공장이 핫플레이스로 변신하고, 서울숲 인근으로 한화 갤러리아포레, 서울숲 트리마제, 아크로 서울 포레스트 등 프리미엄 아파트가 들어서면서 빌딩 가치가 덩달아 상승했습니다. 최근 주변 매각사례나 매도호가를 토대로 하면 매도적정가는 약 1,000억 원 이상이 될 것으로 예상됩니다.

한편 이승엽은 처음에는 개인으로 매입했다가 추후 가족과 지분을 공유한 것으로 알려졌습니다. 지분공유를 통한 증여 방법을 선택한 것이죠. 원래는 재향군인회가 3층~10층 모두 들어서 있었으나, 양재동으로 사옥을 옮기면서 공실이 되기도 했습니다. 그러다 공유 오피스 헤이그라운드가 해당 층을 10년간 장기 임차하면서 이승엽은 다시 한번 안정적인 임대수익을 올릴 수 있게 되었습니다.

성수동 연예인 건물주를 언급할 때 원빈을 빼놓을 수 없습니다. 2014년에 뚝섬역 라인의 대명사인 아틀리에길에 21억 원짜리 꼬마빌딩을 매입하면서 주목받았습니다. 역시 의외였죠. 당시 3.3㎡당 3,000만 원 정도에 매입했는데 4년 후 옆 빌딩이 6,000만 원에 거래되었습니다. 4년 만에 2배가 상승한 것이죠. 지금 3.3㎡당 1억 원이 넘습니다. 약 10년간 3배가 된 거죠. 해당 빌딩에는 원빈, 이나영 부부가 소속되어 있는 매니지먼트사 이든나인이 입주하고 있습니다. 이승엽 빌딩과도 인접해있으며 서울숲 숲세권입니다.

2015년부터 성수동에서 꼬마빌딩 거래가 늘어나기 시작했습니다. 원빈을 필두로 엄지원, 인순이, 이시영, 권상우, 김민준, 지코, 이정현 등 연예인들의 성수동 빌딩 매입이 2020년까지 줄을 이었습니다.

2020년 정점은 하지원이 찍었습니다. 모친이 대표로 있는 소속사의 법인 명의로 지하 1층 지상 8층 빌딩을 매입한 것입니다.

2018년에 준공된 신축급 건물로서 100억 원에 거래된 것으로 알려졌습니다. 대지면적만 따졌을 때 평당 약 1억 3,789만 원으로 성수동에서 가격 면으로 역대급입니다. 주차공간이 부족하지만, 문제가 되지 않은 듯합니다.

성수동에는 단점도 있습니다. 구두 거리 등 성수동 골목상권의 특성상 도로가 매우 협소합니다. 협소한데 양방향인 경우가 있어 공사하기에 어려움이 있고, 그에 따라 신축 비용이 많이 드는 것으로 알려졌죠. 유동 인구 역시 지금보다 조금만 더 넘치게 되면 보행하기 어렵다는 말이 나올 정도가 되었습니다. 이러한 점은 현장답사 시 확인할 필요가 있습니다.

상권 형성 과정 5단계

상권이 형성되는 과정은 크게 5단계입니다. 마치 생물처럼 발생, 확장, 성장, 성숙, 쇠퇴로 이어지는 생로병사의 과정이 있는데 단계별로 적정한 매매가 혹은 임대료가 달라집니다. 따라서 현재보다는 미래의 가치를 보고 매입하는 것이 더 현명한 결정일 것입니다.

[상권의 발생단계]

주거시설을 근생시설로 용도변경을 하면서 자기만의 특색을 내세우는 꼬마 상권이 만들어지는 단계입니다. 일단 미성숙지에서 시작하는데 다음과 같은 지역적 요인의 변화가 그 시발점입니다.

첫째, 가장 흔한 상권 발생의 요인은 교통 인프라의 개발입니다. 지하철 개통, 다리 건설, 터널 개통, 공용주차장 신설 등이죠. 유입인구가 늘어나면서 자연스럽게 상권이 커지는 것인데 그 중요한 전환점이 바로 교통의 발달입니다. 그중에서도 가장 파급력이 큰 것이 지하철역 개통입니다. 변화의 움직임이 눈에 띄고 누구나 예측할 수 있는 성장요인이기 때문입니다.

다만 대규모 부동산 개발의 경우 계획을 발표하고 실제로 개발이 이루어지기까지 10~15년이라는 긴 시간이 지나야 실질적인 혜택을 볼 수 있다는 단점도 있습니다. 이때는 매매가격은 올랐는데 실제 임대료는 오르지 않아 대출받아서 매입한 투자자라면 버티기를 해야만 합니다. 월세를 받아 이자를 내기가 부담되는 투자자라면 힘든 시간이 될 것입니다. 심지어 발표만 하고 착공이나 완공이 묘연해지면 조기에 투자한 투자자의 속은 까맣게 타들어 갈 것입니다. 그래도 버텨야 한다고 권합니다. 이처럼 부동산 개발을 통한 상권 성장은 자금에 여유가 있는 투자자만 접근하기가 쉽다는 점을 인식할 필요가 있습니다.

예를 들면 지난 2018년 12월 서울 지하철 9호선 3단계 구간이 개통되었는데 잠실종합운동장과 보훈병원을 잇는 구간에 8개의 역이 들어섰습니다. 발표에서부터 개통까지 15년이나 걸렸는데 그사이 주변 시세가 많이 올랐습니다.

장기적인 부동산 개발 기간 중 가격이 상승하는 시기를 시점별로 나눠보면 처음으로 가격이 오르는 시기는 당연히 계획을 발표할 때입니다. 상승률이 가장 높을 때죠. 본격적으로 가격이 오르기 전이라 투입해야 할 금액이 적기 때문에 이 시기에는 소액 투자도 가능합니다.

수요층 과다 유입은 공급과 수요의 불균형을 낳고 "지금이 가장 싸다"라는 분위기와 함께 가격이 큰 폭으로 올라갑니다. 미래의 막연한 변화에 모든 것을 건 시기라 '거품'이라는 단어도 많이 등장합니다.

그다음으로 가격이 오르는 시기는 개통 전입니다. 주변 주민과 상인들은 개통을 앞두고 여러 가지 이슈를 쏟아냅니다. 언론에서 이 이슈를 자주 다루면서 많은 사람이 다시 관심을 두게 되고, 그 결과 오랜 공사 기간 잠자던 가격이 다시 상승하는 것입니다.

세 번째는 개통 후 적당한 시간이 지나서 그 지역이 변화한 후입니다. 기대가 현실이 되면서 유동 인구가 증가하고, 상업시설이 유입되면서 거품이 아니라 실제 수익이 되는 것입니다. 실제 수입에 기반을 둔 투자자의 유입으로 가격이 상승하는 겁니다.

이때부터는 막연한 기대치보다 현실의 임대료를 반영한 상승이라서 기존의 막연한 기대에 의한 가격 상승과는 질이 다릅니다. 임대료 실수령액이 곧바로 판단의 기준이 되는 것이죠. 기대만큼 변화가 많고 유동 인구가 몰리면 가격이 더 상승하고, 그렇지 못하면 가격이 하락하거나 정체됩니다.

이처럼 지역적 상승 요인, 부동산 개발과 함께 투자하고자 한다면 개발의 내용과 규모, 완공까지 걸리는 시간, 비용 등 종합적인 것을 고려해서 투자를 결정해야 합니다. 게다가 요즘 서울 같은 경우는 지하철역이 너무 많아서 예전처럼 파급력이 크지는 않습니다. 거의 모든 지역이 역세권이죠. 따라서 지하철역이 생긴다고 무조건 투자하기보다는 해당 노선이 지나는 지역을 잘 살펴봐야 할 것입니다.

둘째, 도보로 이동이 가능한 거리에 큰 상권이 있거나 오래되어 쇠퇴기에 접어든 상권 주변으로 생기는 신흥 상권입니다. 임차인 유입을 통한 상권의 발생이죠.

최대 도보로 10분 정도 거리에 새로운 분위기의 상점이 생기면 젊은 세대는 직접 방문해서 분위기를 확인합니다. 유동 인구의 흐름이 바뀌게 되는 것인데 이 도보 10분 거리가 바로 이동한계 거리입니다. 흔히 단골이 형성된 매장이 임대료 절감을 위해 상가를 이전할 때 도보 10분 이내에 있는 곳으로 옮기는 것도 같은 이유입니다. 고객을 유인할 자신감이 있기는 하지만 그래도 너무 멀지 않은 곳으로 가야만 하는 것이죠.

혹은 요즘 젊은 오너들은 트렌드에 맞는 작은 매장을 기존 상권의 10분 내 거리에 오픈하면서 신흥 상권을 주도적으로 만들어가기도 합니다. 퍼스트 펭귄이 자리를 잡으면 그 뒤를 이어 새 임차인이 유입되면서 새로운 상권이 생기는 것입니다. 홍대 옆 연남동, 종로 옆 익선동 등이 이런 식으로 생겨났습니다. 다음은 어디일까요?

필자는 향후 2~3년 이내에 동작구 이수역 지역이 주목받을 것으로 생각하고 있습니다. 서리풀터널의 개통으로 서초구 지역의 주거인구와 상업시설 유입이 쉬워졌고, 방배동 주변의 대규모 재건축이 진행 중이거나 준비 중이므로 많은 변화가 있을 것으로 예상되기 때문입니다.

또한 성수동(뚝섬역)의 신흥 상권과 건대입구역의 기존 상권이 만나면서 성동구 상권이 더욱더 커질 것으로 예상됩니다. 성동구는 신흥 상권이라기보다는 더욱 성장할 지역이라고 판단해야 할 것입니다. 현재도 이미 가격이 많이 오른 지역이라서 부담이 되긴 하지만 여전히 상승 여력이 있다고 봅니다. 이태원 용산구청 뒤편도 꾸준히 성장할 것으로 예상됩니다.

과거에는 상권이 형성되기 힘들었고, 일단 한번 조성된 상권은 쉽게 사라지지도 않았습니다. 하지만 스마트폰이 보급되면서 정보가 넘쳐나 상권의 흥망성쇠 사이클이 빨라졌습니다. 이제 고객은 스마트폰의 내비게이션 앱을 이용해 골목 구석구석 맛집을 쉽게 찾아갈 수 있게 되었습니다. 교통 발달로 심리적 거리감도 가까워지면서 이른바 고객의 이동한계 거리가 늘어난 것입니다.

또한 방문하는 즉시 개인 SNS 채널에 후기를 올리곤 하는데 그 파장은 상상을 초월합니다. 실시간 미디어 노출을 통해 매장과 상권의 흡인력이 향상된 것입니다. 연남동의 골목 맛집, 특히 중식당이 인터넷을 타고 널리 전파되면서 지금의 강호가 된 것이 대표적입니다. 을지로와 익선동 등 뉴트로의 유행을 타고 뒷골목 신흥 상권이 생겨난 것도 위와 같은 이유와 무관하지 않습니다.

셋째, 아현역 주변이나 서울숲역 주변처럼 낡은 아파트가 재건축을 끝내고 입주하기 시작하면서 생겨나는 상권도 있습니다. 배후세대의 업그레이드라고 할 수 있죠.

요즘은 중층 아파트를 재건축하기 때문에 세대수가 큰 폭으로 늘어나지는 않습니다. 조금 늘어나거나 비슷한 세대수로 재건축되는 사례가 많죠. 그런데 신흥 상권이 생기는 이유는 뭘까요?

이는 새 아파트에 거주하는 사람들의 소비수준이 예전과 달라졌기 때문입니다. 낡은 아파트는 집주인보다는 세입자의 비율이 높고, 주거 유지비용(전세, 월세)도 비교적 낮은 편입니다. 소비력이 상대적으로 약하죠. 하지만 재건축된 새 아파트는 집주인의 실제 거주 비율이 높아집니다. 그리고 같은 세입자라고 하더라도 높은 주거 유지비용을 주고 임차한 고소득자인 경우가 많습니다. 이를 두고 배후세대가 상향 여과되었다고 합니다. 당연히 그들의 높은 소비력은 주변 임차인의 영업에 큰 영향을 주게 됩니다. 외식이 늘고, 집을 꾸미고, 학원을 옮깁니다. 자연스럽게 장사가 잘되는 매장이 많아지고, 이를 본 신규 임차인이 몰리면서 임대료가 올라가게 되는 것입니다.

단, 책 서두에 언급한 것처럼 아파트는 정부 정책의 리스크가 많습니다. 재건축해야 하는데 여러 이유로 연기되는 경우도 많죠. 만일 재건축 이후 형성될 상권을 기대하고 빌딩에 투자했다면 장기간 발목이 묶일 수도 있습니다. 수익이 같을 때는 수익 달성까지 시간이 짧은 투자가 성공한 투자입니다. 반면에 정책의 변화로 발이 묶이게 되면 실패한 투자로 이어질 수도 있습니다.

지난 2022년 4월에는 둔촌주공 재건축사업이 공사 중단이라는 초유의 사태를 맞이하기도 했습니다. 흔한 일은 아니지만 앞으로 없으리란 법도 없습니다. 세상에 "당연히 돈이 된다"라는 원칙은 없으니 특별히 조심하는 것이 좋겠습니다.

넷째, 공원 등의 녹지 공간 조성, 즉 숲세권도 신흥 상권을 만드는 요인으로 작용합니다. 서울숲이 대표적이죠.

워라밸을 중시하는 시대가 되면서 작은 녹지만 있어도 사람이 모이게 됩니다. 주말에 휴식을 즐길 곳이 필요하게 되겠죠. 그 결과 어김없이 숲세권 상권이 생겨납니다. 편의점과 커피숍은 기본이고 베이커리, 작은 음식점 등이 그 뒤를 잇곤 하죠.

이런 변화를 눈치챈 투자자는 숲세권 인근의 단독주택, 다가구 주택 등을 매입합니다. 주거시설은 근생시설보다 명도 과정이 쉽다는 장점이 있어서 접근도 쉽습니다. 물론 주택임대차보호법이 있어 임차인이 편하게 거주할 수 있도록 보장해주지만 상가건물 임대차보호법처럼 계약갱신요구권 또는 권리금 보호 규정이 없어서 근생시설보다 명도가 쉽습니다. 그래서 매도인이 임차인 명도를 책임지고 잔금을 치르기 전에 명도와 용도변경을 선행하는 계약이 많아진 것입니다. 여담이지만 최근 몇 년 전부터 마포구청, 용산구청, 성동구청의 건축과 공무원들이 용도변경이라는 말만 들어도 지긋지긋할 정도로 용도변경 신청이 많다고 합니다.

위와 같은 변화를 필자는 상권 발생단계의 지역적 상승 요인이라고 말합니다. 이러한 변화가 많으면 많을수록 그 지역은 지가 상승의 가능성이 크다고 볼 수 있습니다. 성장할 가능성이 있는 미성숙지의 매물을 매입하는 이유는 발생단계를 거쳐 상권이 좋아진 후에 되팔 때 양도차익이 양호하기 때문입니다. 이때 매입가는 대지 3.3㎡당 5천만 원 이내인 것이 좋습니다. 이를 초과하더라도 실패한 투자는 아니지만 초과한 만큼 향후 매도할 때 양도차익이 줄어든다고 보면 됩니다. 지역마다 약간의 차이는 있겠지만 그 정도 선에서 매입한 후 임차 환경을 개선하는 것이 좋습니다.

건물주는 발생단계의 변화를 통해 개선된 건축물 1층에 새로 입점한 임차인에게 임대면적 3.3㎡당 20만 원 이상의 임대료를 받아야 합니다. 그래야 다음 단계인 확장단계에 들어설 때 추격매수를 하려는 매수자에게 대지 3.3㎡당 8천만 원 이상에 팔 수 있게 됩니다. 아니면 임대조건을 개선한 후 더 높은 양도차익을 기대하기 위해 기다릴 것인지를 판단해야 합니다.

이는 투자자의 성향이므로 필자가 조언할 내용은 아닙니다. 발생단계에서 확장단계로 성장하지 못하고 성장이 멈추거나 주저앉는 상권도 많기 때문입니다. 항상 최종결정은 투자자 본인이 해야 합니다. 적어도 이 정도의 엑시트 플랜을 세우고 상황변화에 대처해야 투자에 성공할 수 있다는 의미입니다. 이제 빌딩을 사놓고 무작정 잘되기만을 기다리는 시대는 지나갔습니다. 공부하고 또 공부해야 합니다.

[상권의 확장단계]

어느 정도 발생단계가 지속되면 확장단계에서만 볼 수 있는 몇 가지 변화가 나타납니다. 이태원 경리단길, 서울대 샤로수길, 망원동 망리단길, 연남동 연트럴파크 등 수많은 신흥 상권이 아래의 과정을 거쳤습니다.

최근에는 코로나의 영향으로 2년간 리테일 시장이 멈춰 있었기 때문에 특별히 추천할 지역은 없습니다. 향후 예상되는 지역이 나타나면 필자가 운영하는 유튜브 채널에서 언급하도록 하겠습니다.

첫째, 확장단계의 가장 큰 특징은 미디어 노출 횟수가 많아진다는 것입니다. 그 결과 유입인구가 늘어나면서 후속 임차인의 유입도 본격화되는 시기가 바로 확장단계입니다.

미디어 파워는 웬만한 지하철역 개통보다 훨씬 강합니다. 지하철역 개통이 상권 성장으로 이어지려면 많은 시간이 필요하지만, 미디어의 고객 유인 능력은 바로 다음 날부터 효과가 나타납니다. 짧은 시간 안에 지하철역 개통과 같은 상권 흡인력을 안겨주기 때문에 막강한 영향력이 있는 것입니다.

상권이 확장단계에 접어들면 포털 사이트에서 해당 지역을 검색했을 때 블로그 리뷰는 물론이고 SNS에 지역 사진이 도배된 경우가 많습니다. 을지로 같은 경우 2016년 2천 건이 되지 않던 인스타그램 포스팅 수가 2018년에만 1만 건을 넘어섰습니다.

예쁜 음식 사진, 탐나는 신상 사진 등과 함께 게재된 세세한 후기는 인터넷 검색 결과를 신뢰하는 20~30대, 특히 미혼 여성의 유입을 급속도로 증가시키는 계기가 됩니다. 이 계층의 유입은 상권 발달에 아주 중요한 포인트입니다.

필자는 직원들에게 "상권의 성장을 예측하려면 지나가는 사람들을 보라"는 얘기를 많이 합니다. 유입되는 사람들의 성별, 나이 등을 파악하면 더 성장할 곳인지 아닌지를 어느 정도 예측할 수 있기 때문입니다.

기본적으로 근생상권을 만들고 키우는 사람은 남성보다 여성입니다. 남성보다 여성이 유행에 민감하기 때문입니다. 또한 기혼자보다는 미혼이, 40~50대보다는 20~30대가 상권을 키웁니다.

둘째, 특색 있는 상권으로 자리매김해야 비로소 확장단계에 들어섰다고 할 수 있습니다. 상권에 독특한 색깔이 없으면 크게 확장될 수 없습니다. 예를 들면 을지로는 2가와 3가를 중심으로 한 다양한 노포들과 을지 OB베어 및 만선호프 등의 생맥주 거리라는 특색을 등에 업고 확장할 수 있었습니다. 지하철역 주변이라는 교통의 편리함과 대기업 사옥이 많아 상주하는 샐러리맨들의 소비가 지역경제를 활성화했죠. 여기에 뉴트로 분위기의 '다방'과 아티스트들의 전시 및 작업공간이 세운상가 주변으로 들어서면서 삼각형 상권으로 확장하는 중입니다.

만일 대형 상권 인근에 있는데 크기도 작고 테마까지 비슷하다면 확장단계에서 멈추는 경우가 많습니다. 강남역과 신사역이라고 하는 거대 상권 사이에 끼어서 좀처럼 커나가지 못했던 논현역이 그런 예입니다. 성장할 듯하다가 멈추고 쇠퇴하기를 반복하다가 최근 3~5년 사이에는 그래도 많은 주목을 받았습니다. 지난 2021년에는 신사역-논현역 상권이 매출 기준 전국 4위에 들기도 했습니다.

사람들의 심리는 대개 비슷합니다. 집 앞의 구멍가게를 지나치고 굳이 큰 슈퍼마켓을 찾는 것처럼 비슷한 거리에 동일한 테마를 가진 상권이 있다면 유동 인구는 더 큰 상권으로 이동하게 마련입니다. 언제나 고객 유입은 면적에 비례하고 거리에 반비례합니다.

참고로 발생단계에서는 도보 10분 이내에 이동이 가능한 옆 동네까지가 한계 거리라면 확장단계에서는 30분 정도까지가 한계 거리가 됩니다. 요즘에는 도보로 30분 이상이면 대부분 차량을 이용합니다. 따라서 상권이 확장하려면 주차공간이 꼭 필요합니다. 그렇지 않으면 먼 거리에서의 외지인 유입을 기대할 수 없습니다. 외지인 유입이 본격화되어야 확장단계라고 할 수 있습니다.

셋째, 꼬마빌딩의 거래량이 눈에 띄게 증가합니다. 임차인 유입과 유동 인구 증가에 주목한 투자자가 추격매수에 나서면서 거래량이 증가하게 되는 것입니다. 크기는 작지만, 가격은 저렴하지 않기 때문에 우스갯소리로 꼬마빌딩이 아니라 청소년 빌딩이라고 부릅니다.

거래량이 늘면서 시장이 과열되면 매매가에 거품이 끼기도 합니다. 남들이 하니까 나도 해야지, 즉 묻지마 투자가 시작되면 그것이 바로 거품입니다. 막차의 위험성은 투자자에게만 있지 않습니다.

넷째, 리모델링 상황을 주목할 필요가 있습니다. 상권이 확장단계에 들어서면 미디어의 영향으로 유입인구가 급속도로 증가하게 됩니다. 그런데 고객을 수용할 상점의 공간이 부족하면 어떻게 해야 할까요? 임차인들이 서로 입점하겠다고 줄을 서는데 기존 빌딩이 작고 협소하면 어떻게 해야 할까요? 이러한 이유로 확장단계에 있는 상권에서는 리모델링하거나 신축하는 공사 현장을 쉽게 볼 수 있습니다. 근생시설의 면적이 늘어나는 것입니다. 이러한 공간의 확장이 바로 상권의 확장입니다.

참고로 공사가 한창인 빌딩의 등기를 확인하면 대부분 외지인이 매입한 경우가 많습니다. 외지인 선발대는 공사 기간과 공사비가 적게 드는, 즉 리모델링으로 개선될 수 있는 매물부터 먼저 매입합니다. 그다음 외지인 후발대는 신축해야 하는 매물을 매입합니다. 이 과정에서 종종 젠트리피케이션 문제가 발생하곤 합니다.

리모델링과 신축으로 인해 기존 임차인이 내몰리기 시작하고, 공사가 완료된 후에는 새로운 임차인이 유입되면서 주변의 임대료가 조금씩 올라가기 시작합니다. 결국 남아있던 임차인들마저 임대료 상승을 견디지 못하고 떠나기 시작하는 것이 확장단계입니다. 그 결과 기존의 특색 있는 분위기는 사라지고 여느 상권과 비슷한 형태의 상권이 됩니다. 기존 원주민들은 임대료가 저렴한 다른 지역으로 이동하게 됩니다. 그곳에 새로운 위성 상권이 생기기도 합니다.

다섯째, 임차인의 변화가 생깁니다. 발생단계의 상권에는 다가구 및 단독주택의 용도변경으로 새로운 임차인이 유입되지만, 확장단계에서는 리모델링과 신축을 통해 새로운 임차인이 유입됩니다. 그리고 몇 가지 변화가 시작됩니다.

확장단계에서는 1층에 있던 기존의 트렌드 맛집이 임대료가 저렴한 2층으로 자리를 옮깁니다. 그리고 1층에는 임대료를 감당할 수 있는 업종들이 입점하게 되는데 예를 들면 마진율이 높은 프랜차이즈, 카페, 보세 의류 판매장 등이 그 주인입니다. 3층 이상은 사무실이 입점하게 되는 거죠.

트렌드 맛집은 아무리 작더라도 주방과 테이블, 테이블 사이의 공간 등 꼭 필요한 면적이 있습니다. 카페나 의류매장보다 영업하기 위해 최소 필요면적이 더 큰 것입니다. 판매가와 판매량을 비교해도 트렌드 맛집의 마진율이 낮을 수밖에 없습니다. 임차인 업종에 따른 마진율을 보면 트렌드 맛집 < 프랜차이즈 음식점 < 카페 < 보세 의류매장 < 액세서리 판매장 순으로 마진율이 높아집니다.

유동 인구가 늘어나면서 자연스럽게 상권의 면적도 늘어나고, 이에 다양한 임차인이 유입되고, 유동 인구의 체류시간이 길어지면서 임차인의 영업시간도 늘어나게 되고, 여기에 판매단가가 높아지면서 임차인의 마진율도 높아집니다. 이러한 확장단계에서는 꼬마빌딩의 거래가 본격화됩니다.

빌딩 매매를 통해 양도차익을 극대화하려면 발생단계에 매입해서 확장단계나 성장단계에서 팔아야 합니다. 당연히 이 단계에서는 매수자가 매도자보다 많아지는 매도우위 시장이 됩니다. 매수자끼리 매입단계부터 경쟁이 치열해지죠.

리모델링, 신축 등 개별적 상승 요인을 통해 빌딩을 새롭게 탈바꿈한 건물주는 새로운 임차인의 임대료를 1층 기준 3.3㎡당 30만 원까지는 만들어둬야 합니다. 그래야 매매가를 대지 3.3㎡당 1억 원까지 받을 수 있습니다. 발생단계에서 확장단계로 상권이 커지면 대지 3.3㎡당 8천만 원 정도 수준이고, 확장단계에서 성장단계로 넘어갈 때는 1억 원 이상이 됩니다. 더 나아가 상권에 따라 1억 5,000만 원 이상으로 올라갑니다.

건물주는 임차인이 임대료에 대해 보이는 반응을 보고 향후 임대료가 올라갈지, 동결될지, 상권이 더 커질지, 성장이 멈출지 등을 가장 먼저 알게 됩니다. 이때부터 건물주는 더 기다릴 것인지, 아니면 캐시 아웃을 하고 나올 것인지를 고민하게 됩니다. 반대로 매입자는 내가 상투를 잡는 것인지, 아닌지를 고민하게 되겠죠.

다음 단계의 변화가 예상되면 붙잡아야 하고 그게 아니면 매입을 철회해야 합니다. 최근 뜨는 지역이라고 하는 신흥 상권이 대부분 확장단계에 있습니다. 여기서 성장단계로 넘어가기 위해서는 상권의 전체 크기가 매우 중요합니다. 옆으로 뻗어나가면서 상권의 면적(양)이 확장되어야 하는 것입니다. 그러기 위해서는 상권의 끝자락에 단독주택이나 다가구 등의 주택시설이 많아야 합니다. 자연스레 1층에 임차인이 입점할 수 있는 빌딩으로 확장될 것이기 때문입니다. 하지만 1층을 주차장으로 이용 중인 필로티 구조의 다세대나 1층에 임대공간이 없는 빌딩이 많다면 그쪽으로는 상권이 확장되지 않습니다. 큰 대로가 막아서 상권의 흐름이 끊기거나 아파트 담벼락, 비상업적인 시설인 학교, 교회 등이 있다면 그쪽으로도 상권이 확장되기가 쉽지 않습니다. 확장공간이 없는 지역은 다음에 얘기할 성장단계에서 변화가 있다고 하더라도 길게 지속될 상권이 아닙니다. 대개는 정체하거나 쇠퇴의 길을 걷게 됩니다. 그런 의미에서 필자는 마포구(연남동, 동교동, 서교동, 상수동, 합정동)를 주목하라고 권합니다.

[상권의 성장단계]

상권이 성장단계에 접어들면 얼핏 포화상태인 것처럼 보이기도 합니다. 더 들어올 매장이 없을 것처럼 보이기도 하고, "가격도 이렇게 많이 올랐는데 누가 들어오겠어?"라는 생각도 하게 됩니다. 하지만 상권은 생물이라서 조금씩, 조금씩 확장되고 성장하면서 매매가격도 상승합니다. 이 성장단계에도 몇 가지 주목할 특징이 있습니다.

첫째, 발생단계의 움직임이 상권의 외곽에서부터 나타납니다. 엄밀히 말하자면 상권의 중심에서 10~20분 정도 걸으면 닿을 수 있는 외곽에 상권의 확장을 받아줄 다가구, 단독주택 등이 있어야 성장이 가능해집니다. 외곽의 1층 임대료가 많이 상승하면서 근생시설이 상층부로 올라가게 됩니다. 오히려 중심부의 2, 3층 임대료가 상대적으로 저렴해지기도 하는데 이 경우 엘리베이터는 필수입니다.

결국 높은 임대료 때문에 임차인이 다른 지역으로 떠나거나 폐업하는 젠트리피케이션 현상이 발생한 것입니다. 유동 인구 역시 분산되죠. 예를 들면 가로수길의 비싼 임대료를 피해 이면도로 골목 사이사이에 생겨난 상권, 즉 세로수길과 또 그다음에 조성된 나로수길, 다로수길이 그것이죠. 성장단계에 후발주자로 뛰어든 임

172

차인은 기존 임차인과의 경쟁에 밀려 폐업하기도 합니다.

　둘째, 꼬마빌딩보다 사이즈가 더 큰 대로변 빌딩도 거래되기 시작하는 것이 성장단계입니다. 펀드 및 해외 자금, 대기업 등에서 저층부를 중심으로 부동산 밸류업이 가능한 대로변 큰 빌딩을 매입하기 시작하는 것입니다. 부동산 밸류업이란 저평가되거나 낡은 부동산을 물리적으로 개선하여 더 높은 가치의 부동산으로 만들고, 이를 통해 이익을 실현하는 사업 방식입니다.

　거대자본을 투입하여 대로변의 빌딩이 밸류업되면 애초에 해당 상권 발생의 견인차였던 '그 지역만의 특색'이 사라져버리는 경우가 많습니다. 기존의 큰 상권과 비슷한, 그렇고 그런 상권이 되어가는 것이죠. 공사가 진행되는 동안 유동 인구는 감소하고, 밸류업이 완성되면 임대료가 급상승하기 때문에 젠트리피케이션이 더욱 심해집니다.

　셋째, 성장단계에서도 임차인의 변화가 생깁니다. 대기업의 F&B 매장 또는 의류매장이 1층을 차지하거나 상권에 따라서 조금 다르지만, 준명품 브랜드가 입점하기 시작합니다. 기존 1층에 있던 업종은 더 작은 면적을 임차하거나 위층으로 올라가고, 2층은 신규 프랜차이즈, 3층 이상은 트렌드 맛집이 입점하는 식입니다.

　이때부터는 지하 임차 업종의 임대료도 중요해집니다. 성숙단계의 매매가까지 올라가기 위해서는 지하층의 임대료가 꼭 필요하기 때문입니다. 성장단계에서 성숙단계로 넘어가려면 1층 임차인의 임대료가 3.3㎡당 40만 원을 넘어야 합니다. 이 단계에서는 3.3㎡당 매매가는 2억 원까지 올라갈 수 있습니다. 그 이상을 받고 매도하려면 다음에 설명할 성숙단계의 변화가 나타나야 합니다.

상권이 상승곡선을 그리면서 확장되다가 어느 순간 숨 고르기를 할 때가 있습니다. 이때 해당 상권의 성장 동력, 즉 개발 호재가 남아있는지, 경쟁상권과 비교했을 때 경쟁력은 있는지 등을 보고 투자를 판단해야 합니다.

필자가 보기에는 신사동 가로수길이 성장단계에서 성숙단계로 바뀌는 지역이라고 생각합니다. 성수동은 성장단계에 진입한 상권이라고 생각하고요. 임장을 다니면서 좋은 매물을 잘 찾아봐야 할 지역이고 가격이 계속 올라가는 것을 인정하면서 매물을 매입해야 하는 지역이라고 하겠습니다.

[상권의 성숙단계]

성장단계까지 성장했다면 이제는 성숙단계로 접어들 차례입니다. 성숙단계에서 나타나는 대표적인 변화를 살펴보겠습니다.

첫째, 지금은 코로나19로 인해 다소 의미가 퇴색되었지만, 성숙단계 상권의 특징은 외국인 관광객이 늘어난다는 점입니다. 단순 관광이든 비즈니스 방문이든 외국인이 많이 모이는 곳은 성숙단계로 접어든, 대한민국 대표 상권이라고 보면 무난합니다.

예를 들면 명동, 광화문 광장, 인사동, 강남역, 가로수길, 압구정동, 이태원, 홍대 등은 성숙단계에 접어든 상권입니다. 이 지역의 독특한 특징 중 하나는 지하철역 광고판을 아이돌이 점령하고 있다는 점입니다. 팬들이 찍은 사진과 생일 축하, 응원 문구가 걸려있으면 외국인 방문이 많은 성숙단계 상권이라고 판단해도 무방합니다. 원래 그런 광고가 없던 곳인데 어느 날 갑자기 생겼다면? 이제 막 성숙단계에 접어들었고 계속 발전할 지역이기 때문에 투자해도 된다는 뜻이지요. 외국인은 내국인보다 소비력이 높은 편이라서 상권 유지에 도움이 됩니다. 하지만 일시적으로 생기는 유동 인구로서 계절이나 경기, 정치적 이슈나 전염병 등의 변수로 인해 그 편차가 크다는 점도 생각해야 합니다. 그래도 긍정적인 것은 이러한 상권은 외국인이 채우지 못할 때는 2030 내국인 세대가 대신 채워준다는 점입니다.

둘째, 차량으로 10~20분 정도 거리에 2~3곳의 위성 상권이 생겨납니다. 이는 높은 임대료를 피해 이동한 임차인이 새롭게 조성한 상권입니다. 성격이 비슷하면서도 차별화된 신흥 상권으로서 단계로 따진다면 발생단계의 상권입니다. 예를 들면 홍대 상권 주변에 망리단길이 생긴 것과 같은 맥락입니다.

셋째, 대규모 자금의 유입으로 대형빌딩의 매매가 본격화되는 단계입니다. 백화점, 호텔, 극장, 대형 쇼핑몰 등 크고 다양화된 임차 업종이 입점합니다. 주요 상권과 이면 상권이 조화를 이루는 단계로서 많은 사람이 약속 장소로 이용하는 유명한 지역이 된 것입니다. 이 상권 내에는 다양한 즐길 거리가 있어서 유동 인구의 체류 시간도 길어지고, 당연히 매출도 향상됩니다. 흔히 멀티상권이 되면서 임차인의 영업시간이 길어지는 것을 볼 수 있습니다.

높은 임대료 때문에 1층은 SPA 브랜드, 글로벌 브랜드, 플래그숍 등이 입점해 프리미엄 상품을 판매하게 됩니다. 간혹 1층과 2층을 통으로 사용하는 임차인도 늘어나기 시작합니다. 2층에서 5층까지는 프랜차이즈 카페, 트렌드 맛집 등이 입점하고, 5층 이상은 병·의원, 업무시설, 호텔, 극장 등이 차지하곤 합니다.

신축하는 빌딩의 경우 지하 2층이나 지하 3층까지 근생시설이 입점할 수 있도록 설계하고 시공합니다. 비싼 매매가를 감당하기 위해서는 지하 2~3층까지도 근생시설을 입점하여 임대료를 받아야 수지타산이 맞기 때문입니다.

성숙단계에서는 1층 임대료가 3.3㎡당 50만 원 이상인데 이것도 부르는 게 값인 상황으로 임차 매물의 희소성이 높아서 위치에 따른 임대료의 차이는 큽니다. 참고로 강남역 주변 대로변 빌딩의 경우 1층 임대료는 3.3㎡당 100~200만 원을 부르기도 하고 이면도로에 있는 빌딩은 100만 원 이상이기도 합니다. 3.3㎡당 매매가가 2억~3억 원, 위치에 따라 그 이상인 매물도 거래되고 있습니다. 고가이지만 워낙 매물이 희귀한 지역이라서 매물이 나오면 곧바로 거래되기도 합니다. 최근 신분당선 개통이라는 호재로 강남역 상권과 하나가 된 신논현역도 성숙단계에 접어들고 있는 곳이라고 판단됩니다.

참고로 SK텔레콤이 조사한 '2021년 대한민국 상권 1번지 분석'

에 의하면 병원 1번지는 강남역 북부와 압구정역, 옷가게 1번지는 남대문이 아닌 동대문, 학원 1번지는 노량진이 아닌 한티역, 숙박 시설 밀집 지역은 강남역이 아닌 성남 신흥역, 한식당이 가장 많은 상권은 대구 중앙로, 카페 1번지는 부산 서면역이었습니다.

본인의 빌딩에 해당 업종이 임차 중이라면 관심을 두고 시장의 변화, 1번지의 특장점을 알아볼 필요가 있습니다. 내 빌딩의 가치를 어떻게 밸류업할 수 있을지 벤치마킹해야 한다는 뜻입니다.

[상권의 쇠퇴단계]

메타버스 빌딩이 아닌 이상 무한정 뻗어나가는 상권은 없습니다. 어쩔 수 없이 쇠퇴단계에 접어드는 때가 오게 마련입니다. 명동, 강남처럼 수십 년 이상 지속된 탄탄한 상권이 아닌 경우 필연적으로 정체기와 쇠퇴기를 거치게 됩니다.

앞의 4단계를 거치는 도중이라도 갑자기 쇠퇴기를 맞이할 수 있습니다. 예를 들면 경리단길은 처음부터 상권이 생길 수 있는 지형적 요인이 없었습니다. 10~12m 도로 너비로 길게 이어진 경리단길은 남산공원까지 연결되어 상권이 형성될 요소가 있기는 했지만, 급경사를 올라가야만 한다는 단점이 너무 컸죠. 이러한 태생적인 단점을 극복하지 못하고 확장단계에서 성장단계로 넘어가다가 다른 신흥 상권에 유동 인구를 뺏기면서 쇠퇴의 길로 접어든 것입니다. 특히 트렌드로 핫하게 성장한 상권일수록 트렌드에 뒤처질 때 쇠퇴의 속도가 빠릅니다.

우리는 지금 빠르고 방대한 정보의 홍수 시대에 살고 있습니다.

선택권이 너무 다양해졌죠. 예전에는 단골 가게만 다녔지만, 요즘은 여러 곳을 방문하면서 다양한 경험을 하려는 사람들이 많아졌습니다. 다양한 매장을 섭렵하는 사람들은 자연스럽게 상대평가를 하게 되고 후기를 SNS에 올립니다.

SNS 입소문에는 트렌디한 인테리어 수준도 들어가 있습니다. 문제는 업주와 고객이 트렌드에 반응하는 속도가 서로 다르다는 것입니다. 요즘 2030 고객들은 계절별로 인테리어가 바뀌지 않으면 식상하다고 여겨 발길을 돌립니다. 하지만 업주가 생각하는 인테리어 변경 주기는 그보다 훨씬 길죠. 창업 당시 투자한 인테리어 비용이 만만치 않다 보니 트렌드에 뒤떨어진다는 것을 알면서도 유지할 수밖에 없는 것입니다. 그 차이가 상권의 흥망성쇠를 결정짓기도 합니다. 상권이 이동하는 것이죠.

정보의 홍수는 또 다른 폐해를 가져오기도 합니다. 가령 특색 있는 한두 개의 상점 때문에 유명해진 상권이 방송이나 SNS에 자주 소개됩니다. 이를 보고 찾아온 뜨내기손님이 단골손님을 밀어냅니다. 결국 테이블 순환이 느려지면서 뜨내기도 단골도 모두 불만을 품게 됩니다.

따지고 보면 매출은 크게 오르지도 않았는데 인기몰이하는 과정에서 엉뚱하게 임대료가 상승합니다. 건물주의 압박, 즉 젠트리피케이션도 생겨납니다. 견디지 못한 원년 사장님들이 골목을 떠납니다. 그 자리를 프랜차이즈나 미투 전략으로 무장한 초보 창업자가 차지하면서 급성장하는 모양새를 보입니다.

하지만 이미 개성을 찾아볼 수 없는 상권으로 전락한 다음이고,

무성한 소문을 듣고 찾아왔지만 앙꼬 없는 찐빵 같은 생각에 다시는 찾지 않는 지역으로 사람들의 발길이 끊기게 됩니다. 그 결과 공실률이 늘어나게 되죠. 임대인이 다시 임대료를 낮춘다고 하더라도 그 폭이 미비한데다 유행이 끝났다는 소문 때문에 임차인이 꺼리는 지역이 되는 것입니다. 결국 상권은 쇠퇴와 소멸의 과정으로 들어서게 됩니다.

이 모든 것이 언제 어디서든 정보를 검색할 수 있는 스마트폰 엄지족이 가져온 변화라고 할 수 있습니다. 아이러니하게도 SNS를 타고 빠른 입소문 덕분에 생겨난 골목상권이 결국 그 빠른 입소문 때문에 망가지고 마는 것인데 이 주기가 10년에서 5년, 5년에서 다시 3년으로 현저하게 짧아졌습니다. 상권의 트렌드, 즉 유행 주기가 SNS 때문에 짧아진 것입니다. 그런데도 스마트폰을 신체의 일부처럼 사용하는 신인류 '포노 사피엔스'를 유인하지 못한다면 상권은 언제든지 소멸할 수 있다는 것을 명심해야 합니다. 어쩔 수가 없습니다. 신인류의 플렉스에 플렉서블하게 대처하지 못하면 장사하기 어렵습니다.

건물주 역시 임차인 앞에서 플렉스 모드를 고집할 것이 아니라 함께 고민하고 숙제를 풀어야 내 건물도 살아남을 수 있다는 사실을 알아야 합니다. 건물주는 임차인에게 도움을 줄 수 있는 부분이 있다면 적극적으로 지원할 필요가 있습니다. 그것이 내 빌딩의 가치를 키우는 일이기도 하기 때문입니다.

쇠퇴단계는 상권의 특색이 사라지면서 상권을 이끌던 성장 동력이 소진된 단계입니다. 성장이 멈춘, 노후화된 빌딩이 많은 상권은 이상하게 퀴퀴한 냄새가 납니다. 아무리 청소해도 묵은 때는 사라지지 않고, 길거리는 늘 지저분합니다. 특히 화장실에서 나는 냄새는 상권을 만들고 성장시키는 주동력인 2030 여성들에게는 최악입니다. 상권을 끌고 가는 세대가 기피하면 상권은 쇠퇴할 수밖에 없습니다.

쇠퇴기에 접어들어 젊은 층이 빠져나가면 결국 유동 인구의 연령대가 높아지게 됩니다. 탑골공원, 서울극장, 종묘공원으로 대변되는 종로권이 대표적이죠. 지난 2020년 KB국민은행 리브온 상권 분석에 따르면 종로 상권의 연령대별 유동 인구는 55세 이상 남성 비율이 20.5%로 가장 높았습니다. 그다음으로 45세~54세 남성(13.6%), 35세~44세(12.5%)가 뒤를 이었고, 20대의 비중이 가장 낮았죠. 지난 2021년 서울극장이 42년 만에 문을 닫았고, 2022년 1월에는 종로 KFC 한국 1호점이 38년 만에 문을 닫았습니다.

필자가 상권을 계속 언급하는 이유는 꼬마빌딩은 개별적으로도 중요하지만, 그 빌딩이 속한 상권을 함께 봐야 하기 때문입니다. 사실 꼬마빌딩 하나만 가지고는 아무것도 할 수 없습니다. 꼬마빌딩은 자신이 소속된 상권의 흥망성쇠와 함께할 수밖에 없는, 주변의 영향에 따라 변화하는 유기체와도 같으므로 건물주 혼자서 어떻게 할 수 있는 것도 아닙니다. 트렌디한 매장이 입점해있는 건물이니 당연히 트렌드에 민감한 부동산 상품이 되어버린 것입니다.

따라서 건물주가 되고자 한다면 매입할 빌딩의 상권이 어떤 단계에 속해 있는 빌딩인지를 판단하는 눈을 가져야 합니다. 상권이 조성되기 전에 매입하는 것이 가장 좋지만, 발생이나 막 확장하는 단계도 괜찮습니다. 너무 고점인 단계는 피하는 것이 좋고, 쇠퇴단계에 접어든 상권이라면 조금 더 여유를 갖고 부활할 수 있는 동력을 찾아야 합니다.

간혹 쇠퇴단계 속하는 지역 중에 용도지역이 일반상업지인 곳이 있습니다. 이런 경우 대규모 개발을 목적으로 하는 개발사가 지역 전체를 매입하는 경우도 있습니다. 그 결과 꼬마빌딩 상권은 사라지고 대형 오피스 상권이 생겨납니다. 꼬마빌딩이 부활하는 것이 아니라 대형빌딩으로 부활하는 것이지요.

쇠퇴단계 상권에서는 리모델링이나 신축을 추진하는 빌딩을 찾아보기 힘듭니다. 대신 주변에 특색 있는 신흥 상권이 생기는 경우가 많습니다. 이는 경쟁상대인 동시에 파트너 상권이기도 합니다. 신흥 상권이 기존 상권과의 차별화를 통해 고객 유인에 성공한다면 쇠퇴단계 상권과 함께 성장할 수 있습니다. 간단히 말하면 비빌 언덕이 있는 셈입니다.

10년 전 신촌과 이대 상권이 죽고 홍대 상권이 뜬 것이 좋은 예라고 할 수 있습니다. 최근 몇 년 사이에는 종로 상권의 쇠퇴를 익선동이나 송해길이 지탱해주기도 했습니다. 최근 1~2년 사이에는 종로 순라길이 새로운 핫플레이스로 자리를 잡은 상황입니다.

최근 코로나19와 경기침체, 가격 상승 등을 이유로 꼬마빌딩의 미래가 암울하다는 전망을 하는 사람들이 있습니다. 과연 그럴까요? 필자의 생각은 다릅니다. 정체는 있을 수 있지만, 후퇴는 없습니다. 상권이 망가졌다고 완전히 사라져서 할렘가가 되는 것은 아닙니다. 천재지변이나 전쟁이라도 일어나서 대한민국 경제가 올스톱하지 않는 한 불씨는 언제든지 다시 타오를 수밖에 없습니다. 근생시설을 책임질 자영업자가 절대 사라질 수 없는 사회적 구조이기 때문입니다. 조기 은퇴, 길어진 수명, 불확실한 노후 설계 등 대한민국의 모든 지표가 이를 가리키고 있습니다.

KEY POINT

지역적 상승 요인, 상권의 흥망성쇠가
빌딩의 운명을 좌우한다.

골목상권과 꼬마빌딩이 사랑받는 이유

자금 여력이 충분하지 않다면 골목상권의 꼬마빌딩을 눈여겨볼 필요가 있습니다. "후미진 곳은 좀 그렇지 않나요?"라는 질문을 받곤 하는데 꼭 그렇지만은 않습니다. 임차인의 니즈, 즉 트렌드가 형성되면서 충분한 시장성이 확보되고 있기 때문입니다. 이른바 골목상권의 형성입니다.

[매수인의 자금 상황과 전략]

물론 강남의 대로변에 있는 큰 빌딩을 매입하면 좋겠지만 자금 상황을 고려한다면 이면도로의 꼬마빌딩도 효자상품입니다. 스마트폰과 SNS 시대가 열리면서 위치보다 마케팅이 더 중요한 시대가 되었기 때문에 후미진 골목에 있는 빌딩도 똘똘하게 성장할 수 있습니다.

매입하려는 빌딩에 공실이 있어도 괜찮습니다. 오히려 상대적으로 저렴하게 매입한 다음 똘똘한 임차인을 영입하여 키우는 전략을 수립하면 됩니다. 지역적 상승 요인이 부족하더라도 건물주의 적극적인 의지가 수반되는 개별적 상승 요인을 통해 가치를 키우라는 것이죠. 이렇게 하면 이면도로의 빌딩도 충분히 주목할 만한 상권이 될 수 있습니다. 싸게 산 다음 가치를 성장시켜 비싸게 되파는 것은 투자의 정석입니다.

이면도로의 꼬마빌딩이 아닌 다가구주택이나 단독주택을 매입하는 것도 비용적인 측면에서 좋습니다. 구옥을 리모델링하고, 근생시설로 용도를 변경하면서 임차인을 새롭게 구성하면 똘똘한 상권으로 만들어 나갈 수 있습니다.

명도와 용도변경 측면에서도 유리합니다. 상가건물은 상가건물 임대차보호법의 계약갱신요구가 총 10년까지이고, 주택은 주택 임대차 보호법의 계약갱신요구가 총 4년까지라서 주택의 명도가 상가보다 쉽습니다. 또한 상대적으로 주택이 용도를 변경하기가 더 쉬우므로 이런 지역에 골목상권이 잘 생기고 빠르게 확장될 확률이 높은 것입니다.

이러한 상권 발생단계 이전의 미성숙 지역에는 반지하가 있는 다가구주택이 많습니다. 매수인은 이 주택을 매입한 뒤 용도를 변경하게 되는데 이럴 때는 보통 반지하와 1층만 합니다. 공사 기간 및 비용이 적게 들어 초기 투자금 조성에 부담이 덜하므로 매입 투자자에게 유리합니다. 사실 상권이 형성되지 않은 지역에 큰돈을 투입하는 투자자는 별로 없습니다. 저층부만 용도를 변경하여 상권을 스스로 만들어가는 것이 현명한 투자라고 할 수 있습니다.

2층 이상은 기존 임차인들이 주택으로 사용하거나 사무실이 입점하게 되고, 1층에는 트렌디 매장, 반지하에는 식당을 입점하는 방식으로 빌딩의 가치를 키울 수 있습니다. 예를 들면 반지하를 도로에서 바로 들어갈 수 있도록 조치하면 1층과 비교해도 접근성이 크게 떨어지지 않습니다. 나아가 주류를 판매하는 업종 같은 경우는 1층보다 훨씬 더 좋은 분위기를 연출할 수 있어서 선호하는 임차인도 있습니다. 이런 니즈가 있으므로 건물주는 반지하의 임대료를 1층과 비슷한 수준으로 책정할 수 있습니다.

상권 발생단계를 지나 성장단계가 되면 임차인 변동이 일어나게 된다고 앞서 설명한 바 있습니다. 1층에 있던 기존의 트렌드 맛집이 임대료가 저렴한 2층으로 자리를 옮기거나 다른 미성숙 상권으로 이동하는 식입니다.

[임차인의 니즈와 소비 트렌드]

지난 10년 동안 정착된 창업 트렌드 중 하나가 소위 말하는 목이 좋은 곳에서 비싼 임대료를 내면서 장사를 하느니 비록 상권은 형성되지 않았지만 임대료가 싼 지역에서 새롭게 장사를 하겠다는 것이었습니다. 권리금으로 초기자금을 다 소진하기보다는 차라리 인테리어와 상품의 질에 더 신경을 쓰겠다는 전략이기도 합니다.

이처럼 성장단계나 확장단계의 상권에서 임대료 상승을 따라가지 못해 외곽으로 이동하는 임차인이 골목상권을 형성하는 경우가 많아졌습니다. 상권 중심가에서 장사하다가 임대료 때문에 어설픈 2층으로 쫓겨나느니 차라리 외곽의 1층이 낫다고 판단하는 것이죠.

이들은 근생시설로 용도가 변경된 다가구주택, 단독주택의 1층에서 실력으로 승부를 보면서 SNS를 통해 맛집으로 다시 태어나곤 합니다. 최근 몇 년 사이에 뜬 골목상권은 대부분 이런 사례에 해당한다고 보면 됩니다.

예를 들면 이런 식입니다. 어느 날 이면도로 조용한 곳에 숨어 있던 꼬마빌딩이 건물주가 바뀌면서 감각적인 리모델링을 통해 환골탈태합니다. 이어서 1층에 작은 빵집 하나가 입점합니다. 흔히 일본에서 제과제빵을 공부하고 돌아와 실력으로 경쟁하는 3040 오너인 경우가 많습니다. 지나가던 동네 어르신이 이를 보고 충고합니다.

"여기에 누가 빵을 먹으러 와. 요 앞 사거리에 프랜차이즈 빵집이 두 개나 있는데. 세상 물정 너무 모르는 총각일세."

하지만 실력은 감출 수 있는 것이 아니죠. SNS를 통해 맛집이라는 입소문이 퍼지기 시작하면 알음알음 젊은이들이 모여들기 시작합니다. 늦게 가면 살 수 있는 빵이 없다는 소문이 날 무렵, 젊은 바리스타가 그 옆에 핸드드립 커피숍을 차립니다. 빵과 커피의 시너지 효과를 노리는 것이죠. 커피 맛이 좋다고 소문이 나기 시작하면 또 그 옆에 청담동에서 실력을 갈고닦았다는 주방장이 오마카세 전문점을 오픈합니다. 빵, 커피, 일식과 술이라고 하는 조합이 완성되면 그 옆으로 액세서리 전문점이 생기고, 골목 입구에 셀프 사진관이 생기면서 차츰 상권이 형성됩니다. 앞의 어르신은 이제 혼잣말하게 됩니다.

"어떻게들 알고 이 구석까지 찾아오는 거야? 참 신기하네."

일부러 사람이 없는 한적한 뒷골목만 찾아서 다니는, 즉 숨은 매장을 발굴하는 2030 소비자가 많다는 것을 몰라서 하는 소리였죠. 심지어 힙지로 뒷골목 같은 경우는 아예 간판도 없이 성업 중인 매장도 있습니다. 장사의 기본인 간판을 달지 않은 이유를 물으면 "어차피 목적 고객입니다. 알고 찾아오는 손님이 대부분이죠. 우연히 지나가다가 간판을 보고 들어오는 경우는 드뭅니다. SNS에서 정보를 얻은 뒤 지도 앱을 켜고 찾아오기 때문에 간판은 굳이 필요 없습니다"라고 답합니다. 이처럼 작은 빵집 하나가 불러온 나비효과는 상전벽해의 결과로 이어지곤 합니다.

하지만 어두운 이면도 있죠. #나만알고싶은 #00동 #작은골목가게 #핵인싸 #먹스타그램_성지 같은 해시태그가 SNS를 장식하기 시작하면서 사람이 몰리면 앞의 어르신은 졸지에 피해자가 됩니다. 수년 동안 해오던 호젓한 산책이 어렵게 되는 것이죠. 조용한 동네에 만족하며 살던 원주민들은 소음, 주차, 흡연 등으로 인해 주거지역으로서의 쾌적함과 편안함이 사라지게 되자 이주를 결정합니다. 물론 가격은 이전보다 오른 상태죠.

이 시기가 되면 매수자들은 상권의 확장을 기대하면서 적극적인 매입에 나서게 되고, 용도변경, 리모델링, 신축 등의 물리적인 변화를 통해 새로운 건축물을 만들어냅니다. 그 결과 임차할 수 있는 점포 수는 늘어나고 업종도 다양해집니다. 드디어 상권이라 부를 수 있는 정도의 단계가 되면 언론 등을 통해 입소문이 더 많이 퍼지면서 유입인구가 급속도로 증가합니다. 이제 매수자는 더욱더 적극적으로 나서고, 매도자는 한층 더 높은 가격을 제시해도 될 처지에 놓이게 됩니다.

골목상권을 바라볼 때 주의할 점 중 하나는 지하철역에서 너무 멀거나 경사진 언덕에 자리 잡고 있어서 도보로 이동이 쉽지 않다면 반짝 유행을 타다가 사라질 수도 있다는 것입니다. 또한 갑자기 인기가 급상승한 골목상권은 쉽게 식을 수도 있다는 점도 유의할 점입니다. 핫플레이스로 주목받은 상권은 소비 트렌드의 변화나 경쟁상권의 등장에 민감할 수밖에 없습니다. 역설적이지만 '핫'이라는 단어 자체가 안정적이고 지속적인 상권 형성에 걸림돌로 작용하는 것이죠. 특히 입지나 물리적 환경 측면에서 경쟁력이 낮은 경우라면 음식 등의 핵심 콘텐츠가 경쟁력을 잃을 때 상권이 빠르게 쇠퇴하고, 좀처럼 만회하기가 어렵습니다.

"SNS로 흥한 자, 결국 SNS로 망한다"라는 말처럼 나쁜 소문은 좋은 소문보다 빨리 퍼집니다. "그 동네 분위기 옛날 같지 않다. 변했어! 사람도 너무 많고 복잡해!"라는 인플루언서의 인스타그램 포스트 하나가 나비효과처럼 상권 전체를 좌지우지하는 예도 있습니다. 그런 소문이 SNS에 퍼지기 시작하면 사람들이 갑자기 발길을 끊고 다른 상권을 찾아 나섭니다. 초창기의 가로수길이나 이태원의 경리단길 등이 그랬죠. 따라서 지금 아무리 핫플레이스라고 해도 섣불리 판단하는 것은 좋지 않습니다. 현재를 기반으로 미래의 가치를 전망하면서 효율적인 투자를 해야 할 것입니다.

코로나19, 경매, 법인으로 매입, 상권의 이동 등 모든 문제가 집약된 사례가 있어 소개합니다. 지난 2022년 4월, 스타 셰프 이연복 씨가 운영하는 유명 중식당 '목란' 서울 서대문구 연희동 본점이 24년 만에 문을 닫는다는 루머가 돌았던 적이 있습니다.

몇 개월 전에 예약해야 이용할 수 있을 정도로 인기를 끌었던 곳이지만 코로나19 영향으로 2021년 적자가 1억 2,000만 원에 달했던 것으로 알려졌습니다. 부산점은 인력난으로 이미 폐업했고, 이 와중에 서울점 인근 주택을 경매로 낙찰받으면서 오해를 불러온 것이죠.

문을 닫지는 않았지만 움직임이 있었던 것은 사실입니다. 이연복 셰프는 2022년 4월 12일 서울서부지방법원에서 열린 경매에서 서대문구 연희동 소재의 전용면적 327㎡ 단독주택을 37억 700만 원에 낙찰받았습니다. 감정가 32억 9,400여만 원보다 약 4억 1,200만 원(12.5%) 정도 높은 금액입니다. 다른 경쟁자들이 써낸 금액은 감정가 대비 1.25%, 7.76% 높았던 것으로 알려졌습니다.

이연복 셰프는 이 주택을 근생시설 용도로 변경한 뒤 법인 명의로 대출을 받아서 매입 자금을 충당할 것으로 보입니다. 원래 매장에서 직선거리로 200m 떨어진 곳으로서 사용 중인 매장의 절반도 안 될 정도로 작은 규모입니다.

단독이나 다가구주택과 달리 근생시설의 경우 법인 명의로 70~80% 대출할 수 있죠. 위반 건축물이나 정화조 용량에 문제만 없다면 용도변경은 어렵지 않을 것으로 보입니다. 이연복 셰프가 기존의 단독주택을 용도변경하여 그대로 사용할지, 아니면 신축하여 사용할지를 지켜봐야겠지만 상권이 형성되고 임대료가 올라가면서 주변 지가가 올라가는 상황에서 '목란'의 이전을 통한 확장을 생각한다면 옳은 결정이었다고 생각합니다. 거기에 경매, 법인 명의로 매입, 상권 내의 이동 등은 매우 현명한 판단으로 보입니다.

KEY POINT

**투자 트렌드와 임차인의 니즈가 맞물려
골목상권의 꼬마빌딩이 뜬다.**

빅데이터로 분석한 2021년 상권의 변화

길을 막고 "대한민국 최고의 상권은 어디?"라고 물으면 대부분 명동역, 강남역, 가로수길, 홍대 등을 떠올립니다. 오답이 아닙니다. 낮이나 밤이나, 주중이나 주말이나 유동 인구가 많고 상가도 많은 곳이죠. 많이 모인다고 돈도 많이 쓰게 될까요? 유동 인구가 아무리 많아도 지갑을 열지 않는다면 진정한 우수 상권이라 할 수 없을 것입니다. 빅데이터로 분석한 상권의 순위를 잠시 살펴보겠습니다.

SK텔레콤이 자사의 빅데이터 분석 솔루션인 '지오비전'을 통해 상권별 업소 수와 카드 매출, 유동 인구 등을 종합적으로 분석하여 '2021년 대한민국 매출 100대 상권'을 발표했습니다. SK텔레콤은 이번 조사가 상권 활성화 평가를 위해 개인사업자, 프랜차이즈 점포 등을 대상으로 매출액을 추산한 것이며, 상권 활성화와 관계없이 매출에 큰 영향을 주는 대형 백화점은 이번 조사에서 제외했다고 밝혔습니다.

'2021년 대한민국 매출 100대 상권' 중 가장 많은 월평균 매출을 기록한 상권은 압구정역 상권이었습니다. 하루 평균 유동 인구는 23만 명으로 전국 31위 수준이지만 유동 인구당 매출 기준으로는 약 5만 9,000원으로서 국내에서 가장 높은 하루 평균 136억 원의 매출을 기록했습니다. 2020년 2,921억 원이던 월 매출이 40% 성장하여 4,092억 원을 기록했습니다. 2년을 비교하면 무려 60%나 증가한 수치죠.

압구정역 상권이 매출 1위를 기록한 것은 SK텔레콤이 2012년 상권분석을 시작한 이래 최초였습니다. 다소 의외죠? SK텔레콤은 압구정역 상권이 명품 매장, 고급 식당, 병원이 많은 상권이라 코로나19로 내수 소비가 고급화되면서 일어난 현상이라고 분석했습니다.

2019년 120위권에서 2021년 59위로 급상승한 청담역 상권도 코로나19 수혜지역 중 하나였습니다. 2021년에 가장 크게 상승한 상권으로 조사되었는데 재미있는 것은 하루 평균 유동 인구가 약 3만 3,000명으로 100대 상권 중 가장 적었다는 점입니다. 하지만 명품 숍과 고급 스튜디오 및 병원이 많아 유동 인구당 매출이 높은 수준이었습니다. 역시 압구정동과 청담동은 객단가(고객 1인당 평균 매입액)가 남다르다고 할 수 있겠습니다.

신세계인터내셔날의 분석에 따르면 2021년 1월부터 9월까지 청담동 명품 브랜드 전문점 10곳의 MZ세대 매출 비중이 68%를 차지했습니다. 이는 코로나19 사태가 발생하기 전인 2019년 같은 기간 대비 27% 포인트 증가한 수치입니다.

2021년 대한민국 매출 100대 상권

순위	전년대비	상권명	월 매출 (원)	일 유동인구 (명)
1	▲2	서울 압구정역	4,092억	23만 1,341
2	-	서울 강남역 북부	4,030억	40만 1,423
3	▼2	서울 강남역 남부	3,586억	46만 3,432
4	-	서울 신사 · 논현역	2,319억	28만 5,545
5	-	서울 천호역	1,786억	18만 5,641
6	-	부산 서면역	1,739억	47만 3,248
7	-	서울 학동역	1,584억	25만 2,934
8	-	서울 학동사거리 상권	1,429억	14만 9,323
9	-	서울 종각역 인근	962억	51만 8,842
10	▲1	대구 반월당 사거리	958억	29만 7,697
11	▼1	서울 선릉역	949억	30만 3,309
12	-	울산 남구청	840억	15만 1,877
13	-	성남 서현역	727억	17만 6,240
14	-	성남 야탑역	710억	15만 7,426
15	-	서울 서울대입구역 주변상권	676억	31만 5,665
16	▲6	서울 노원역	654억	26만 8,922
17	-	대전 둔산2동 상권	635억	15만 7,988
18	▼2	서울 삼성역	613억	24만 1,521
19	▲4	서울교대역 - 남부터미널역주변지역	604억	31만 6,341
20	▲4	안산 초지동 (고잔신도시)	601억	5만 1,761
21	▼2	인천 부평시장역 인근	597억	46만 1,941
22	▼2	서울 성수역	582억	46만 3,972
23	▼5	대전 둔산 사크존	576억	18만 3,626
24	▲5	서울 한티역	548억	11만 4,847
25	▼4	부산 자갈치.국제시장	533억	51만 3,229
26	-	서울 잠실역	529억	30만 3,936
27	▼2	서울 교대역	524억	29만 4,548
28	▼2	수원시청 주변	498억	20만 3,952
29	▲1	안양 범계역 인근	481억	20만 1,723
30	▼2	서울 신촌역	478억	28만 2,390
31	▲3	부산 범일동역 인근	441억	33만 2,686
32	▲4	서울 신정역	437억	12만 4,184
33	▼2	서울 영등포시장역 인근	430억	32만 1,789
34	▼2	이천 창전동 상권	425억	18만 2,836
35	▲1	부천 중동사거리	410억	25만 6,128
36	▲10	성남 정자역	407억	13만 7,092
37	▲4	부천 중1,2,3동	394억	17만 7,671
38	-	서울 홍대입구역	393억	22만 1,718
39	▲5	안산 호수동 (고잔신도시)	391억	11만 2,840
40	▼3	부산 하단역.당리역	385억	21만 445
41	▲1	안산 중앙역	385억	19만 3,349
42	▼2	구리시 구리역	376억	21만 9,910
43	▲15	서울 신대방역 북부 상권	374억	8만 7,884
44	▼1	군포시 산본 상권	366억	16만 2,190
45	-	부산 장산역 주변	360억	18만 1,385
46	▲3	대구 범어동	356억	16만 7,449
47	▼5	익산 이리품초교	352억	15만 8,381
48	▲16	부천 역곡역 주변	350억	13만 3,332
49	▼10	서울 오륙공원 주변	350억	10만 9,046
50	-	인천 구월로데오거리	350억	6만 5,620

순위	전년대비	상권명	월 매출 (원)	일 유동인구 (명)
51	-	울산 울산시청	348억	16만 1,250
52	▲10	성남 미금역 인근	348억	12만 701
53	▲10	서울 삼전동 상권	348억	18만 4,195
54	▼7	서울 신당 - 동대문운동장역 부근	348억	40만 5,361
55	▼2	순천 조례동	347억	6만 57
56	▲9	천안 터미널 인근	337억	9만 2,393
57	▲15	성남 수내역	333억	13만 3,275
58	▲19	서울 반포고속터미널 주변	331억	37만 346
59	▲29	서울 청담역 부근	331억	3만 3,218
60	▼5	안양 안양역	323억	22만 8,767
61	▼13	서울 사당역	321억	30만 856
62	▼8	부산 연산동역 인근	317억	16만 2,600
63	▼6	대구 이곡동 인근	317억	19만 8,305
64	▼3	강릉 중앙로	316억	9만 740
65	▲1	서울 연신내역	313억	20만 1,435
66	▲7	고양 화정동	310억	16만 5,765
67	▲11	광주 터미널인근	307억	8만 5,622
68	▲16	대구 서문시장 인근	303억	4만 6,117
69	▲2	하남 신장2동 상권	303억	20만 7,530
70	▼14	서울 강남구청 주변	302억	10만 9,093
71	▲4	서울 석촌역	300억	16만 6,543
72	▼13	수원 곡선동 상권	300억	6만 8,616
73	▼13	부산 동래역	299억	14만 395
74	▼5	서울 내방역 주변	297억	19만 4,124
75	▼5	서울 양재역	296억	13만 1,710
76	▼24	여수 광무체육관 주변	293억	14만 2,710
77	▼10	서울 공릉역	290억	24만 4,871
78	▼4	부천 부천역 주변	281억	26만 1,743
79	▼3	서울 신림역 주변상권	278억	23만 5,427
80	-	부산 해운대역주변	277억	16만 1,267
81	▼13	의정부 중앙-태평로	276억	9만 5,432
82	▲5	광명 철산역	264억	16만 182
83	NEW	서울 종로5가역 인근	263억	15만 794
84	▲14	서울 을지로4가역 인근	262억	22만 403
85	▼3	용인 풍덕천 주변 지역	261억	11만 4,171
86	▼5	인천 계산역	261억	20만 702
87	NEW	용인 처인김량장동 상권	259억	11만 1,479
88	NEW	광주 금남로4가역	258억	10만 12
89	▲11	경산시 중앙동	258억	3만 2,016
90	▲3	서울 명동역 주변	257억	13만 8,561
91	▲4	서울 우형시장 주변	257억	13만 3,847
92	▼9	청주 성안동	257억	10만 4,280
93	▲3	고양 장항2동	257억	5만 7,836
94	NEW	순천 순천역	255억	3만 5,940
95	NEW	서울 미아삼거리역	253억	12만 7,279
96	▼14	서울 건대입구역	253억	14만 986
97	NEW	울산 삼산동	253억	9만 4,077
98	▼13	부산역 인근	251억	26만 4,389
99	-	포항 상대동 상권	250억	12만 7,526
100	▼10	서울 영등포구청역 인근	250억	16만 6,266

자료: SK텔레콤

매출 상승 폭 3, 4, 5위는 노원역 상권, 반포 고속버스터미널 주변, 신대방역 북부 상권이었던 것으로 조사되었습니다. 각각 전년 대비 20% 정도 상승했습니다. 매년 조사 때마다 부동의 대한민국 1위 상권이었던 강남역 남부는 2019년 월 매출 3,654억 원, 2020년

3,817억 원에서 올해 3,586억 원으로 성장세가 주춤했습니다. 압구정역 월 매출 4,092억 원과 차이가 크게 벌어지면서 상승률만 따졌을 때 5위권 밖으로 밀려났습니다. 2019년 9위였던 삼성역 상권 역시 성장세가 주춤했습니다. 이는 강남역과 마찬가지로 직장인 재택근무의 영향을 받았던 것으로 보입니다.

100대 상권 중 코로나 전후 순위 하락이 가장 큰 상권은 건대입구역 상권(2019년 63위 → 2021년 96위)과 명동역 상권(2019년 58위 → 2021년 90위)으로 나타났습니다. 앞서 설명한 것처럼 명동은 해외 관광객 방문이 급감하면서 타격을 입었고, 건대입구역 상권은 비대면 수업으로 대학생들의 방문이 끊기는 등 코로나19의 영향을 받아 유동 인구가 줄어들었던 탓으로 보입니다.

상승률이 아닌 매출 기준으로 파악한 전국 5대 상권은 압구정역, 강남역 북부, 강남역 남부, 신사-논현역, 천호역이었습니다. 2019년~2020년 대한민국 1위 상권을 차지했던 강남역 남부는 전국 3위로 밀려났고, 강남역 북부는 2위 자리를 유지했습니다.

10위권까지 넓혀보면 부산 서면역과 대구 반월당 사거리를 제외하면 8곳이 서울이었는데 종각역을 제외하면 7곳이 강남권이었습니다. 심지어 학동은 학동역 상권과 학동사거리 상권 두 곳이나 10위권 안에 이름을 올렸습니다. 종각역 주변은 2021년 일 유동 인구가 가장 많은 상권이었습니다. 점심시간 유동 인구가 많아 매출에도 영향을 끼쳤던 것입니다. 한편 강남역 남부와 북부는 각각 5위와 8위로서 성수역보다도 적었습니다.

2021년에 처음 진입한 상권은 종로5가역, 용인 처인김량장동,

광주 금남로4가역, 순천 순천역, 서울 미아삼거리역, 울산 삼산동으로 6곳이었습니다. 반대로 당곡사거리 주변, 서울역, 영등포구청역, 수원 영통 홈플러스 주변, 마포역, 총신대 주변, 경산시 중앙동등 7개 상권이 100위권 밖으로 밀려났습니다.

참고로 업종 분석도 추가해보겠습니다. SK텔레콤은 지오비전을 통해 2019년에서 2021년까지 3년 동안 한 달 1회 이상 카드 매출이 발생하는 업소를 추출, 코로나 전후의 업종 트렌드를 분석했습니다.

2021년 10월 기준 전국 약 192만 개의 매장이 영업 중이었는데 코로나19 유행 전인 2019년 10월 약 179만 개에서 7.3% 증가했다는 것을 확인할 수 있었습니다. 매년 3~4%씩 증가 추세였던 것이죠. 아무리 힘들어도 신장개업은 늘었던 것입니다. 다시 말해 자영업자 입장에서는 아무리 힘들어도 장사할 빌딩, 매장은 구해야만 했다는 뜻입니다. 결국 이것이 공실이 있더라도 빌딩 매매가는 우상향으로 나아가는 이유기도 할 것입니다.

업종별로는 희비가 엇갈렸습니다. 어린이집/유치원, 유흥주점/노래방, 대중목욕탕 등은 코로나19 직격탄을 맞았으나, 커피숍, 반려동물 관련 매장, 골프연습장 등은 업소 수가 많이 증가했습니다. 물론 임대료 연체와 공실을 걱정해야만 하는 건물주의 희비도 엇갈렸죠. 전자를 임차인으로 둔 건물주는 지난 2년여 동안 가시방석이었음을 상상할 수 있습니다.

구체적으로는 반려동물 매장은 2019년 대비 가장 증가율이 높은 업종이었습니다. 2019년 8,500개 대비 2021년 11,500개로 2년간

34%나 늘어났습니다. 지오비전 연구팀은 "코로나로 집에 머무르는 시간이 증가하면서 반려동물에 대한 수요가 급증하고, 반려견/반려동물 관련 매장 창업으로 연결된 모습이 보인다"라고 답했습니다. 반려동물을 키우는 사람들은 앞으로도 계속해서 늘어날 것이므로 해당 업종의 임차인을 적극적으로 맞이하는 것도 좋겠습니다.

커피전문점은 같은 기간 83,500개에서 10만 5,000개로 26.3% 증가하면서 증가율 2위를 차지했고, 그 뒤를 고시원, 개인/가정용품 수리, 세탁/가사서비스, 사진관, 골프연습장, 일식, 학원, 반찬/식료품 판매점이 차지했습니다. 개인/가정용품 수리(배관, 전자제품 등), 세탁/가사서비스 관련 업소가 2019년 대비 22~23% 증가한 것도 코로나19로 집에 머무르는 시간이 길어지면서 생긴 변화라고 할 수 있겠습니다. 반찬/식료품 판매점 증가도 마찬가지죠.

6위를 차지한 사진관은 1020세대가 많이 이용하는 무인 셀프 사진관입니다. 주요 상권마다 한 집 걸러 생기면서 비중이 늘었습니다. 이 업종은 '무인 아이스크림 가게'처럼 인건비를 절감할 수 있는 창업 아이템이라서 코로나19 시대에 급격히 증가했습니다.

셀프 사진관은 주로 1층에 입점하는 업종인데 1020 고객을 위해 내·외부 인테리어를 감각적으로 꾸미기 때문에 빌딩이 전체적으로 신축 같고 화려해 보이는 장점이 있습니다. 게다가 주요 소비층이 젊고 주류를 파는 식당이 아니기 때문에 주변이 깔끔하게 유지됩니다.

또 다른 특이점은 대중목욕탕, 노래방/가라오케, 유흥주점 등은 코로나19 영향으로 대면 활동이 줄면서 2년간 감소했고, 온라인쇼핑에 고객을 빼앗긴 종합소매점, 화장품 판매점 등도 감소했습니다. 2030세대의 전유물 같았던 온라인쇼핑이 코로나19 사태를 맞아 40대 이상 소비자들에게도 익숙해졌기 때문입니다.

모텔/여관/여인숙 등의 단기 숙박시설은 2년간 3.9% 줄어들었지만, 장기 숙박시설인 고시원은 25.3% 늘어났습니다. 전·월세 부담이 커지면서 수요가 늘어났다는 뜻입니다. 이처럼 빌딩 시장은 주택 시장과 연동하여 생각하는 습관이 필요합니다. 풍선효과, 낙수효과 등 많은 부분이 연관되어 있기 때문입니다.

또한 코로나19가 상권을 변화시켰던 것과 마찬가지로 포스트 코로나 시대 역시 변화가 올 것입니다. "명동이나 종로가 다시 살아나겠지"라고 예단할 문제는 아닙니다. 코로나를 통해 상권의 옥석은 가려졌습니다. 이제부터 진짜만 살아남을 것입니다. 그 지역은 과연 어디일까요?

KEY POINT

**코로나19가 가져온 변화.
그렇다면 포스트 코로나 시대의 상권 변화는?**

TIP

'O세권'의 힘
상권에 별명이 붙은 데는 다 이유가 있다

'O세권'의 대표 주자는 이제 역세권이 아닙니다. 지하철역 5분 거리라는 말이 이제는 식상할 정도로 지하철역이 많이 생겼죠. 요즘에는 뭐니 뭐니 해도 스세권입니다.

스타벅스가 입점하면서 스세권 빌딩이 되면 순식간에 핫플레이스, 랜드마크가 되면서 건물의 가치가 올라갑니다. 스타벅스가 근처에서만 있어도 주변 상권의 매출이 올라간다는 말이 있을 정도입니다. 카드를 손에 든 소비자가 온종일 모여드니 빌딩 내 다른 임차인에게도 낙수효과가 있게 됩니다.

스타벅스가 자본력이 풍부해서 목이 좋은 자리, 이미 잘나가는 지역만 골라서 입점하기 때문에 당연히 장사가 잘되는 것으로 생각하면 오산입니다. 물론 이름값이 있으므로 어느 곳에 입점해도 장사가 잘되겠지만 스타벅스는 절대 아무 곳에나 문을 열지 않습니다. 기본적으로 유동 인구가 많은 지하철역 주변, 직장인이 많은 오피스상권, 영화관 등의 공연장, 스포츠시설, 공항 등에 입점하죠.

잘 알려진 바와 같이 스타벅스는 개인이 운영하는 가맹점은 없습니다. 그러므로 영업권 보장을 위한 출점규제가 없죠. 다만 건물주가 입점 제안을 요청할 수는 있습니다. 본사에서 위와 같은 상권분석을 통해서 승인 여부를 알려주는데 입점을 거절한 이유는 알려주지 않지만, 다음과 같은 원칙은 많이 알려져 있습니다.

1. 상업지역 내의 기업체 수, 상업지역에 거주하고 일하는 사람의 소득 수준, 주택 규모, 주택 형태
2. 스타벅스 개념에 적합한 주야간의 인구 규모
3. 경쟁자의 수와 매출 규모 및 입지
4. 후보 입지와 상권의 관련성(점포 부근에서 실제 고객을 불러들이는 요소)
5. 거주자와 근로자, 쇼핑객과 단순 통행인의 통행패턴, 통행패턴이 점포에 미칠 영향

만일 스타벅스 입점이 승인된다면 총매출의 일정 비율을 수수료로 받을 수도 있고, 정액제 방식으로 월 임대료를 받을 수도 있습니다. 직영 시스템이고 5년 이상 장기계약을 하므로 건물주로서는 임대료 연체나 공실에 대한 걱정을 덜 수 있어 좋습니다.

또한 스타벅스가 입점하면 실내는 물론이고 외벽, 창문 등 내외부와 연계한 스타벅스만의 인테리어 시공이 이루어지므로 건물주는 손 안 대고 빌딩의 가치를 높이는 효과를 볼 수 있습니다.

역세권, 스세권 외에 상권의 세력권을 부를 때 사용하는 별칭이 있습니다. 도서관이 있는 도세권은 삶이 풍요로워지고, 학교가 있는 학세권에는 학원과 청소년이 많고, 맥도날드가 있는 맥세권 혹은 벅세권은 1020세대가 많고, 대형 쇼핑몰이 있는 몰세권에도 역시 2030세대와 가족 단위 유동 인구가 많고, 숲이 있는 숲세권이나 공원이 있는 공세권이라면 가족과 장년층이 많고, 대형 종합병원이 가까운 의세권은 노년층이 선호하고, 삼성 공장이 가까운 삼세권에는 직장인이 많고 값도 상대적으로 비쌉니다. 수도권과 충청권이 해당 지역이죠.

이러한 O세권을 자세하게 설명한 이유는 본인이 매입할 빌딩을 물색할 때 도움이 되기 때문입니다. 예를 들면 학세권이나 숲세권은 장기간 안정세를 유지할 상권입니다. 숲이나 학교가 갑자기 사라지거나 하나가 더 생기는 일은 거의 일어나지 않으므로 상권이 좀처럼 들썩이지 않는 것입니다.

의세권에서 빌딩을 매입할 계획이면 당연히 약국이 있는 빌딩을 선택하는 것이 좋은데, 신호등 하나 때문에도 약국마다 매출에 차이가 있으므로 사전 임장이 필요합니다. 언제 문을 닫을지 모르는 약국이 1층에 있는 빌딩은 아무래도 피하는 것이 좋겠죠.

몰세권은 기본적으로 도보로 접근하는 사람보다 차로 접근하는 가족이 많습니다. 도로상황도 체크할 필요가 있습니다.

위 스타벅스의 입점 기준 역시 빌딩을 매입할 때 도움이 되는 판단 기준입니다. 상권의 성격, 상주 및 유동 인구와 동선, 경쟁 빌딩의 시세 등을 파악하면서 매입할 물건을 물색하면 좋다는 뜻입니다. 스타벅스가 입점했거나 예정된 빌딩의 가시권 안에서 매물을 고르는 것도 단순하지만 매우 좋은 방법입니다.

수익 창출 포인트 ③: 절세

빌딩에 투자할 때 염두에 둬야 할 중요한 3요소가 있습니다. 여러 차례 설명한 '지역적 상승 요인'과 '개별적 상승 요인' 그리고 '절세와 대출'입니다.

건물주는 기본적으로 세금을 내야 합니다. 매입 시 평균 4%의 취득세, 보유하고 있는 동안 매년 0.28%의 보유세(건물과 토지에 대한 재산세, 종합부동산세), 종합소득세(임대소득에 대한 세금), 매도할 때 그 차익에 대해 10~50%의 양도소득세를 내야 하죠.

싸게 나온 매물이 있다고 덜컥 매입을 결정했는데 생각하지도 못한 세금과 부대비용 때문에 비상금까지 털어야 하는 때도 있습니다. 2년 정도 시간이 지난 후에 급하게 팔게 되었는데 시세차익이 고스란히 세금으로 사라지는 경우는 더 많습니다. "앞으로 벌고 뒤로 밑진다"라는 말은 이럴 때 쓰는 것이죠. 따라서 빌딩을 매입할 때 임대용인지 매매차익용인지, 공동으로 매입할 것인지 아닌지를 확실하게 전략을 세워야 함은 물론이고 절세할 방법도 찾아야 합니다. 세금을 덜 내면 당연히 지출이 줄어들면서 건물주의 이익이 됩니다.

재테크 중에서 세테크만큼 중요한 것이 없는데 투자자조차 제대로 절세를 활용하지 못하는 모습을 종종 보게 됩니다. 기본적인 혜택 외에도 대출, 매입, 매도의 과정에서 절세하는 방법이 분명히 있는데 "내라니까 내야지 별수가 있나"라며 대충 넘어가고 있는 것이죠. 필자의 말은 국민의 의무인 세금을 내지 말자는 뜻이 아닙니다. 내야 할 것은 내는데 알고 내고, 합법적으로 덜 내는 방법을 알자는 것입니다.

빌딩 투자는 종합부동산세에서 유리합니다. 종합부동산세는 언론에서 '종부세 폭탄'이라는 무서운 말로 많이 다루면서 익숙해진 단어인데 토지 및 주택의 소유자에게 부과하는 세금입니다. 아파트는 토지와 건물을 통합 평가한 공시가격 기준으로 종합부동산세가 부과되지만, 빌딩은 주택이 아니기 때문에 건축물이 있는 토지에 부과됩니다. 건축물에 대해서는 종합부동산세가 부과되지 않고 토지에 대해서만 부과되는 것입니다.

과세 기준이 높아서 토지의 공시지가가 80억 원이 넘는 경우에만 내면 됩니다. 대부분 꼬마빌딩은 공시가격이 20억~50억 원 사이에 형성되니 종합부동산세 부담이 사실상 없는 것이죠. 이런 이유로 지난 2021년 경실련과 정의당 심상정 의원이 1,000억 원 이상 가격으로 거래된 고가빌딩의 공시지가 시세 반영률이 평균 39%에 불과하다는 기자회견을 열기도 했습니다. 하지만 빌딩 투자자에게는 장점이기 때문에 아파트 대신 꼬마빌딩으로 눈길을 돌리기 시작한 것입니다.

또한 다주택자의 경우 중과세율이 적용되지만, 빌딩은 여러 채를 소유해도 중과세가 없습니다. 아파트 다주택자보다 빌딩 하나를 소유한 사람의 자산이 더 많겠지만 세율은 오히려 낮다는 뜻입니다.

KEY POINT

**아파트보다 빌딩 투자가
세금 측면에서 유리하다.**

취득세의 기본세율이 달라지는 경우를 주의하자

빌딩 내에 유흥주점 등의 위락시설이 있다면 취득세의 기본세율이 달라집니다. 건물 연면적에서 해당 업체가 차지하는 비율만큼 전체 취득가액에서 중과 대상 금액이 정해지죠. 일반적인 상가건물의 취득세는 지방세를 포함하여 매매가의 4.6%이지만 유흥주점이 있으면 무려 13.4%까지 됩니다.

예를 들어 전체 연면적의 절반을 유흥주점으로 사용하고 있는 빌딩을 100억 원에 매입한다면 50억 원에는 4.6%, 나머지 50억 원에는 13.4%의 취득세율이 적용되어 총 9억 원을 납부해야 하는 것이죠. 세 부담이 두 배 가까이 늘어나니 섣불리 매입하기가 쉽지 않습니다.

심지어 재산세도 중과됩니다. 일반 상가와 사무실의 재산세율인 0.25%가 아니라 유흥주점에는 4%가 적용됩니다. 이 역시 전체 건물 토지에서 유흥주점 등에 해당하는 토지 비중을 따져 부과됩니다.

기본적으로 취득세는 잔금을 다 치르고 등기를 이전하는 단계에서 부과됩니다. 대출 실행 단계이니 계약을 취소할 수 없는 상황이죠. 따라서 사전에 알아보지 않고 계약금을 지급했다가는 낭패를 보게 됩니다.

필자와 상담을 진행했던 모 투자자의 경우 논현동 소재 빌딩을 매입하기 위해 취득세를 포함해서 겨우겨우 420억 원을 준비해두었습니다. 준비를 마치고 계약 직전 법무사를 통해 취득세를 파악해보니 지하층의 유흥주점 때문에 취득세를 7억 원 이상을 더 내야 한다는 답변을 받았습니다. 알고 보니 지하에 일반음식점으로 등록한 바가 있었는데 사실은 접대부를 고용한 유흥주점이었고, 작년에 적발되어 올해부터 재산세가 중과되는데 아직 고지받지 못한 상태였던 것입니다. 결국 7억 원을 확보하지 못해서 계약을 포기했고, 이틀 후 다른 매수자가 계약했습니다.

이처럼 자신이 매입할 빌딩에 어떤 업종의 임차인이 영업하고 있는지 구체적으로 파악해야 손해를 줄일 수 있는 것입니다. 만일 자신의 빌딩에서 불법 성매매가 이루어지고 있다는 사실을 알고도 방치한다면 건물주 역시 처벌받게 됩니다.

빌딩 매입 후 5년 안에 유흥업종이 새로 들어오면 취득세가 중과된다는 점도 유의해야 합니다. 세입자가 협의 없이 마음대로 업종을 바꾸거나 단란주점 면적을 100㎡ 이상으로 변경해도 건물주가 취득세를 추가로 내야 합니다. 이런 부분을 미리 방지하기 위해 임대차계약을 할 때 계약서 문구나 특약사항으로 "임대인 동의 없이 임차목적물을 다른 용도로 사용하면 안 된다"는 문구가 있는 것입니다.

한편 중과세 금액이 만만치 않다 보니 매도자에게 세금 부담만큼 매매가를 깎아달라고 요청하거나, 유흥업소 업주와 세금 분담을 상의하면서 매입하는 예도 많이 있습니다. 유흥업소 운영에 따른 건물주의 세금 증가분을 임차인에게 전가하는 방법으로 임대차계약을 맺기도 합니다.

KEY POINT

**매입할 빌딩에
유흥업소가 있다면 주의할 것**

빌딩을 상속·증여할 때 주의할 점

최근 몇 년 사이 재산세, 종합부동산세, 양도소득세 등 주택에 관한 세금 규제가 집중되면서 아파트 증여가 늘어났습니다. 빌딩 역시 마찬가지입니다. 규제를 피해 꼬마빌딩으로 관심을 돌린 투자자가 많아지면서 빌딩을 상속이나 증여의 수단으로 사용하는 예가 많아 졌습니다.

자녀들과 공유지분으로 빌딩을 매입하는 것도 일종의 사전증여 입니다. 빌딩의 가격이 높지 않을 때 증여하는 것이 나중에 가격이 오르고 난 다음에 증여하는 것보다 증여세 절세의 효과가 있으므로 최근에 일반화되고 있습니다. 사전증여에 대한 사회적 인식이 바 뀌면서 흔히 볼 수 있는 현상이죠. 이제는 할아버지부터 손자까지

3대는 물론이고 며느리까지 함께 세테크에 뛰어드는 것이 낯선 풍경이 아닙니다.

그래도 주의할 점이 있습니다. 증여가 많아지고 있다는 현실을 파악한 정부가 2019년부터 꼬마빌딩의 상속세 및 증여세 부과에 적극적으로 나서기 시작한 것입니다. 자금의 흐름까지 면밀하게 분석하면서 관련된 분쟁도 늘어났죠. 같은 것 같지만 서로 조금씩 다른 증여세와 상속세에 대해 자세히 알아보겠습니다.

[증여와 상속의 차이]

증여란 어떠한 대가나 요구 없는 다른 사람의 권리나 재산을 이전하는 것입니다. 받는 사람이 의사표시를 하면 계약이 성립됩니다. 유산을 받는 사람이라는 뜻에서 수증자 혹은 수유자라고도 합니다.

증여는 증여자가 살아있을 때 하는 것이지만, 상속은 사망한 후 전달하는 것으로 유증(유언으로써 자기 재산의 일부를 무상으로 타인에게 주는 행위), 사인증여(증여자의 사망으로 인하여 효력이 발생하는 증여) 등에 의해 효력이 발생합니다. 고인의 재산에 대한 권리 및 의무가 예외 없이 남은 가족에게 이전됩니다. 단, 유증은 무상을 전제로 한 증여자의 단독행동이므로 수증자의 승낙이 필요치 않으며, 수증자는 유증을 포기할 수도 있습니다. 하지만 사인증여는 사망으로 인해 효력이 발생하는 것으로 생전에 미리 맺는 계약이기 때문에 수증자의 승낙이 필요합니다. 별도의 유언이 없는 경우 직계비속과 배우자가 1순위, 직계존속과 배우자가 2순위, 형제자매가 3순위, 4촌 이내 방계혈족이 4순위가 됩니다.

자기 재산을 다른 이에게 준다는 점에서 상속과 증여는 같은 의미입니다. 소득이 생긴 것이므로 이에 대한 세금을 내야 한다는 것도 같습니다. 하지만 세금을 부과하는 기준이 서로 다릅니다. 증여로 인한 자산의 취득에는 증여세가 부과되고, 사인증여에는 유증에 준하여 상속세가 부과됩니다.

증여세는 자신이 받은 몫에 대한 세금을 내는 것으로서 받는 사람의 입장이 더 중요합니다. 각자가 받은 금액에 대해서만 과세가 되는 '인별 과세'인 것입니다. 반면에 상속은 증여하는 사람, 즉 고인의 재산을 더 중요하게 봅니다. 사망자의 재산에 대해 분배가 시행되기 전, 즉 유산 전체를 과세의 대상으로 하는 재산세 성격이 강한 '재산 과세'인 것입니다. 유산세 같은 형식이죠. 두 세금 모두 불로소득이라는 점에서 고율의 누진세를 적용하고 있는데 금액이 크기 때문에 분할납부나 물납도 가능합니다.

"부모의 사망 시 자동으로 상속이 개시되는데 굳이 미리 증여받을 필요가 있을까요?"라는 질문을 많이 받습니다. 사실 멀쩡히 살아계신 부모 앞에서 사망을 언급하기가 어려운 부분이기는 하죠. 하지만 상속세가 아까운 세금이라는 인식이 있으니 절세를 위해서라면 미리 증여를 준비하는 것이 좋습니다.

앞서 설명한 것처럼 증여는 증여재산을 수증자별로 각각 나눈 뒤 나눈 재산가액을 기준으로 초과누진세율을 적용하는 '유산취득세' 방식입니다. 반면에 상속은 의사표시와 무관하게 이전되는데 전체 재산을 기준으로 초과누진세율을 적용한 후에 상속 비율에 따라 상속세를 나누어 부과하는 '유산세' 방식이 적용됩니다. 결국 증여는 재산을 받게 되는 당사자의 재산을 기준으로 초과누진세율을 적용하므로 상속보다 훨씬 더 낮은 누진세율을 적용받게 됩니다. 세금을 기준으로 본다면 상속보다 증여의 형태가 더 유리한 절세 방법입니다. 이것이 기본 원칙인데 디테일에서 차이가 있을 수 있습니다.

집마다 사람마다 가족 구성원, 부채, 재산의 가격, 공제 항목 등의 조건이 다르므로 무조건 증여가 더 유리하다고 할 수는 없습니다. 그래서 전문가와 함께 공제금액을 계산해본 다음 더 유리한 방법을 택해야 합니다.

기본적인 세금 계산법은 '(증여세 과세표준×세율)-누진 공제액'이며 국세청 홈택스나 금융기관 홈페이지 등에 모의 계산기가 있으니 간단하게나마 직접 조회해볼 수도 있습니다.

참고로 증여나 상속받았을 경우 자진신고를 해야 합니다. 증여세는 준비할 기간이 충분하다는 전제로 증여한 달의 말일을 기준으로 3개월 이내에 신고 및 납부하면 됩니다. 이와 달리 상속세는 사망한 달의 6개월 후 말일까지입니다. 자진신고를 하면 신고세액공제 혜택(증여세 3%, 상속세 5%)을 받을 수 있지만, 신고 기간을 넘기면 납부 불성실로 가산세를 받을 수 있으니 조심해야 합니다. 4년이나 지난 후에 수천만 원짜리 납부통지서를 받기도 하니 말 그대로 폭탄이나 다름없죠.

세금을 낼 때 공제되는 항목이 있습니다. 10년간의 누계 한도인데 상속세의 경우 인적 공제(자녀, 연로자, 장애인 등), 배우자 상속공제, 기초공제, 금융재산공제, 재해손실공제 등이 있는데 배우자 공제는 5억 원, 일괄공제 5억 원, 기초공제는 2억 원 등입니다. 증여세의 공제는 배우자 6억 원, 직계존속 중 성년일 경우 5,000만 원, 미성년자일 경우 2,000만 원, 직계비속은 5,000만 원, 기타 친족은 1,000만 원 등입니다. 최근 자녀증여 시 공제액을 상향해야 한다는 얘기가 나오고 있으니 공제금액의 변화에 따라 많은 부분의 변화가 있을 것으로 예상됩니다. 아래는 과세표준에 대한 구분입니다.

증여세 및 상속세 비율

과세표준	1억 원 이하	5억 원 이하	10억 원 이하	30억 원 이하	30억 원 초과
세율	10%	20%	30%	40%	50%
누진 공제액	0	1,000만 원	6,000만 원	1억 6,000만 원	4억 6,000만 원

[증여세를 줄이는 방법]

증여세를 줄이는 '합법적인 편법'으로는 부모·자식 사이에 차용증을 통한 거래가 있습니다. 쉽게 말해서 부모님께 돈을 빌리고 매달 이자를 용돈처럼 드리는 방식입니다. 은행에서 대출받았을 때 증여세를 내지 않는 것처럼 차용은 증여가 아닙니다. 단, 변호사를 통해 차용증 공증은 필수입니다.

이러한 편법 증여가 일반화되자 국세청에서 제동을 걸었습니다. 채무 사유와 채무자의 소득 등 디테일까지 파악해서 증여로 판단하는 경우가 생기기 시작한 것입니다. 그래서 확실한 방법은 첫째, 부모님에게 이자를 지급하는 것이 아니라 원금까지 분할 상환하는 원리금 상환 방식으로 하면 증여로 보기 어렵습니다.

둘째, 차용 대신 부모의 재산을 담보로 대출받는 방식입니다. 다만 무상담보 제공 증여이익에 대한 세금을 내야 합니다. 법정이자율 4.6%와 은행 대출 이자율 차이, 즉 증여이익에 대한 증여세를 부과받게 되는데 그 이익이 1,000만 원 이하라면 면제됩니다. 부모님께 돈을 빌려야 하는데 은행 이자율이 높을 때라면 차용증보다는 담보대출이 유리할 것입니다.

셋째, 차용금 일부는 증여, 일부는 차용의 방식으로 빌리는 혼합 방식을 통해 차용금을 낮추는 것입니다. 이 방식은 절세 혹은 탈세 혐의가 드러나지 않는 효과가 있죠.

넷째, 부모·자식 사이에 공제 한도가 있으므로 아들, 며느리, 손자 등에게 쪼개기 증여를 하는 것입니다. 이 방법 또한 누구에게 증여하느냐 하는 것은 증여하는 사람의 마음이기 때문에 불법은 아닙니다.

위에서 언급한 방법은 세무사 등 전문가와 상담을 통해 결정해야 합니다.

앞서 꼬마빌딩을 통한 증여와 상속에 대한 분쟁이 많아졌다고 설명했습니다. 아파트는 주변의 매매사례를 통해 시가를 알 수 있으므로 부동산 가액을 산정하는 데 크게 문제가 없지만, 토지나 빌딩은 유사한 사례를 찾기 어려우므로 공시가격을 '시가'로 판단하여 증여 부동산 가액을 산정하고 있습니다. 공시가격이나 국세청 기준시가는 보통 시세보다 60~70% 정도로 낮게 책정되기 때문에 당연히 부과되는 세액도 적습니다.

최근 현실적인 시세를 반영하는 비율이 점차 높아지고 있다고는 하지만 일반적으로 부동산 공시가격은 실제 시세보다 낮게 형성된 것이 사실입니다. 공시가격을 인정해오던 과세당국이 최근 생각을 바꾸면서 몇 가지 문제가 생기고 있습니다.

문제는 꼬마빌딩이었습니다. 대형 건물을 개인이 소유하는 예도 드물고, 당연히 증여하는 예도 드물어서 문제의 소지가 적었는데 꼬마빌딩은 개인이 보유하는 사례가 많고, 이 건물주가 증여를 선호하기 때문입니다. 토지 가격 상승을 기대하는 건물주가 빌딩을 매각하면서 양도소득세를 납부하기보다는 생전에 증여를 통해 자녀들에게 안정적인 임대소득을 확보해주려는 움직임이 많아진 것입니다.

하지만 꼬마빌딩의 매매사례를 찾기 어려워 공시가격을 기준으로 증여세를 받다 보니 아파트와 비교해 상대적으로 증여세가 덜 걷힌다는 점, 즉 조세 불균형이 야기된다는 점을 과세당국이 주목한 것입니다.

그 결과 과세당국은 몇 가지 방안을 마련했는데, 그중 하나는 증여세 신고 이후 소급 감정이 가능하게 한 것입니다. 기존에는 증여일 전 6개월부터 증여일 후 3개월까지 감정평가액이 있는 경우에 시가로 인정했습니다. 증여세 신고 기한이 증여일로부터 3개월이므로, 그때까지 감정평가액이 없으면 공시가격을 시가로 보아 증여세를 납부하면 아무 문제가 없었죠. 하지만 정부는 증여세를 신고한 뒤 6개월 이내에 감정평가액이 있는 경우에도 '시가'로 인정할 수 있도록 2019년 2월 '상속세 및 증여세법' 시행령을 개정했습니다. 기존 신고한 증여세를 증여 당사자 또는 과세당국이 수정할 수 있게 된 것입니다.

이미 부동산을 증여하고 공시가격을 기준으로 증여세를 신고한 경우라면, 증여일 기준으로 9개월이 지날 때까지 기다릴 필요가 있게 되었습니다. 만약 과세당국이 감정평가를 기준으로 증여세를 추가 과세하면 국민은 조세심판원을 거쳐 행정소송을 제기할 수 있지만 승소할 가능성은 거의 없습니다. 조세심판원과 감사원에서는 동일 사건에 대해 과세당국의 손을 들어주고 있으니까요. 조금 답답한 시행령이 아닐 수 없습니다. 증여 전에 증여재산가액이 어떻게 될 것인지를 예측해야만 증여 여부를 결정할 수 있을 텐데 조세회피의 가능성이 있다는 애매한 이유로 국민을 불편하게 만들고 있으니 말입니다.

만일 증여를 계획하고 있다면 일단 기존 방식대로 신고하거나, 두 곳 이상의 기관에서 감정평가를 받은 뒤 평균가를 기준으로 신고하거나, 1년 이상의 시차를 두고 공유지분으로 나눠서 증여함으로써 부동산 증여재산가액을 낮추는 방법 등이 있습니다. 어떤 방법을 선택할 것인지는 증여할 부동산의 규모 및 가액, 소재지, 증여 이후 운영 방안, 증여 당사자의 과거 증여 내역, 증여세 납부 방안 등을 고려하여 판단할 필요가 있으므로 세무사 등의 전문가와 상담하는 것이 좋습니다.

KEY POINT

증여세와 상속세,
방법을 알면 덜 낼 수 있다.

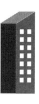

양도소득세 절세, 이것만 알아두자

[장기보유특별공제]

빌딩은 오래 소유하면 특별공제를 받을 수 있습니다. 3년 이상 보유 시 최소 6%, 10년 이상은 20%, 15년 이상은 최대 30%까지 장기보유특별공제가 가능한 것입니다. 공제액은 양도가액에서 취득가액 등의 필요경비를 제한 후 보유 및 거주기간별 공제율을 곱해서 계산합니다. 15년 이상 보유해도 30% 적용을 받는 것은 같습니다.

예를 들어 55억 5,000만 원에 빌딩을 매입했다가 3년 이상 보유한 후 80억 원에 매도했을 경우 양도차익 24억 5,000만 원에서 6%를 공제받는 것입니다. 이는 필요경비를 배제하고 계산한 것으로서 배우 한효주 씨의 실제 사례입니다.

한효주 씨는 2017년 5월, 55억 5,000만 원에 매입한 서울시 용산구 한남동 소재 지하 1층 지상 2층 규모의 건물을 2020년 11월, 80억 원에 매각했습니다. 3년여 만에 시세차익 24억 5,000만 원을 올린 셈이죠. 평당 가격이 매년 1,000만 원씩 상승했다고 볼 수 있으니 성공적인 투자입니다.

잘 알려진 것처럼 한남동은 배산임수 위치로도 유명해서 대기업 임원이나 연예인 등의 자산가가 많이 거주하는 부촌입니다. 게다가 한남2고가가 철거되고 한남더힐과 나인원한남이 들어서면서 상권이 확실하게 자리를 잡았죠.

한편 2021년까지는 '주택≥상가'인 경우 전체를 주택으로 보고 양도소득세를 계산하고, '주택<상가'인 경우 연면적으로 주택과 상가를 안분하여 양도소득세를 계산했습니다. 하지만 2022년부터는 주택과 상가 부분의 면적대로 매매금액을 나누어 양도소득세를 계산합니다. 참고로 양도소득세를 신고할 때 주택과 상가를 구분하는 기준은 실사용 용도에 따르며, 법인은 장기보유특별공제 대상이 아닙니다.

[공동 매입의 혜택]

아래는 공유지분으로 매입하여 5년 보유 후 양도차익 10억으로 매도했을 때 소유주가 1명, 2명, 4명일 때 양도세 차이에 대해서 계산한 표입니다. 공유로 매입하면 기본적으로 지분별로 임대 수입이 나뉘기 때문에 소득금액이 적어지고, 임대소득은 종합소득세 신고에 포함되기 때문에 다른 소득이 있을 때는 누진세율이 적용되어 최고 42%의 고세율이 적용됩니다.

반대로 소득이 낮거나 없는 공유자는 낮은 세율을 적용받기 때문에 어느 정도는 절세를 할 수 있죠. 특히 양도차익이 지분대로 나뉘어 소득금액이 분산되는 효과가 있으므로 매각할 때 양도소득세에서 낮은 세율을 적용받게 됩니다. 즉, 공유자가 많으면 많을수록 유리합니다.

소유자 수에 따른 양도세 차이

구분		단독명의	2인 공동명의			4인 공동명의				
			50%	50%	소계	25%	25%	25%	25%	소계
양도차익		100,000	50,000	50,000		25,000	25,000	25,000	25,000	
장특공 (5년: 10%)	−	10,000	5,000	5,000		2,500	2,500	2,500	2,500	
양도소득금액	=	90,000	45,000	45,000		22,500	22,500	22,500	22,500	
양도소득기본공제		250	250	250		250	250	250	250	
과세표준		89,750	44,750	44,750		22,250	22,250	22,250	22,250	
최고 세율		42%	40%	40%		38%	38%	38%	38%	
양도소득세		34,155	15,360	15,360	30,720	6,515	6,515	6,515	6,515	26,060
지방소득세		3,416	1,536	1,536	3,072	652	652	652	652	2,608
세액합계		37,571	16,896	16,896	33,792	7,167	7,167	7,167	7,167	28,668
단독명의 때 양도세 납부액과의 차액					−3,779					− 8,903

만일 양도차익이 10억 원이라고 하면 단독명의일 때는 3억 7,571만 원을 내야 합니다. 부부 2인이 공동명의로 가지고 있다면 각각 5억 원의 양도차익을 본 것으로 계산하여 각각 1억 6,896만 원씩 납부하면 되므로 3,779만 원의 절세 효과가 있습니다. 자녀까지 넣어서 4인 공동명의로 매입했다면 2억 8,668만 원을 납부하면서 결과적으로 8,903만 원을 아낄 수 있게 됩니다. 이처럼 명의를 쪼개면 종합소득도 절세할 수 있습니다.

매입 시점이 아닌 나중에 지분을 증여의 형식으로 이전하게 되면 증여 신고 금액에 따라 양도세와 증여세가 발생할 수 있습니다. 당연히 취득세도 내야 하죠. 그래서 매입단계부터 지분비율을 정리해두는 것이 좋다는 것이고, 또 그래서 "어차피 물려줄 거면 일찍 주는 것이 낫다"라는 말이 나오는 것입니다.

KEY POINT

**양도소득세,
방법을 알면 덜 낼 수 있다.**

법인 명의 매입은 추세가 아니라 대세

법인으로 빌딩을 매입하면 우선 대출이 쉽고, 이자도 개인보다 낮습니다. 개인으로 합산할 때 주택 수에도 포함되지 않습니다. 무엇보다 양도소득세, 종합부동산세 등의 세금을 아낄 수 있습니다.

최근엔 유한회사 명의로 빌딩을 매입하는 연예인도 많아지고 있습니다. 비와 김태희 부부가 대표적인 예입니다.

[사옥에 투자해야 남는 장사]

법인회사 대표라면 대부분 자기 사옥을 짓고 맘 편히 회사를 운영하고 싶은 마음이 있죠. 1층에는 예쁜 카페나 편의점에 임대를 하고, 공실률이 높은 상층부를 사무실로 사용하는 그림을 그리죠. 전세가 아니라 내 집에서 살고 싶은 게 인지상정입니다. 이것은 단순히 그려보는 몽상이 아닙니다. 실제로 그렇게 하는 것이 이익이고, 어려운 일이 아니기 때문에 권하는 편입니다. 은행 역시 법인 고객을 유치하기 위해 좋은 조건의 대출을 내놓고 있는 상황입니다.

기업마다 차이는 있겠지만 당장은 자금에 여유가 있더라도 몇 년 후를 예상하기 어려운 경우가 많죠. 특히 연예인이 대표로 있는 매니지먼트 회사나 아이돌이 주축인 엔터테인먼트 회사는 소속 연예인의 인기가 좋을 때는 자금이 잘 회전하지만, 업종의 특성상 갑자기 심각한 상황에 빠지기도 합니다. 그래서 자금 상황이 괜찮을 때 법인 명의로 사옥을 매입해두는, 일종의 노후대책을 세웁니다.

이 경우 온전하게 빌딩 전체를 제어할 수 있어서 연예인의 프라이버시를 보호한다는 장점이 있습니다. 등기사항전부증명서에 이름이 명시되지 않는다는 장점도 있습니다(등기사항전부증명서는 등기부등본이라는 이름으로 더 익숙하지만, 지금은 공식적으로 변경되었습니다). 법인의 빌딩 매입 사례를 분석해보겠습니다.

사업이 번창하면 임대로 사용하는 공간이 협소해져서 이전이나 확장이 필요한 경우가 발생하곤 합니다. 하지만 규모를 넓혀 이전하면 임대료가 그만큼 상승하고, 확장에 따른 인테리어 비용도 만만치 않기 때문에 아예 빌딩 전체를 매입하는 것입니다. 실물자산을 보유함으로써 임대료 비용도 아끼고 향후 매각차익도 기대할 수 있는 장점이 있습니다. 빌딩을 회사의 성격에 맞게 리모델링해 브랜드 가치를 높일 수도 있죠.

전체를 사용할 정도로 회사의 규모가 크지 않다면 일부만 사용하고 남는 공간은 세를 놓아 임대료를 받는 방식도 있습니다. 당장의 회사 자금이 지출되지 않는 것은 물론이고 임차인의 임대료까지 들어오기 때문에 자금 회전에 도움이 됩니다. 고정지출로 잡히던 임대료가 거꾸로 고정수익이 되는 것입니다.

다달이 지출하는 사무실 임대료는 결국 사라지는 비용입니다. 하지만 대출을 통해서라도 빌딩을 보유하게 되면 이자보다 임대수익이 더 많으므로 고려해볼 만한 투자라고 할 수 있습니다.

자금에 여유가 있다면 직접 사용하지 않고 온전히 임대수익만을 위한 투자로 빌딩을 매입하기도 합니다. 이 경우 임대수익에 장점이 있는 빌딩 위주로 매입하는 것이 좋습니다.

보통 법인 매수자는 직접 사용하는 것을 목적으로 100억 원 전후의 빌딩을 매입하는 경우가 대부분입니다. 실사용 용도라고 하더라도 재테크로서의 가치가 있어야 하므로 물가상승에 따른 화폐가치의 하락에 대한 보완책으로 실물자산인 빌딩을 매입하는 것입니다.

만일 물가가 1년에 3% 정도 상승한다고 가정한다면 지금 100억 원에 살 수 있는 빌딩을 내년에는 103억 원에 사야 한다는 계산이 나옵니다. 1년이 지나면 다시 3억 원 이상을 더 주고 사야만 하죠. 따라서 사옥에 대한 계획이 있다면 때를 기다리기보다는 과감하게 결정할 필요도 있습니다. 결정을 미루면 미룰수록 임대료는 계속해서 지출되게 마련이니까요. 언제나 투자의 적기는 '바로 지금!'입니다.

비근한 예로 의대 선후배끼리 신규로 법인을 설립한 뒤 빌딩을 매입하여 모두 임차인으로 들어가는 방식도 흔해지고 있습니다. 임차인 겸 건물주가 되는 것이죠. 이때 신규로 설립하는 법인의 주주를 같이 매입하는 선후배로 구성하게 됩니다. 공동투자의 개념이죠. 4명이 같이 매입한다고 했을 때 1인당 5억 원씩 투자하면 법인의 자금은 20억 원이 됩니다. 80억 원을 대출받으면 좋은 위치에 100억 원짜리 빌딩을 매입할 수 있는 자금이 되는 것입니다.

이 경우 임대료를 건물주인 신규 법인에 내게 됩니다. 당연히 법인은 임대 수입이 발생하겠지만 그 수입도 따지고 보면 본인들의 돈입니다.

자금 회전 같은 눈에 보이는 금전적 이익 외에도 지역의 대표적인 병원 빌딩이 되면 브랜드 가치 상승이라는 눈에 보이지 않는 이익도 챙길 수 있습니다. 물론 지가 상승에 따른 시세차익도 기대할 수 있으니 꼭 검토해볼 가치가 있는 투자방식이라 하겠습니다.

법인이 임대사업을 하기 위해 실무적으로 준비해야 할 사항은 법인 목적에 부동산임대업 추가 등기, 취득한 부동산에 대한 지점 설치 등기, 사업자등록증 발급 등이 있는데 그리 복잡하지 않으니 차근차근 준비하면 됩니다.

KEY POINT

법인이라면 사옥에 투자하라

법인 명의로 매입할 때 체크할 세금 포인트

[설립 5년 이하라면 취득세 중과]

법인 명의로 빌딩을 매입하는 추세가 일반화되고 있는 가운데 세금과 관련하여 주의할 점을 알아보겠습니다. 아는 만큼 돈을 아낄 수 있으니 알아야 합니다.

빌딩을 매입할 때 발생하는 취득세는 법인이나 개인이나 모두 4.6%입니다. 하지만 법인의 경우 취득세가 중과되는 경우가 있습니다. 수도권 과밀억제권역 내에 사업장을 둔 법인이 5년 이내에 수도권 과밀억제권역 내 부동산을 취득하면 취득세 9.4%로 중과되는 것입니다. 중과되는 금액은 취득세 기준세율 2%의 세 배인데 기타 부가세까지 계산하면 전체 9.8%가 됩니다. 일반세율의 두 배 이상이죠.

과밀억제권역이란 인구 및 산업이 과도하게 집중되었거나 집중될 우려가 있는 지역으로서 이곳으로의 이전을 규제하여 인구 및 산업의 집중을 억제하는 정부 정책입니다. 투기 세력을 일차적으로 차단하기 위한 법적 조치의 의미로서 5년의 제한을 둡니다.

5년을 기다릴 수 없다면 김포시, 안산시, 파주시, 화성시처럼 과밀억제권역 밖의 지역에 법인을 설립한 다음 과밀억제권역에 있는 부동산을 취득하는 방법도 있습니다. 직접 사용하지 않고 임대수익을 목적으로 취득한다면 취득세는 따로 중과되지 않습니다. 다만 직접 사용하는 부분이 있다면 이에 대해서는 취득세가 중과됩니다.

예를 들면 연면적 1,650㎡(500평)의 빌딩을 50억 원에 매입한 후 660㎡(200평), 즉 40%를 사용한다면 매입금액 50억의 40%에 해당하는 20억 원은 취득세를 9.4%를 내야 합니다.

이렇게 사옥으로 사용해야 하는 법인 같은 경우는 5년을 기다리는 일도 있는데 이 기다림이 득보다는 오히려 실이 되는 때도 있습니다. 필자가 중개한 사례 중에 취득세 중과를 피해 2년을 더 기다리기를 결심한 3년 차 법인이 있었습니다. 하지만 5년이 지나고 보니 매입하고 싶던 빌딩의 가격이 너무 올라서 결국 매입을 철회하고 말았습니다.

빌딩 가격이 1년에 5% 오른다고 가정하면 중과 세금이나 가격 인상분이나 결국 비슷해집니다. 매입 원가에 차이가 없어지는 것이죠. 따라서 가격이 상승할 것을 예상하고 매입한다면 취득세 중과와 상승한 이후의 예상 가격을 잘 비교해서 판단해야 할 것입니다. 확신이 있다면 5년까지 기다릴 필요가 없는 것이죠. 어느 정도 자금에 여유가 있다면 바로 지금 추진하는 것이 유리하다고 판단됩니다.

[건축물의 용도]

법인이 직접 사용하는 경우 건축물의 용도를 확인해야 합니다. 업종의 특성상 교육 연구시설로 된 빌딩을 매입하려는 회사도 있는데 향후 사무실이나 근생시설로 변경을 추진하려다가 주차 문제 때문에 변경이 안 되는 때가 많습니다.

교육 연구시설의 법정 주차대수는 200㎡(60평)당 1대이지만, 근생시설의 법정 주차대수는 134㎡(40평)당 1대이기 때문입니다. 예를 들어 연면적 793㎡(240평)인 빌딩의 전 층이 교육 연구시설이라면 법정 주차대수는 4대(240평/60평=4대)만 있으면 됩니다. 하지만 근생시설로 변경하려면 6대(240평/40평=6대)가 필요합니다. 이 규정을 충족하지 못하면 근생시설로의 용도변경이 불허되는 것입니다.

자주식 주차공간을 기계식으로 변경하면서 주차대수를 늘리거나 별도의 부설주차장 용지를 매입하여 주차대수를 늘리면 된다고 안이하게 생각하는 경우가 적지 않은데 추가 비용이 만만치 않습니다. 또한 교육 연구시설은 다른 용도에 비해 담보대출 비율이 낮아서 은행의 대출을 확인해가면서 매입을 추진하는 것이 좋습니다.

[법인의 세금 포인트]

개인과 법인의 세금 비교

	개인사업자	법인사업자(주식회사)
자금 성격	개인자금	법인자금
의사결정	본인 마음 대로 / 공유 지분율 대로	주주총회, 이사회 통해서 결정(주주의 주식비율 중요)
증여 관점	증여 가능(부담부증여)	증여 안 됨(배임, 횡령으로 형사처벌)
세무 관점	다양한 방법으로 절세 가능	배당소득세(15.4%), 급여소득(4대보험)
소득세, 양도세	종합소득세(6~45%)	법인세(2억 이하 10% / 2억 초과~200억 이하 20%)
장특공	적용 가능(3년부터~15년 30% 공제)	적용 제외
추천 예시	1) 빌딩 장기 보유 시 좋음 2) 대출을 적게 받아도 된다면 3) 향후 증여할 계획이 있다면	1) 빌딩 단기 보유 시 좋음 2) 대출을 많이 받아야 한다면 3) 법인의 주주가 가족들로 구성되어 있다면

부담부 증여: 담보권이 설정된 재산을 증여하면서 그에 따른 채무도 함께 넘기는 것 | 증여자(채무 양도: 양도세) / 수증자(증여가액 – 채무액: 증여세)

　　재산세는 개인이 법인이나 같습니다. 소득세의 경우 개인 임대
사업자는 종합소득세 납부 대상인데 종합소득은 임대소득, 이자소
득, 배당소득, 사업소득, 근로소득, 기타소득 등이 합산되어 누진세
율을 적용받습니다. 개인의 소득이 높다면 적용되는 세율도 당연
히 높습니다.

　　법인은 법인세를 내는데 과세표준액이 2억 원 이상이면 20%,
2억 원 미만이면 10%의 법인세를 납부하게 됩니다. 만일 매매가
30억~50억 원 수준의 통상적인 빌딩을 매입한다면 1년간 과세표준
액은 2억 원 미만으로 세율은 대부분 10% 구간에 해당할 것입니다.

법인세 비율

과세표준	2억 원 이하	2억 원 초과 2백억 원 이하	2백억 원 초과 3천억 원 이하	3천억 원 초과
세율	10%	20%	22%	25%
누진 공제액	0	2,000만 원	4억 2,000만 원	94억 2,000만 원

임대수익에 대한 세금 문제도 따져봐야 합니다. 소득세 구간만 보면 법인이 개인보다 유리합니다. 그렇지만 엄밀히 말하면 그 소득은 법인 자금이지 개인 자금이 아닙니다. 그냥 내 돈처럼 사용하면 횡령이 됩니다. 따라서 임대수익을 개인의 소득으로 전환하려면 법인세를 낸 후에 다시 배당 소득세를 납부하면서 주주 배당을 받아야 합니다. 법인세, 배당소득세 등 두 번의 세금을 납부한 후에야 개인 돈이 되는 것이죠.

빌딩을 매각할 때 개인은 양도소득세를 냅니다. 양도차익에 따라 세율은 다르고 장기보유특별공제를 받아도 통상 양도차익의 35% 전후를 냅니다. 하지만 법인은 양도소득세가 아닌 법인세를 냅니다. 적용 세율도 소득세처럼 개인과 법인이 다르죠. 절반 수준입니다. 다만 양도소득세를 계산할 때 개인사업자는 3년 이상 보유시 장기보유특별공제 혜택을 받을 수 있지만, 법인은 적용 대상이 아닙니다. 대출을 더 받는다는 측면에서는 법인이 유리하지만, 보유나 양도까지 고려한다면 꼼꼼한 판단이 필요합니다. 다시 말해 빌딩을 단기 보유할 때는 개인보다 법인이, 장기 보유할 계획이라면 법인보다 개인이 더 유리하다고 할 수 있습니다.

[필요경비 반영을 통한 절세]

부동산임대소득에 대한 세금 신고는 추계신고와 장부신고가 있습니다. 추계신고란 소득이 적은 영세사업자를 위해 장부를 작성하지 않고 일정 경비율을 적용하여 세금을 계산하는 방법입니다. 하지만 추계는 영세사업자만 가능하고 부동산임대업의 경우 추계를 적용하더라도 인정되는 경비율이 낮아 세금이 많이 나오는 경우가 보통입니다.

따라서 실제 사용한 여러 경비를 인정받을 수 있는 장부신고를 하는 것이 유리합니다. 장부신고 시 원칙적으로 사업과 관련된 경비만 필요경비로 인정되지만, 그 기준이 꽤 엄격하게 적용되는 편입니다.

필요경비란 임대업을 영위하려면 임대이익을 얻기 위해 직접 소비된 지출이 있을 수밖에 없는데 이 중 매출에서 제할 수 있는 경비로 인정해주는 항목입니다. 이를 인정받으면 과세표준액을 낮출 수 있어서 세금을 덜 낼 수 있습니다. 필요경비 항목을 살펴보겠습니다.

건물 감가상각비

임대용 건물은 시간이 지나면 노후화되기 때문에 감가상각을 인정받을 수 있습니다. 감가상각비란 토지를 제외한 고정 유형 자산이 시간이 지남에 따라 가치가 감소하는 것을 회계에 반영하는 것을 뜻합니다. 취득한 자산의 취득원가를 자산의 사용기간에 걸쳐 비용으로 배분하는 것이죠.

건물은 감가상각되는 금액에 따라 비용처리가 가능한데 계산법은 정액법과 정률법 두 가지가 있습니다. 정액법은 (취득원가 - 잔존가치)/내용연수로 계산하고, 정률법은 $\sqrt[\text{내용연수}]{\dfrac{\text{잔존가치}}{\text{취득원가}}}$ 으로 계산합니다. 정액법은 1년에 일정한 금액만큼 자산이 손실되었다고 보는 것이고, 정률법은 1년에 일정한 비율만큼 자산이 손실되었다고 보는 것입니다. 잔존가치는 내용연수의 종료시점까지 사용하였을 때 남아있을 것으로 추정하는 가치이며 내용연수는 자산을 이용할 수 있는 기간을 뜻합니다.

건물은 보통 정액법을 적용하여 계산하는 경우가 많습니다. 정액법에 따른 감가상각비를 예를 들어 계산하면 임대용 토지와 건물을 20억에 매입하였고, 이 중 건물 가격이 6억 원, 내용연수는 30년이라면 감가상각비로 처리할 수 있는 한도는 최대 2,000만 원이 됩니다. 세법에서는 감가상각비에 대해 한도만 정할 뿐 얼마를 비용으로 처리할지는 납세자가 결정하는 임의상각제도를 택하고 있습니다. 한도인 2,000만 원 내에서 경비처리를 얼마로 하든 상관없다는 뜻입니다.

단, 감가상각비 비용처리 시 감가상각비만큼 취득가액이 감소한다는 점을 이해해야 합니다. 기존 건물가액을 낮추는 효과가 있으므로 다음과 같은 장단점이 있습니다. 첫째, 건물 감가상각비로 손실된 금액을 필요경비로 종합소득세 계산 시 차감한다는 것입니다. 따라서 과세표준액이 낮아지면서 종합소득세가 감소합니다. 둘째, 손실된 금액만큼 취득가액이 낮아지면서 양도차익이 더 커진다는 점입니다. 따라서 양도소득세가 증가합니다.

결론적으로 종합소득세와 양도소득세의 금액을 고려하여 감가상각 여부를 결정해야 합니다. 감가상각하지 않은 금액은 추후 감가상각할 수 있으므로 해당 연도의 소득세 금액에 따라 감가상각액을 결정하는 것이 현명합니다. 일률적으로 정의하기 어려운 만큼 이런 부분은 담당 세무사와 꼭 논의하는 것이 좋습니다.

인건비

임대업을 위해 고용한 청소부, 관리인 등에게 지급하는 급여, 상여금, 퇴직금 등은 필요경비로 인정됩니다. 사업주 본인과 종업원에 대한 건강보험료, 국민연금, 산재보험료, 고용보험료는 비용처리 대상입니다. 단, 법인이 아닌 개인사업의 경우 사업주 본인의 급여는 경비처리가 되지 않습니다. 가족을 고용해도 실제로 근무하면 비용처리가 가능합니다.

이자

임대용 부동산을 취득하기 위해 소요된 대출금의 이자도 비용처리 항목입니다. 만일 동업자가 있다면 동업계약서가 필요합니다. 매입 후 추가로 받은 대출은 운용할 용도의 대출로 보기 때문에 해당분에 대한 이자는 비용처리에서 제외됩니다.

퇴거하는 임차인의 임대보증금을 반환하기 위해 담보대출을 받은 경우도 가능합니다. 단 임차인에게 이사비용을 지급했다면 이는 해당하지 않지만, 임차인의 명도에 들어간 비용은 인정됩니다.

제세공과금

부동산임대 물건의 재산세, 종합부동산세, 도로 사용료, 교통유발부담금 등은 비용처리 가능하지만, 벌금이나 과태료 등은 불가능합니다. 빌딩에 가입한 화재보험료 등은 비용처리 가능합니다.

전기요금, 수도요금, 도시가스비 등의 공과금을 건물주가 부담할 때는 비용처리가 가능합니다.

수선비

임대업 영위를 위해 빌딩을 수선하려면 돈이 드는데 이 지출은 크게 두 가지로 나뉩니다. 우선 빌딩을 수리하거나 능률을 유지하기 위한 지출을 수익적 지출이라고 하여 비용에 계상됩니다. 예를 들면 인테리어 공사, 난방시설 수리, 누수 공사, 옥상 우레탄 공사, 도배, 조명 교체 등입니다. 이에 드는 비용은 지출한 연도에 임대 수입과 대응하여 비용처리가 됩니다. 종합소득세 신고할 때 필요경비로 인정받는 것입니다.

한편 빌딩의 가치를 증가시키기 위한 지출은 자본적 지출이라고 하여 자산에 계상됩니다. 예를 들면 리모델링, 난방시설 교체, 시스템에어컨 설치, 발코니 확장 등입니다. 이에 드는 비용은 나중에 양도소득세를 계산할 때 취득가액으로 인정받아 비용처리가 됩니다.

참고로 용도변경을 위해 지출한 비용은 자본적 지출에 속해 임대사업의 필요경비가 아니므로 양도소득세 계산 시 필요경비로 처리됩니다.

한편 개인과 법인은 필요경비 인정에서도 차이점이 있습니다. 개인의 부동산은 개조, 엘리베이터, 피난 시설, 냉난방 설치 등 개량·확장·증설하는 비용만 인정됩니다. 도색 공사, 화장실 공사, 타일 공사, 조명 공사 등 원상회복·환경개선 공사는 비용으로 인정되지 않습니다.

하지만 법인의 부동산은 개인처럼 장기보유특별공제가 없는 대신 수선비 같은 유지비용을 수익적 지출로 보아 경비로 인정받을 수 있습니다.

지급수수료

임대차계약과 관련한 중개수수료, 세무사 기장 수수료 등은 가능합니다. 빌딩 관리 전문회사에 지급하는 용역비도 가능합니다. 매각할 때의 중개수수료는 양도소득세 신고 시 경비처리가 가능합니다.

차량 유지비

사업용 차량과 관련하여 지출한 유류비, 보험료, 수리비 등 차량 관련 유지비용은 경비처리가 가능합니다. 그러나 사업용이 아닌 개인적 용도로 사용한 것으로 밝혀지면 문제가 될 수도 있습니다.

기타

임차인을 모집하기 위해 신문에 광고하거나 현수막 및 전단을 제작했다면 이 역시 사업을 위한 것이므로 가능합니다.

교회 기부금의 경우 소득금액의 10% 한도 내에서 비용처리가 가능합니다.

업무를 위해 중개인과 식사했다면 접대비로 인정받고, 직원들과 회식했다면 복리후생비로 비용처리가 가능합니다.

KEY POINT

**필요경비는
절세할 때도 필요**

투자 사례 분석

140억 원에 매입해서 203억 원에 매도한 투자자가 법인이라면?

아래 그림처럼 매입 주체가 누군가에 따라서 세금이 천차만별입니다. 먼저 공통사항입니다. 132억 원에 매물로 나온 빌딩인데 취득세, 중개수수료 등을 포함하여 취득원가는 140억 원입니다. 7년 정도 보유하다가 203억 원에 매각했습니다. 양도차익이 63억 원 발생했습니다.

개인과 법인의 양도세 차이

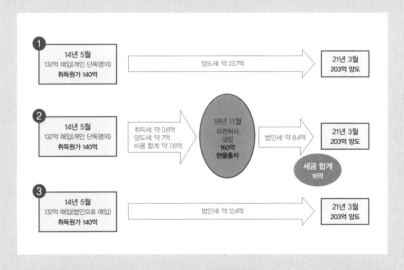

이 경우 개인 단독명의❶로 매입했다면 양도세가 23억 7,000만 원이지만 법인 명의❸로 매입했다면 법인세가 12억 4,000만 원에

불과합니다. 양도하면서 부담하는 세액이 거의 두 배 차이가 나는 겁니다.

만약 개인으로 매입한 매수자가 중간에 법인을 설립한 후 빌딩을 법인에 적당한 가격으로 현물로 출자한다고 가정하고 양도세 및 법인세를 계산한 것이 사례 ❷입니다. 4년을 보유하고 법인에 빌딩을 160억 원으로 현물로 출자하였습니다. 이때 개인이 낸 양도세와 법인이 낸 취득세를 합친 총 세금은 대략 7억 6,000만 원이고, 3년을 더 보유한 후 2021년 3월에 203억 원에 매각하면서 8억 4,000만 원의 법인세를 내게 됩니다.

법인 명의만큼은 아니지만 총 세금이 16억 원에 그쳤으니 많이 절세한 편입니다. 이름을 밝히긴 어렵지만 이름을 대면 누구나 아는 유명인의 실제 사례입니다.

참고로 유한회사는 출자자의 출자금액에 비례하여 권리 의무를 행사한다는 점은 주식회사와 비슷하지만, 주식회사는 주주가 주인이라면 유한회사는 사원이 주인이라는 차이가 있습니다. 유한회사는 주식회사에 비해 새로운 주주나 출자자 등의 새로운 인원 유입이나 기존 인원의 유출이 어렵습니다. 주식회사보다 폐쇄적이죠. 그런 의미에서 조금 더 개인회사의 성격이 강합니다. 양도차익에 대한 법인의 절세 효과는 그대로 누리면서 입출금이 자유롭다는 장점이 있습니다.

지난 2021년 배우 비, 김태희 부부가 강남역 인근 빌딩을 920억 원에 매입하면서 화제가 된 바 있습니다. 연예인 부동산 1위가 되었는데 지분은 비가 10분의 6, 나머지는 김태희가 대표로 있는 프레스티지투에셋 유한회사 갖고 있습니다. 이 빌딩은 지하 2층 지상 8층 규모로 대지 147평에 연면적 900평 정도인데 건물을 매입하면서 약 450억 원을 대출받은 것으로 알려졌습니다. 현재 피부과와 한의원, 금은방, 카페 등이 입주해 있는데 임차보증금 33억 원에 월임대료와 관리비가 2억 원이 넘을 것으로 추산됩니다.

특이한 것은 소유권을 신탁사에 넘기면서 신탁보수를 지급하는 부동산담보 신탁계약을 했다는 것입니다. 부동산대책이 쏟아져 나온 2018년 하반기부터 공시지가 인상으로 재산세, 종부세 부담이 커지면서 최근 신탁사에 부동산을 신탁하는 개인 자산가가 크게 늘었습니다.

신탁사에 신탁하면 소유권이 신탁사로 이전되기 때문에 개인별로 부동산의 공시지가를 합산하여 납부하는 종부세에서 해당 부동산이 제외됩니다. 납세의 의무가 신탁사에 있으므로 절세의 효과가 있고, 발급받은 신탁증서를 은행에 담보로 맡기면 다주택자도 쉽게 대출받을 수 있습니다. 단, 신탁사에 수수료를 내야 하므로 득실을 따져보고 판단해야 합니다.

한편 이 빌딩을 매각한 사람은 선물옵션 시장에서 유명한 슈퍼 개미로서 2011년 620억 원에 매입했던 것으로 알려졌습니다.

수익 창출 포인트 ④: 대출의 레버리지 효과

[대출은 빚이 아니라 이익]

내 눈높이와 주머니 사정은 같을 수가 없습니다. 내가 사고 싶은 빌딩은 늘 비싼 법입니다. 사람 욕심이 그렇죠. 그 부족한 부분을 채워주는 것이 은행 대출입니다. 마음에 드는 빌딩이 있는데 자금이 부족하다고 포기할 것이 아니라 부족한 부분을 채워가면서 매입하면 되는 것입니다. 신용카드로 상품을 구매하는 것도, 3개월 할부로 구매하는 것도 결국은 미리 빚을 내서 구매하는 것이죠. 그걸 유도하는 것이 카드사인데 빌딩 담보대출도 크게 다르지 않습니다. 은행이 저금리를 내세워 투자자 유치에 적극적으로 나서고 있는 현실입니다.

특히 2000년도 이후 금리가 하락하자 정보력이 뛰어난 사람들이 은행 대출을 이용해 오피스텔, 아파트, 꼬마빌딩 매입에 나섰습니다. 그 이전에는 대출받으면 큰일이라도 나는 줄 아는 사람이 많았지만 2000년도 이후부터는 대출 없이 내 돈으로 건물을 사면 바보라는 말이 있을 정도였습니다.

그래도 여전히 "대출이 결국 빚을 지는 것이고, 아까운 이자가 나가는 것 아니냐?"며 대출을 꺼리는 보수적인 투자자들이 있는데 그럴 필요가 없습니다. 일단 배에 타야 뱃멀미라도 하지 않겠습니까? 배를 타려면 승선표를 사야 하는데 자금이 부족하다면 대출받아서라도 표를 사라는 뜻입니다. 그래야 항해를 시작할 수 있으니까요.

금리가 낮을 때 유리한 조건으로 은행 대출을 받은 다음 고수익이 나오는 빌딩을 매입하는 것, 다시 말해 적은 돈으로 빌딩을 소유함과 동시에 투자금 대비 수익률을 높이는 방식을 레버리지 효과라고 합니다. 지렛대를 이용하면 목표를 달성하기에 효과적이라는 뜻에서 지렛대 효과라고도 부릅니다.

레버리지의 기본 전략은 자기자본으로만 매입하지 말고 대출의 비중을 높여서 더 크고 좋은 빌딩을 매입하는 것입니다. 보유한 자금에 여유가 있더라도 대출 없이 빌딩을 매입하는 것은 현명하지 못한 투자법입니다. 대출은 대출대로 받고 여유자금을 조성해서 다른 곳에 투자하는 것이 결과적으로 이득입니다. 내 돈을 아끼자는 단순한 차원이 아니라 수익적인 부분을 따져도 그렇습니다. 표를 통해 설명을 이어 나가도록 하겠습니다.

저금리를 이용한 임대수익에 대한 레버리지 효과

1. 투입 금액 내역
(단위: 원)

내용		금액				비고	
		본인 자금 100%	본인 자금 70%	본인 자금 50%	본인 자금 30%		
① 매매금액		5,700,000,000	5,700,000,000	5,700,000,000	5,700,000,000		
② 취득세	+	262,200,000	262,200,000	262,200,000	262,200,000	취득세	4.6%
③ 등기비용	+	11,400,000	11,400,000	11,400,000	11,400,000	채권할인, 법무사 수수료 포함 (채권할인율에 따라 변동될 수 있음)	0.2%
④ 중개수수료	+	51,300,000	51,300,000	51,300,000	51,300,000	부가세 별도(협의가능)	0.9%
⑤ 보증금	−	420,000,000	420,000,000	420,000,000	420,000,000		
⑥ 대출금액	−		1,700,000,000	2,800,000,000	4,000,000,000		
⑦ 투입금액	=	5,604,900,000	3,904,900,000	2,804,900,000	1,604,900,000	①+②+③+④−⑤−⑥	

2. 임대료 및 지출 내역

⑧ 임대료+관리비(월)		26,000,000	26,000,000	26,000,000	26,000,000		
⑨ 관리비 지출		1,500,000	1,500,000	1,500,000	1,500,000		
⑩ 월 이자		−	4,320,833	7,116,667	10,166,667	연 이율	3.05%
⑪ 월 수익금	=	24,500,000	20,179,167	17,383,333	14,333,333	⑧−⑨−⑩	

3. 정리(연수익율)

⑫ 인수금액	5,604,900,000	3,904,900,000	2,804,900,000	1,604,900,000		
⑬ 순월수입	24,500,000	20,179,167	17,383,333	14,333,333		
⑭ 연수익율	5.25%	6.20%	7.44%	10.72%	⑬×12/⑫×100	

　　우선 부동산담보대출을 요약하겠습니다. 대출금액은 감정가를 기준으로 책정되는데 '감정가는 매매가의 80%, 담보대출은 감정가의 80%'라고 가정하면 계산이 쉽습니다. '담보대출금−보증금+신용대출'을 통해 법인이라면 매매가격의 70~80%까지 대출이 가능하고, 개인이라면 50~60% 정도 가능합니다. 개인이 적은 이유는 RTI 적용을 받아서 그렇습니다. 신규 법인은 체크할 신용도라는 것이 없으므로 대표자의 신용도를 조사하여 대체하기도 합니다.

　　위 표는 대출금리가 3.05%인 상태에서 57억 원짜리 빌딩을 살 때 대출을 어떻게 받는 것이 유리한지 파악할 수 있는 분석표입니다.

　　모든 상황이 정(+)의 레버리지 효과를 나타내는데 ⑭번 항목인

연수익률을 보면 본인 자금을 30% 투입하고 대출을 70% 받는 것이 수익률 면에서 가장 이득이라는 것을 알 수 있습니다. 전액 본인 자금으로 매입하는 것보다 두 배 이상의 수익률을 보이고 있으니 고민할 필요가 없죠. 당연히 대출받아야 합니다.

위의 경우는 동일한 빌딩을 예로 든 것이지만 대출을 통해 더 비싼 빌딩을 사는 경우도 투자자에게 이익입니다. 예를 들면 순수하게 본인의 자금으로 20억 원짜리 빌딩을 매입한 A는 연수익률 4%로 계산했을 때 임대수익이 약 660만 원 정도입니다. 하지만 동일한 자기 자본금을 가진 상태에서 매입가의 60% 정도를 대출로 충당하면서 과감하게 50억 원짜리 빌딩을 매입한 투자자 B의 임대수익은 약 1,660만 원 정도가 됩니다.

대출이자 때문에 수익이 감소한다고 생각하기 쉬우나 꼭 그렇지는 않습니다. 임대수익만 양호하다면 대출이자를 충분히 상계할 수 있기 때문입니다. B의 경우 월 대출이자가 약 750만 원 정도 되기 때문에 결국 실제 수령액은 910만 원입니다. 대출받지 않은 A보다 월 250만 원 정도 이익이 더 많은 것인데 이를 1년으로 따진다면 그 차액이 무려 3,000만 원이 됩니다. 투자 기간이 길어지면 길어질수록 당연히 그 차액은 더 커지게 되겠죠.

빌딩 투자는 멀리 봐야 합니다. 당장의 대출이자가 무서워서 쌈짓돈으로만 매입한 빌딩은 크게 성장하기 어렵습니다. 하지만 과감하게 덩치 큰 빌딩을 매입하면 몇 년 후 똘똘한 효자가 되어 돌아올 확률이 매우 높아집니다.

예를 들어 3년 동안 토지 가격 상승이 10% 정도라고 가정한다면 A의 수익은 약 4억 3,000만 원이고, B의 수익은 약 8억 2,000만 원으로서 약 4억 원에 가까운 차이를 보이게 됩니다. 만일 자기 자본금 4억 원 외에 60%를 대출받아 10억 원짜리 빌딩을 매입한 경우라면, 그리고 1년 후에 시세가 10% 상승했다면 투자자는 1억 원을 번 셈인데 이는 원금 대비 25%입니다. 레버리지 효과를 통하면 그어떤 투자에서도 상상하기 힘든 수익률이 가능해집니다.

저금리를 이용한 임대수익률 증가도 있지만 최소한의 자본을 투입하여 양도차익을 높이는 것도 대출을 이용한 투자의 묘미입니다. 투자자가 대출을 바라보는 관점은 일반적으로 "내가 가지고 있는 돈을 투입하고 부족한 돈을 메우기 위해 대출을 받는다"라는 것입니다. 하지만 필자의 생각은 다릅니다. 은행을 통해서 대출받을 만큼 받은 뒤 부족한 돈을 본인 자금으로 메우는 것이 맞다고 봅니다. 자금 투입 면에서는 선후가 바뀐 투자인데 양도차익이 발생할 것으로 예상되는 매물을 매입하는 경우라면 충분히 승산이 있다고 생각합니다. 본인 자금이 남으면 원금보장이 되는 곳에 투자하였다가 금리가 올라 부담이 되면 대출의 일부분을 갚으면 됩니다.

이처럼 레버리지 효과는 없는 돈 혹은 내 돈을 적게 쓰면서 이익을 만드는 결과로 이어지기 때문에 빌딩을 통해 이익을 실현하는 방법의 하나입니다. 같은 금액을 투자하더라도 수익에서 차이가 나기 때문에 대출을 이용할 수 있다면 적극적으로 활용하는 것이 좋다고 강조하는 것입니다. 특히 저금리가 장기적으로 이어지고 있을 때 유용하죠.

최근 금리가 인상되면서 레버리지 효과를 크게 보는 경우가 예전처럼 많지는 않습니다. 하지만 은행 금리보다 임대 수입이 높은 빌딩은 이렇게 레버리지 효과를 볼 수 있다는 것을 알고 투자해야 합니다.

소득금액에 대한 비용처리 문제도 대출받는 편이 이익입니다. 건물주는 월세에 대한 소득세를 납부해야 하는데, 대출을 이용하면 그 이자만큼 비용처리를 할 수 있기 때문입니다. 이자 납부가 지출로 인정되기 때문에 소득세가 낮아지는 효과가 있는 것이죠.

다만 비용처리가 가능한 이자는 빌딩을 매입할 때 매입 자금용으로 받은 대출에 대한 이자만 적용됩니다. 매입 후 추가로 대출받는 것은 운용할 용도의 대출이기 때문에 해당 이자는 비용처리에서 제외됩니다. 그래서 매입할 당시에 할 수 있다면 충분히 대출을 이용하는 것이 좋다는 것입니다. 필자는 젊은 투자자들에게 이렇게 강조합니다.

"젊다면 대출은 축복입니다. 남들보다 조금 더 빨리, 조금 더 과감하게 시작한다면 노후는 조금은 더 풍요로워질 것입니다. 빚을 지고 그 빚을 갚기 위해 열심히 일하십시오. 나중에는 대출받고 싶어도 은행 문턱이 높아서 넘지 못합니다."

[법인 명의로 매입하면 대출도 용이하다]

빌딩 매입을 위한 부동산 임대사업자의 대출은 가계부채와 별도로 관리되기 때문에 유리합니다. 임대사업을 하기 위해 목적물인 빌딩을 매입하는 것입니다. 사옥으로 사용하기 위해 매입하는 경우는 물론이고, 임대수익을 목적으로 매입하는 경우도 임대업을 영위하기 위한 투자입니다. 따라서 은행에서는 사업자 대출로 분류하고 있습니다.

대출을 많이 받아야 한다면, 혹은 대출을 많이 받아서 큰 빌딩을 매입하고 싶다면 법인사업자가 더 유리합니다. 이러한 이점 때문에 가족을 주주로 참여시켜 부동산 법인을 설립한 다음 법인 명의로 매입하여 운영하는 것입니다.

예를 들면 JTBC 출신의 프리랜서 아나운서 장성규는 2021년 10월, 청담동 소재 빌딩을 65억 원에 매입했습니다. 아내와 함께 2020년에 설립한 가족법인의 명의로 매입하면서 대출 활용을 적극적으로 한 것으로 보입니다. 대출금이 매매가의 85% 수준인 55억 원 정도로 추산되는데 이는 대표자의 신용도가 높게 반영된 것으로 보입니다.

여담이지만 장성규 스스로 프리랜서를 선언하면서 수입이 15배 이상 늘었다고 밝힌 바 있습니다. JTBC 아나운서로 8년 동안 직장 생활하면서 모은 돈은 1억 5,000만 원에 불과했다는 것이죠. 그런데 프리랜서 3년 만에 건물주가 되었네요.

법인 대출에 관해 더 자세히 알아보겠습니다. 2018년 3월 26일 RTI가 실행되면서 개인 임대사업자에 대한 대출 규제가 강화되었습니다. 반면에 상대적으로 대출 규제가 덜한 법인을 통한 빌딩 매입이 급격히 늘어나기 시작했습니다.

일단 개인으로 매입하면 RTI 규제 대상이 되어 매매가의

50~60% 정도만 대출이 가능합니다. 하지만 법인은 RTI 적용을 받지 않아 70%~80% 정도까지 대출이 가능합니다. 50억 원짜리 빌딩을 매입할 때 준비자금에서 10억 원 이상의 차이가 나니 매우 유리한 투자전략입니다. 은행 돈으로 빌딩을 살 수 있었던 것입니다.

물론 은행도 아무 법인에나 돈을 빌려주지는 않습니다. 사업을 안정적으로 운영해 재무제표 등에 문제가 없는 회사여야 합니다. 또한 신생 법인의 경우 사업체를 평가하기 어려우므로 대표자 및 주주의 재산과 신용에 따라서 대출이 달라질 수 있습니다.

과거에는 법인회사 대표가 개인 명의로 빌딩을 매입한 뒤에 회사가 임차하면서 대표 개인에게 임대료를 내곤 했습니다. 하지만 RTI 적용이 시작되면서 개인 대출이 적다 보니 법인 명의로 매입하는 사례가 늘어난 것입니다. 이제는 추세가 아니라 대세가 되고 있죠.

나아가 은행에서는 사업주 개인에게 신용대출까지 더해 주고 있습니다. 이 레버리지 효과를 통해 법인이 2억 원을 가지고 20억 원짜리 빌딩을 샀다는 믿을 수 없는 일이 가능해지는 것입니다.

보통 은행이 추진하는 신용평가란 매수자 사업의 업종, 소득금액, 직업 등을 토대로 한 신용등급과 채무상환 능력을 보는 것입니다. 다른 부동산을 많이 보유하고 있으면 더 높은 점수를 받을 수 있습니다. 아파트와 달리 다주택자 제한 같은 것이 없기 때문입니다.

제1금융권의 대출금이 적다면 저축은행 같은 제2금융권도 추가로 고려해볼 수 있는데 신용도에 영향이 있을 수 있고 금리가 올라간다는 단점이 있습니다. 특히 금리가 올라가면 역레버리지 효과가 날 수도 있으니 주의해야 합니다.

대출금리는 빌딩 가격에 영향을 주는 큰 요소입니다. 일반적으로 월세 받아서 이자를 내고 나면 통장에 얼마라도 남습니다. 그러기 위해서 투자하는 것이죠. 하지만 금리가 올라가면 수익률이 떨어지게 됩니다. 심지어 역마진이 있을 수도 있죠. 이런 경우 빌딩 매수세는 줄어들게 됩니다.

필자가 처음 빌딩 업계에서 일을 시작할 때인 2006~2008년에는 대출금리가 6%였습니다. 그리고 2021년 중반 즈음에는 평균 2.5% 정도였습니다. 하반기에는 2.8%~2.9%까지 올라갔죠. 지금은 3% 후반까지 생각해야 합니다. 실제로 2022년 5월과 6월 사이 필자가 중개한 건을 예로 들어보면 6개월 변동금리에 3.7~3.8%인 경우도 있고, 3년 고정금리에 4.18%인 경우도 있습니다.

이처럼 고금리로 대출받게 되면 월세보다 많은 이자를 내야 합니다. 그런데도 빌딩을 매입하고 있습니다. 원래 금리가 올라가면 매수세가 주춤하면서 매수인이 빠지고 매도인은 가격을 깎아줘야 합니다. 현재 외곽지역은 이런 움직임이 조금씩 보이지만, 서울 주요 지역은 아직도 매수인이 많고, 여전히 매도자 우위시장입니다. 그만큼 빌딩이 가장 양호한 투자처이기 때문입니다.

KEY POINT

대출을 두려워하지 말 것

RTI와 대출

RTI를 조금 더 알아보겠습니다. 2018년 3월 26일부터 임대사업자이자상환비율, 즉 RTI 심사를 비롯한 부동산 임대사업자에 대한 각종 규제가 생겨났습니다. RTI 규제는 부동산담보대출과 별도로 연간 임대소득이 대출이자의 몇 배나 되는지를 계산하는 것으로서 임대수익만으로도 은행 이자를 낼 수 있는 사람(빌딩)에게만 대출을 허가해서 부실채권을 만들지 않겠다는 정책입니다. 실제로 RTI 규제를 시작한 후 2~3개월 동안은 빌딩 거래량이 일시적으로 감소하는 경향을 보이기도 했습니다. RTI는 개인 임대업자에게 적용되는 대출 규제입니다.

RTI 산출 방식은 '연간 임대소득을 연간이자 비용으로 나눈 비율'입니다. 구체적으로는 '(상가 가치×임대수익률)÷(대출금×이자율)'입니다. 분모에는 임대수익, 분자에는 대출액이 들어가므로 계산했을 때 1을 기준으로 낮을수록 이자를 감당하기 힘들고, 숫자가 높을수록 이자를 충분히 감당할 수 있다고 보는 것입니다.

구체적으로 살펴보면 주택용 부동산의 경우 임대수익이 이자 비용의 1.25배, 상업용 부동산의 경우 1.5배가 넘어야 대출이 가능합니다. 만일 연이자가 1,000만 원에 달하는 대출을 받고자 한다면 빌딩의 용도가 주택인 경우 1,250만 원, 상가인 경우 1,500만 원 이상의 임대수익이 보장되어야 대출이 가능한 것입니다. 쉽게 120%, 150%로 계산하면 편리합니다.

예를 들어 매매가 14억 원짜리 근생빌딩(감정가 11억 원, 보증금 1억 원, 월 임대료 400만 원)의 경우를 살펴보겠습니다. RTI 시행 이전이라면 개인 자금 5억 원 외에 8억 원(담보대출 6억 4,000만 원, 신용대출 1억 6,000만 원)의 대출을 받아서 매입할 수 있었습니다. 월 이자 233만 원(금리 3.5%)만 내다가 만기가 되었을 때 대출을 연장하거나 더 좋은 조건의 은행으로 갈아타면 되는 호시절이었죠. 임대료에서 월 이자를 내고도 167만 원이 남았으니 대출을 이용해서 빌딩 투자를 하는 것이 모든 면에서 유리했습니다.

하지만 RTI 시행 이후부터는 RTI가 138%밖에 나오지 않기 때문에 8억 원 대출은 불가능해졌습니다. 신용대출금을 낮춘다면 7억 5,000만 원까지는 가능하지만 5,000만 원이 부족합니다. 물론 월 임대료가 450만 원으로 오른다면 RTI가 155%가 되면서 8억 원까지 가능해집니다.

RTI 시행 이후 신용대출 부분에 대해서 1년 동안 원금의 10%를 상환하도록 했습니다. 그러면 전체 금액에 대한 이자와 신용대출의 10%에 해당하는 원금의 한 달 치를 원리금 상환방식으로 갚아야 합니다. 이 경우 동일하게 8억 원을 대출받으면 월 상환액은 369만 원(이자 236만 원+원금 133만 원) 정도가 됩니다. 매달 지출되는 금액이 더 늘어난 꼴이 되었죠.

물론 RTI 시행 전에도 은행에서는 대출의 안정성을 유지하기 위해 유효담보가액을 초과하는 금액에 대해서는 원금상환을 요구하기도 했습니다. 하지만 이는 협의할 사항이었지 의무 사항은 아니었습니다. 그러나 상황이 달라졌습니다. 차입자가 이를 거부하면 대출이 안 되도록 법으로 정한 것입니다. 이처럼 RTI 및 원금 분할 상환 의무화로 대출금액이 줄어들면서 소액자본으로 고가의 빌딩을 매입하는 것이 사실상 어려워졌습니다.

KEY POINT

**RTI 규제로 까다로워진 대출,
하지만 법인은 무관하다.**

대출 5계명

다음은 대출받을 때 알고 챙겨야 할 5가지 팁입니다. 요점을 정리해보면 다음과 같습니다.

1. 받을 수 있을 때 한 번에 많이 받을 것

은행에서는 부동산 매입을 위한 대출을 가장 선호합니다. 그래서 대출 중에 잔금대출이 금액도 많이 나오고 금리도 낮습니다. 하지만 이미 빌딩을 보유한 다음에는 대출이 쉽지 않습니다. 따라서 받을 수 있을 때 대출을 많이 받고, 부족한 부분만 자신의 자금으로 채우고 여유자금을 비축하는 전략을 세워야 합니다. 과거에는 내 돈을 다 쓰고 부족한 부분을 대출받았는데 지금은 그렇게 할 필요도 없고 해서도 안 됩니다.

한편 이자를 조금이라도 아끼겠다는 마음으로 생활비가 필요할 때마다 조금씩 나눠서 대출받겠다는 투자자도 있는데 그러면 은행에서는 유동성 자금에 문제가 있는 사람으로 판단합니다. 이런 식의 대출은 잘 나오지도 않지만 나와도 금리가 높습니다. 따라서 미리 한 번에 최대한 많이 받는 것이 좋습니다.

잔금을 집행한 후 남은 자금을 안정적인 예금이나 원금보장 금융상품에 넣어두었다가 급할 때 꺼내 쓰면 됩니다. 예금금리 1~2% 정도의 추가 이익을 더 얻을 수 있습니다. 이 상황에서 금리가 더 낮아진다면 투자자의 수익은 당연히 더 높아집니다.

2. 단기간보다는 장기간으로 설계할 것

대출받는 기간이 길면 길수록 신용등급이 올라갑니다. 빨리 갚으면 신용등급이 올라간다고 오해하는 투자자도 많은데 그렇지 않습니다. 은행은 10억 원 빌려서 1년 만에 갚는 사람보다 대출 기간을 10년으로 하고 꼬박꼬박 이자를 내는 사람을 더 좋아합니다. 단기간 빚쟁이보다 장기간 빚쟁이의 신용등급이 더 좋은 것이죠. 물론 연체가 없는 것을 전제로 합니다.

3. 최대한 많은 은행과 상담할 것

대출을 알아보기 위해 신용조회를 한다고 해서 신용도가 낮아지는 일은 없습니다. 따라서 마음에 드는 매물을 찾았다면 여러 곳에서 충분히 상담받는 것이 좋습니다. 주거래 은행만 고집할 것이 아니라 복수의 은행을 비교해가며 선택하는 것을 권합니다. 은행마다 VIP 고객을 유치하기 위해 경쟁적으로 더 좋은 조건을 제시하기 때문입니다. 은행마다, 지점마다, 대출 가능 금액은 다르게 나옵니다. 최근 은행에서 대출받아 가는 사람은, 즉 이자를 내주는 고마운 고객은 기업도 아니고 개인도 아닙니다. 대부분 건물주이기 때문에 당당하게 금리 인하를 요구해도 됩니다.

이처럼 발품은 팔면 팔수록 본인에게 이익인데 전문가의 도움을 받는다면 조금이라도 더 받을 수 있습니다. 사업자는 보통 하나의 주거래 은행만 거래하지만 전문 중개인은 더 많은 곳의 정보와 네트워크를 가지고 있기 때문입니다. 전문 중개인처럼 은행별 금리 비교를 통해 유리한 선택을 하기란 쉽지 않을 것이니 상담과 도움을 받는 것이 좋습니다. 영업점장이 전결로 조정하는 가감조정 금리, 흔히 말하는 우대금리 혜택을 볼 수도 있습니다.

참고로 대출 시기는 연말보다 연초, 분기 말보다는 분기 초가 좋습니다. 지점마다 연 단위나 분기별로 책정된 예산이 있는데 이것이 소진되면 문을 닫아버리기 때문입니다. 서울, 특히 강남권은 대출 가능 금액이 빨리 소진되기 때문에 대출 가능 금액의 여유가 있는 지방의 지점에 가서 대출받는 예도 있습니다. 지점장의 실적에 도움이 되기 때문에 오히려 대우받으면서 대출받을 수도 있죠. 실제로 필자가 2021년 8월 서교동 소재 40억짜리 꼬마빌딩을 매입하면서 대출금 32억을 받을 때 경기도 구리시에 있는 지점에서 대출받았습니다.

4. 감정가를 맹신하지 말 것

대출은 감정가를 기준으로 합니다. 매입자도 매물이 시세보다 비싼 것인지 싼 것인지를 감정가로 판단하죠. 그런데 흔히 '탁감'이라 부르는 감정평가법인의 '탁상감정'은 공시지가와 최근 매매사례 등 기존의 알려진 정보만 가지고 현장실사 없이 도출하는 약식감정이라서 일반적으로 주변 시세보다 낮게 책정됩니다. 아파트만큼 거래가 많지 않기 때문에 비교할 대상도 역시 없는 것이죠. 그런데 유난히 더 낮게 책정되는 지역이 있습니다. "감정가가 낮게 나왔네요. 이 건물 시세보다 비싸게 내놓은 것 아닌가요?"라고 반응하는 투자자가 있는데 그건 사실일 수도 있지만, 오해일 수도 있습니다. 그만큼 주변에 거래 사례가 더 적다는 뜻입니다.

특히 상권이 발생단계인 곳은 주거지역을 침범하면서 영역을 넓혀가는 시기이기 때문에 더욱더 비교 평가할 수 있는 대상 빌딩이 부족합니다. 따라서 매매가의 60~70% 정도 수준으로 감정가가 책정되곤 합니다. 결국 최종 매매가격 대비 30~40% 정도만 대출이 나오게 됩니다. 과거 2009년에서 2010년쯤 홍대 상권이 그랬습니다. 그때 당시 신규 뜨는 상권으로 소문이 났음에도 불구하고 감정가가 이를 반영하지 못했던 것입니다. 따라서 감정가는 단지 참고 사항이지 시세를 판단하는 기준으로 맹신하면 안 됩니다.

반대로 매매가 활발한 지역은 감정가가 최근 시세를 반영하면서 매매가 대비 85~95% 정도 수준으로 나오기도 합니다. 당연히 대출도 잘 나오겠죠. 그 결과 매매가 더욱 활성화되는 선순환구조가 형성됩니다. 간혹 대출을 많이 받아야 한다면서 감정가가 잘 나오는 곳, 즉 매매가격과 거의 비슷한 매물을 추천해달라는 투자자들도 있습니다. 그런데 비슷하다는 것은 결국 매매가격이 상승하다가 주춤하고 있다는 뜻이기도 합니다. 상권의 성장이 멈춘 곳일 수도 있으니 신중하게 판단해야 합니다.

계약을 체결하고 매수자가 해당 은행에서 대출받겠다는 의사표시를 확실히 하면 은행은 감정평가사에게 감정을 의뢰합니다. 물론 감정료는 은행이 부담합니다.

참고로 빌딩의 가치를 감정하는 기준은 원가법, 비교법, 수익법이 있습니다.

원가법은 건물과 토지의 원가를 기준으로 가격을 알아보는 원가방식 계산법입니다. '재조달원가'를 기준으로 '감가수정'하여 현재의 가치를 평가합니다. '재조달원가'란 노후한 빌딩을 지금 다시 짓는다고 하면 인건비나 자재비 등이 얼마나 들 것인지 따져보는 것입니다. 결과적으로 이 가격이 빌딩의 최고가라고 할 수 있습니다. 더불어 땅은 변함이 없지만, 빌딩은 나이를 먹기 때문에 '감가상각'을 따지는 것입니다. '재조달원가'에서 물리적, 기능적 요인을 고려하여 금액을 조정하는 작업을 '감가수정'이라 합니다.

예를 들어 사용 연수 10년, 희망 매매가 50억 원으로 시장에 나온 건평 660㎡짜리 매물이 있다고 가정해봅시다. 10년 전이라면 3.3㎡당 건축비가 400만 원 정도일 때이므로 건축물의 가격은 8억 원입니다. 이를 지금 다시 짓는다면 자재비, 인건비 상승과 건축법, 소방법 등 사회적 법규가 강화되면서 건축비가 상승해 3.3㎡당

600만 원 정도 들 것입니다. 따라서 이 빌딩의 재조달원가는 12억 원이 됩니다.

여기서 매년 3%씩 정률법으로 감가상각을 적용한다고 하면 10년 전에 건축한 빌딩의 건축물 가격인 8억에서 현재가치 약 5억 9천 정도가 됩니다. 하지만 원가법에서 재조달원가를 기준으로 판단하기 때문에 본 빌딩의 재조달원가는 12억이고, 10년 노후화된 정도를 반영하여 3%씩 감가를 적용하면 본 빌딩의 현재가치는 약 8억 8천만 원이 됩니다. 여기에 토지의 가치를 더하면 원가법에 의한 감정가가 나옵니다.

비교법은 해당 빌딩과 유사한 거래 사례 빌딩을 상호 비교하여 가격을 산정하는 거래 사례 비교방식입니다. 현재의 경제 상황과 시장 상황을 반영한 가격산정법이죠. 일반인도 쉽게 이해할 수 있고 설득력도 높아서 가장 많이 거론되는 방식이며 대출에도 영향을 끼칩니다.

예를 들어 같은 100억 원짜리 빌딩이라고 하더라도 강남권의 빌딩은 비교할 대상이 많으므로 감정가가 높게 나오고 따라서 대출이 잘 나옵니다. 하지만 지방의 100억 원짜리 빌딩이 있는 지역에서 지난 2년 동안 매매사례가 없다면 2년 전 시세로 감정평가가 이루어지기 때문에 대출금이 적을 수밖에 없습니다. 실제로 필자가 23억 원에 매도한 빌딩의 감정가는 15억 원에 불과했습니다. 강남에 있었다면 20억 원 이상 평가되었을 것입니다.

이런 이유로 잘나가는 지역은 계속해서 잘나갈 수밖에 없습니다. 매매가 활발해서 비교할 대상이 많은 지역의 빌딩은 또 역시 매매가 잘되는 선순환구조가 형성되는 것입니다. 그래서 뱀의 머리에 있는 빌딩보다는 비록 꼬리지만 용의 몸통과 연결된 빌딩을 매입하는 것이 미래를 생각할 때 현명한 투자라고 하겠습니다.

수익법은 빌딩에서 발생하게 될 미래의 수익(임대수익+양도차익)을 토대로 가격을 책정하는 수익환원법입니다. 간단하게는 임대수익을 '요구수익률'로 나눠서 가격을 산정합니다.

예를 들어 보증금 5억 원에 월 임대료 2,000만 원이 나오는 빌딩이라면 이 건물의 적정 가치는 다음과 같이 계산합니다. 연간 임대료 2억 4,000만 원과 연간 보증금 운영이익 1,000만 원(연간 2%로 가정)을 합한 2억 5,000만 원을 자본환원이율 4.5%로 나누면 55억 5,000만 원이 됩니다. 자본환원이율이 4% 수준이라면 62억 5,000만 원이 됩니다.

보통 빌딩의 가격은 임대수익을 바탕으로 정하되 원가법과 거래 사례비교법을 통하여 얻은 가격과 보완하여 최종적으로 정하는 것이 일반적입니다.

5. 대출에 영향을 끼치는 요인을 확인할 것

1) 신용카드 사용액에 따라 신용등급이 올라갑니다. 하지만 한도를 채워서 사용하는 것보다는 50% 이하로 사용하는 것이 좋습니다. 사용할 자금이 많다면 차라리 다른 금융사의 카드를 발급받아

나눠서 사용하는 것이 낫습니다.

2) 소유한 부동산이나 자산이 많으면 신용대출에 유리한데 토지보다는 상가, 상가보다는 빌딩, 빌딩보다는 강남 아파트가 더 유리합니다. 환금성이 좋기 때문입니다.

3) 최근 1~3개월 정도의 통장 평균잔액도 신용평가에 영향을 끼칩니다. 법인으로 매입하는 경우라도 법인의 통장뿐만 아니라 법인 대표자의 개인 통장 잔고도 중요합니다. 잔금대출 실행 전에 미리 현금을 예치해두면 신용도가 올라가서 대출이 쉽거나 금리산정에 좋은 영향을 미치기도 합니다.

4) 아무리 급전이 필요해도 저축은행 대출은 최대한 피하는 것이 좋습니다. 제1금융권에서는 저축은행에서 받은 대출을 좋게 보지 않기 때문에 불이익이 있을 수 있습니다. 금리가 높은 급전을 쓰는 투자자이므로 자금흐름에 문제가 있을 것으로 판단하는 것이죠. 카드론, 현금서비스, 대부업체 대출도 마찬가지입니다. 제2금융권 대출은 상환 후에도 6개월~1년 동안 기록이 남아있으므로 주의하는 것이 좋습니다. 대출이 남아있다면 빨리 상환하는 게 좋습니다.

연남동 대출 사례- 80% 대출, 금리 2.6%가 가능해?

다음은 필자가 대출을 진행했던 연남동 사례입니다. 지금은 금리가 많이 올랐기 때문에 그대로 적용하는 것은 문제가 있겠지만 대출에 대한 개념을 이해하기에 좋은 예시라고 생각되어 설명합니다.

전체 개요는 23억 7,000만 원에 빌딩을 매입하면서 매매가의 80%에 해당하는 19억 원을 대출받았으며 금리는 2.6%였습니다. 프로세스를 알아보겠습니다.

필자가 중개한 빌딩의 실제 사례(2020년 5월, 당시 기준금리 0.5%)

23억 7천에 매입 → 대출 19억 원, 금리 2.6%
(대부비율 80%)

20년 4월 충남에 법인설립

⬇

20년 5월 매매계약(연남동 23억 7천)

⬇

2층 주택(7평) → 근생 용도변경
주용도를 근생시설로 변경

⬇

대출 확정(매매가 대비 80%)

⬇

20년 7월 잔금

은행	담보	신용	합계	금리
하나	16	3	19	2% 후반
기업	16.8	1	17.8	1년 2.4%, 2년 2.5%
신한	14.2	2.5	16.7	2.7% ~ 3%
국민	0	0	0	원거리 사업자 대출 X
우리	?	?	?	20년 6월부터 3.8%이상만 가능
수협	19	0	19	주용도가 주택이어도 대출 가능

하나은행에서 대출 19억, 금리 2.6% (원금 월 100만 상환)
담보 16억 × 2.4% = 연 3,840만
신용 3억 × 3.7% = 연 1,100만
> 연 4,940만 / 19억
× 100 = 2.6%

투자자는 2020년 4월에 충남에 있는 법인을 설립하고 2020년 5월 매매계약을 체결했습니다. 충남에 법인 소재지를 두었던 것입니다. 1년도 되지 않은 신생 법인이었는데 은행별로 조사를 해본 결과 하나은행의 대출금액이 가장 많이 책정되었습니다. 금액이 많은 만큼 금리도 높았는데 2% 후반까지 가능하다는 상담을 받았습니다. 기업은행은 조금 더 구체적이었습니다. 17억 8,000만 원 대출이 가능한데 처음 1년은 2.4%, 2년 차부터는 2.5%의 금리를 적용하겠다고 했습니다. 신한은행의 설계는 메리트가 없었고, 국민은행은 법인 사업장이 대출 취급 은행의 인근에 있어야 하는데 강남에 있는 지점에서 알아본 대출 건이라서 원거리 사업자 대출 건으로 대출이 불가능했습니다. 빌딩의 위치가 중요한 것이 아니라 사업장이 은행의 영역 안에 있어야 했기 때문입니다. 우리은행은 대출 실적이 필요하지 않은 것처럼 보일 정도로 나쁜 조건을 제시했고, 수협은 주택을 근생시설로 용도변경 하지 않아도 대출이 가능하다는 답변이었는데 금리가 매우 높았습니다.

결국 하나은행이 정답이었습니다. 그때 당시 담보대출 16억 원은 금리 2.4%로 연 3,840만 원, 신용대출 3억 원은 금리 3.7%로 연 1,100만 원이었습니다. 결국 연 4,940만 원의 이자를 납부하는 2.6% 대출이었습니다.

수익 창출 포인트 ⑤ : 엑시트 플랜

빌딩으로 수익을 창출하는 마지막 중요한 포인트가 엑시트 플랜(출구전략)입니다. 아무리 빌딩의 가격이 많이 올랐더라도 팔아서 내 주머니로 돌아오지 않는 한, 즉 캐시 아웃을 제대로 하지 못하면 가격 상승은 무소용입니다. 빌딩을 평생 가지고 있을 수도 없죠. 그럴 필요도 없고요. 그래서 매입도 중요하지만 "언제 어떻게 얼마의 수익을 남기고 팔겠다"라는 환금전략 역시도 매우 중요한 것입니다. 이것이 바로 투자의 정석입니다.

전략의 기본은 본인의 빌딩을 매입해줄 매수인의 니즈에 딱 맞는 조건을 만드는 것입니다. 그래야 순조롭게 매도할 수 있습니다. 빌딩을 사놓고 무작정 잘되기만을 기다리는 시대는 지났습니다.

예를 들어 신축을 원하는 사람이 본인의 빌딩을 매수할 것 같다면 매입 후 곧바로 신축할 수 있도록 명도하거나 이자를 부담하더라도 공실을 유지하는 것이 좋습니다. 혹은 안정적인 임차인과 높은 수익률을 원하는 사람이 매수할 것 같다면 공실 없이 유지하면서 임대료를 안정적으로 많이 받는 빌딩을 만들어두어야 합니다.

일종의 OEM(주문자상표부착방식)과 비슷합니다. OEM이란 주문자의 요구대로 제품을 만들고 주문자의 상표를 달아서 납품하는 것을 뜻하는데 빌딩 매매도 이와 비슷합니다. 매도자는 매수자가 원하는 대로 건물 상태나 조건을 유지, 변경, 개선하여 매수자에게 납품하는 회사와 비슷합니다. 매수자가 주문하지는 않았지만, 미래의 매수자가 주문할 내용을 예측하여 주문자가 가장 많이 몰릴 제품을 생산하는 공급자라는 것이죠. 이러한 엑시트 플랜이야말로 빌딩을 통한 수익 창출의 화룡점정입니다. 엑시트 플랜에 관한 자세한 방법은 PART 3의 '10단계- 빌딩 갈아타기 혹은 추가 매입하기'에서 설명하도록 하겠습니다.

KEY POINT

**환금성의 정점은
엑시트 플랜**

서울or수도권? / 개인or법인?

2021년 6월, 매수 의뢰자와 나눈 엑시트 플랜까지 포함한 상담 내용을 소개합니다. 건물주가 되고 싶지만, 상담 경험이 없는 독자들에게 도움이 될 것 같아 대화 형식으로 소개합니다.

전문 중개인: 준비된 자금은 얼마나 있으십니까?

의뢰인: 현금으로 20억 있습니다.

전문 중개인: 매수 주체는 개인과 법인, 어떤 걸로 생각하십니까?

의뢰인: 나중에 내 돈처럼 쓰지 못할 것 같아서 개인으로 매입할 생각입니다.

전문 중개인: 그건, 오해입니다. 법인 매입을 추천합니다. 혹시 자녀가 있으신가요?

의뢰인: 초등학생, 중학생 두 명 있습니다,

전문 중개인: 법인이 없으면 법인을 설립해서 매입하십시오.

의뢰인: 그러면 얼마짜리를 살 수 있습니까?

전문 중개인: 현금 20억이니까 대출을 45억 받아서 60억짜리를 매입할 수 있습니다.

의뢰인: 더 큰 걸 매입할 수는 없나요?

전문 중개인: 남는 금액은 취득세와 리모델링 비용으로 빼놓는 게 좋습니다.

의뢰인: 법인은 어떻게 설립하나요?

전문 중개인: 법무사에게 의뢰하면 일주일이면 됩니다. 법인의 주주는 배우자 분과 자녀 분까지 넣어서 각각 25%씩 하세요. 가족법인입니다.

의뢰인: 자본금은 어떻게 해야 할까요?

전문 중개인: 부채비율을 생각하면 자본금 4억이 적당할 것 같고, 각각 1억씩 출자하면 됩니다.

의뢰인: 애들에게 돈이 없어요. 증여한 적도 없습니다.

전문 중개인: 사모님은 부부니간 6억까지 비과세이고, 자녀 분에게 1억 원을 증여하고 증여세 약 800만 원을 내면 됩니다. 2천만 원까지는 비과세이고 1억 이하는 증여세 10%예요.

의뢰인: 그러면 4억인데, 45억 대출받아도 60억이 안 됩니다.

전문 중개인: 은행에서 45억 대출받고 후 순위로 개인에게 11억을 차입하면 됩니다. 법정이자 연 4.6%를 내고요.

의뢰인: 신규 법인은 취득세 중과세가 있지 않습니까?

전문 중개인: 네, 맞습니다. 그래서 보통 비과밀억제권에 사업장을 냅니다.

의뢰인: 혹시 회사를 설립하면 4대 보험을 많이 내는 것 아닌가요?

전문 중개인: 급여 금액을 낮추거나 필요 없으면 안 받으면 됩니다. 급여를 안 받으면 4대 보험 납부 의무가 없습니다.

의뢰인: 제가 퇴직한 상태라 임대수익으로 생활해야 합니다.

전문 중개인: 그러면 어쩔 수 없이 4대 보험을 내더라도 급여를 받아야 합니다.

의뢰인: 나중에 법인을 청산할 때 개인이랑 법인이랑 차이가 큰가요? 청산할 때 비용이 많이 든다는 말도 있던데요.

전문 중개인: 개인 명의로 빌딩을 매입한 후 팔면 끝입니다. 개인은 청산이라는 개념이 없지만, 양도소득세를 내야 합니다. 법인으로 매입하면 청산할 때 법인의 이익금 잔액을 주주에게 배당해야 하고 그때 배당소득세(15.4%)를 내야 합니다. 하지만 빌딩을 계속 사고팔 생각이면 양도소득세를 내는 것보다 법인세를 내는 것이 낫습니다. 10년~20년 후 자산이 많이 커진 상태에서 청산하면서 배당소득세를 내는 게 중간에 양도세를 내면서 세후 잔액이 적어지는 것보다 유리합니다. 낼 세금은 내야 하죠. 자산을 늘리는 걸 최우선으로 본 투자 방법을 얘기하는 겁니다. 매입할 때 원하는 조건이 있나요?

의뢰인: 이자율을 생각했을 때 수익률 4% 정도 나오면 좋겠어요.

전문 중개인: 그럼 서울이 아닌 경기권을 추천합니다. 서울에서 4%를 찾기는 쉽지 않죠.

의뢰인: 예를 들면 어디가 있을까요?

전문 중개인: 수원 영통동에 있는 대지 120평, 지하 1층~지상 7층 규모의 50억짜리 빌딩을 추천합니다. 연면적 480평으로 다른 매물 대비 연면적이 매우 넓어요. 제2종 일반주거지역으로 법정 용적률은 200%인데 이 빌딩은 330%로서 용적률 이득을 많이 봤죠. 2개 층을 더 지은 것이고, 당연히 임대료도 더 받을 수 있어요. 지하는 주차장이고, 7층은 창고처럼 사용하고 있습니다. 현재 만실이고, 사거리 코너라서 가시성도

좋고요. 주변에 영통역, 경희대학교, 가정법원, 세무서 등이 있고, 오피스 상권이지만 주거지와도 가까워 임대수요는 꾸준히 많습니다. 또한 삼성전자 등의 배후세대가 든든한 항아리상권이라서 공실 걱정은 안 해도 됩니다.

의뢰인: 오래된 빌딩 아닌가요? 손 볼 곳은 없나요?

전문 중개인: 20년 정도 되었고, 엘리베이터 내부만 교체하면 됩니다. 비용은 내부만 교체하는 것이라서 5천만 원 정도 들 거예요. 뜨는 상권이면 리모델링을 추천하지만, 해당 물건은 굳이 그럴 필요 없습니다. 리모델링을 통해 임대료가 올라가면 하겠지만 임대료 증액이 많지 않아요. 그대로 두면서 임대료를 받는 게 가성비 면에서 좋습니다. 그리고 만실이라서 임차인 명도도 안 되고요.

의뢰인: 대출은 잘 나올까요?

전문 중개인: 감정가가 47억 정도 나옵니다. 총대출금액은 법인의 신용도에 따라 다르겠지만 36억까지 가능하다고 신한은행에서 답변받았습니다.

의뢰인: 혹시 서울에 추천할 만한 곳은 있나요?

전문 중개인: 사당동 단지 앞에 괜찮은 매물이 35억에 나왔습니다. 이 빌딩은 대지 50평에 지상 2층짜리이고 80년도에 완공한 빌딩이라서 신축해야 합니다. 이수역에서 도보 2분 거리이며 앞에 도로가 10m라서 신축하면 임대는 잘 나갈 것 같습니다.

의뢰인: 그렇게 위치가 좋은데 왜 파나요?

전문 중개인: 소유주가 개인이고 나이가 많으셔서 재산을 정리하려고 합니다. 2층이 주택이라서 용도변경을 해야 할 것 같아요. 다 좋은데 임차인 명도가 안 됩니다. 1층에 임차인이 두 곳인데, 계약갱신요구권이 6년, 4년씩 남아있어요. 임대료는 합쳐서 500만 원밖에 안 됩니다. 임대료 받아서 이자를 내면 마이너스가 되지요. 결국 명도비를 주고 내보낸 후 신축해야 할 것 같습니다.

의뢰인: 빌딩 매입도 처음인데, 신축하는 건 부담스럽습니다.

전문 중개인: 신축할 때 설계사나 시공사도 소개해주겠습니다. 설계, 시공이 정형화되어서 예전처럼 힘들지는 않습니다. 그래도 신축하는 게 부담되면 이자 납부하고 마이너스가 되더라도 보유하다가 명도가 될 때 파는 건 어떠신가요?

그때는 매도인 명도책임으로 파는 겁니다. 그러면 우리가 고민하는 명도 문제를 매수인이 고민하지 않고 바로 신축하여 임대료를 개선할 수 있어서 매입을 희망하는 매수인이 많을 것 같습니다. 그리고 마이너스 되는 돈은 양도차익으로 만회할 수 있습니다. 35억에 사는 것이 아니라 36억에 산다고 생각하세요. 그리고 몇 년 후 50억에 판다면 14억 이득입니다.

의뢰인: 50억에 팔 수 있을까요?

전문 중개인: 주변에 방배5구역 아파트 3천 세대가 재건축 중입니다. 서초역과 내방역 사이에 서리풀터널이 뚫려서 강남에서 이수역 쪽으로 오피스나 상가시설이 확장되고 있어서 매매가는 계속 오를 것으로 판단됩니다. 어쨌든 성공적인 엑시트

플랜을 위해서는 명도해야 합니다. 임차인의 계약갱신요구권이 종료될 때까지 기다리거나 임차인과 명도비 협의를 봐야죠. 임차인에게 줄 명도비는 매수인에게 받은 계약금으로 내면 됩니다.

PART

03

건물주로 가는
로드맵
10단계

싸고 괜찮은 물건 없나요?

"싸고 괜찮은 물건 어디 없습니까?"

매수 의뢰인에게 자주 듣는 질문입니다. 이에 필자는 냉정하게 대답합니다.

"싸고 괜찮은 빌딩이란 없습니다. 그런 매물이 고객님을 기다리고 있지도 않죠. 누구나 원하는 물건은 언제나 비쌉니다. 이것이 시장의 원칙이죠. 아마 자동차 판매장에 들어가서 가장 좋은 차를 추천해달라고 하면 가장 비싼 차를 보여줄 것입니다. 비싸면 비싼 값을 하죠. 하지만 빌딩은 그런 관계가 통용되지 않는 독특한 재화입니다. 물론 수요와 공급의 원칙을 따르고는 있습니다. 인기가 있는 빌딩은 가격이 오르고 아니라면 내려가게 되지요. 하지만 비싸다고 무조건 좋은 빌딩도 아니고, 싸다고 다 나쁜 빌딩도 아닙니다. 구매 목적에 맞으면 지금 당장 비싸더라도 투자할 가치가 있지만, 시세보다 싸게 나온 빌딩이더라도 미래가치가 불투명하면 10원도 아까운 법입니다. 빌딩 매입에서 가장 중요한 평가 기준은 '싸다, 비싸다'에 따른 상대적 평가보다는 나의 목적에 '맞느냐, 안 맞느냐'에 따른 절대적 평가인 것입니다. 나의 목적에 맞는 빌딩을 고른 뒤에 똑똑한 방법으로 최대한 비용을 절감하면서 매입하고, 나중에 잘 매도해야 성공적인 투자가 되는 것입니다."

필자의 요지는 건물주가 되고자 한다면 최우선으로 투자의 목적부터 정해야 한다는 것입니다. 구매 목적을 정확히 하고 흔들림 없이 매수과정을 밟아 나가야 현명한 투자가 가능해집니다.

"구체적으로 어떤 빌딩을 찾으세요?"

"(뭐가 이렇게 복잡하지?) 음, 아무래도 임대료도 잘 나오고, 나중에 팔 때 차익도 얻을 수 있는 똑똑한 빌딩이죠."

필자는 또 냉정하게 대답합니다.

"지리적 위치나 관리상태가 양호한 빌딩, 안정적인 임대수익과 장기적으로는 시세차익까지 노릴 수 있는 빌딩, 그런데 심지어 가격까지 저렴하다? 그런 빌딩은 세상에 없습니다. 우선 빌딩을 매입하려는 목적부터 정하는 것이 중요합니다.

첫째, 안정적 임대수익을 원하는 투자자라면 주변 배후세대, 임대 시세, 임차인 현황 등을 따져봐야 합니다.

둘째, 시세차익을 원하는 투자자라면 주변 개발 호재와 유동 인구에 따른 상권의 확장성 등을 따져봐야 합니다.

마지막으로, 사옥으로 사용할 것인지, 입주해서 거주할 것인지도 명확히 해야 합니다. 이외에도 여러 목적과 용도가 있는데 그 모든 것을 다 만족시켜주는 빌딩은 세상에 없습니다. 두 마리 토끼를 잡을 수는 없으니 가장 중요한 이유, 즉 본인이 원하는 투자 목적에 만족할 만한 빌딩을 선택하는 것이 좋습니다. 목적에 부합한다는 것을 전제로 어디에 있는 어떤 빌딩을 언제 매입해서 어떻게 관리하면 좋을지 계획을 세워야 합니다."

"(참 피곤한 중개인이네) 네, 잘 알겠고요. 그럼 혹시 급매물로 나온 건 없나요?"

"급매로 나온 데는 다 이유가 있습니다. 괜찮은 급매물은 시장에 잘 나오지도 않지만 나왔다가도 금세 다시 비싸집니다. 소문을 듣고 수요자가 몰리기 때문이죠. 급하고 아쉬운 사람이 결국 지게 되는 게임인데, 아무리 많이 깎았다고 하더라도 주변 시세의 90% 수준입니다. 급매물에 관한 얘기는 잠시 후에 이어가도록 하죠."

"(안 되겠다. 다른 중개인을 찾아가야겠다) 그럼 도대체 어떤 빌딩을 사라는 말입니까?"

돈만 있으면 된다고 생각했던 매수 의뢰자는 필자를 만나 고민에 빠지게 됩니다. 그래도 고민을 많이 하는 의뢰인은 성공한 투자를 하게 됩니다. 다른 중개인을 찾아갔다가 안일한 컨설팅에 실망하고 결국 필자에게 다시 돌아오곤 합니다. 하지만 그저 "싸게 나왔다. 돈 있으면 내가 사고 싶다"라는 중개인의 말에 속아서 고민 없이 매입하는 투자자는 후회하게 되죠.

다시 강조하지만 '옆 빌딩보다 싸다 혹은 비싸다', '평소 시세보다 싸다' 등의 단순 비교보다는 내가 원하는 목적에 부합하는지 아닌지, 지금은 비싸더라도 미래가치가 있는 빌딩인지 아닌지를 판단 기준으로 삼아야 합니다.

이렇게까지 설명해도 "무리해서 비싼 것을 살까요? 아니면 부담 없는 선에서 싼 것을 살까요? 그것만 알려주세요!"라고 문의하는 투자자도 있습니다. 필자는 빌딩은 미래가치가 중요하기 때문에 이왕이면 싼 것보다 비싼 것이 낫다고 권합니다. 비싸게 사서 더 비싸게 팔면 됩니다. 빌딩은 살 때보다 팔 때가 더 중요한 상품이기 때문에 더욱 그렇습니다.

투자란 현재 시점에서 미래의 가치와 소득을 기대하며 하는 것입니다. 하지만 매입 당시에는 그 빌딩의 가치가 앞으로 오를 것인지 떨어질 것인지 그 누구도 알 수가 없습니다. 지역적 상승 요인을 정확히 예측할 수 있는 사람은 없습니다. 따라서 80점 정도 마음에 드는 빌딩을 만났으면 망설이지 말고 매입해야 합니다. 좀 비싼 것처럼 느껴지더라도, 혹은 조금 아쉬운 점이 있더라도 일단 목적에 맞으면 결정해야 합니다. 100점짜리 빌딩을 찾다가 결국은 70점짜리를 사게 되는 우를 범하지 말아야 합니다. 이래서 빌딩을 매입하는 것이 맞선과 비슷하다고 얘기하는 것입니다. 내 마음에 쏙 드는 완벽한 배우자를 찾아다니다가 혼기를 놓치는 사람, 주변에서 많이 보셨을 겁니다.

여기서 잠깐, 아직도 질문이 끝나질 않았네요.

"그래도 싸다 비싸다는 기준이 있을 것 아닙니까? 예상 가격이라는 것도 있잖아요."

있습니다. 보통 해당 매물이 있는 지역의 30평대 아파트 2채 가격이 꼬마빌딩 1채 가격과 비슷합니다. 아파트가 오르면 꼬마빌딩 가격을 밀어 올리면서 그 갭은 비슷하게 유지되고 있습니다.

다음은 '건물주로 가는 로드맵 10단계' 실전 전략입니다. 빌딩 투자라는 것이 개별적 변수가 많고 복잡해서 책 한 권에 모두 담을 수는 없습니다. 다만 꼭 체크 포인트로 활용할 필요가 있는 요소 위주로 정리했습니다. 실제 매매사례를 통해 최대한 이해하기 쉽게 정리했습니다. 말하자면 빌딩 투자의 로드맵, 나를 빌딩부자의 길로 안내하는 내비게이션과도 같은 것입니다.

KEY POINT

싸고 괜찮은 물건은 없다.
빌딩은 살 때보다 팔 때가 더 중요하다.

급매물이라는데 매입해도 될까요?

"건물주가 이민하려고 오늘 급매로 내놨어요. 시세보다 엄청나게 싸고 좋은 물건이에요. 사두면 바로 오릅니다. 지금 잡아두지 않으면 내일 중으로 다른 사람에게 팔릴 거예요."

초보 투자자는 이런 말을 들으면 덜커덕 계약금부터 걸어두기 쉽습니다. 이는 꼭 경계해야 할 투자 프로세스입니다. 물론 마음에 들면 1시간 만에 결정하는 것이 계약이지만 싸게 나왔다는 이유로 결정하는 것은 곤란합니다. 다시 강조하지만 싸면서도 괜찮은 매물이란 존재하지 않습니다. 빨리 팔고 싶은 것은 건물주의 생각일 뿐입니다.

결국 인연이 닿는다면 내일이 아니라 다음 달이라도 계약하게 될 테니 심사숙고하여 결정해야 합니다. 그 심사숙고란 내가 원하는 것, 즉 내가 추진하려는 투자 용도에 부합하는가를 고민하는 것입니다.

정해진 '공장도가격'이나 '권장소비자가격'이 존재하지 않는 빌딩 시장에서 가격이 싼 급매물의 이유를 철저하게 분석하지 않으면 투자에 실패할 확률이 높아집니다. 사례별 대처법에 대해서 간단히 살펴보겠습니다.

첫째, 권리관계가 복잡하여 정상적인 매각이 힘든 경우

둘째, 매도인이 급전이 필요해서 급매로 내놓은 경우

셋째, 매물에 하자가 있어 제대로 된 가격을 받을 수 없는 경우

넷째, 미래가치가 하락할 것으로 예상되는 경우

빌딩을 매입할 때는 매물만 보지 말고 파는 사람도 함께 봐야 합니다. 위에서 언급한 첫 번째와 두 번째 사례는 매도자의 상황에서 발생하는 것이고, 세 번째와 네 번째 사례는 매물과 매물의 주변에서 발생하는 것입니다.

먼저, 매도자를 파악하기 위해서는 등기사항전부증명서를 열람해야 합니다. 권리관계가 복잡한 빌딩은 등기사항전부증명서 갑구 역시 복잡합니다. 가등기, 매매예약, 가압류, 가처분 등의 무서운 단어가 적힌 경우가 많죠.

가등기가 있는 매물은 가등기의 순위가 높은지 낮은지를 판단한 후 가등기권자에게 가등기를 양도받는 것이 제일 좋습니다. 가압류와 가처분은 해당 금액이 얼마인지 알아보고 금액을 처리하는 방법을 계약서에 명시하면서 해당 권리가 말소되는 방법을 정하면 됩니다.

다음으로, 근저당권이 설정된 것이 있는지 확인해야 합니다. 매도인이 급전이 필요한 경우라면 대부분 등기사항전부증명서의 을구에 기재됩니다. 현 건물주가 빌딩을 매입할 때 설정된 근저당권

은 본인이 감당할 수 있다고 판단하고 대출받은 것이라서 액수가 많더라도 크게 문제가 되는 경우는 별로 없습니다. 하지만 매입 때가 아니라 보유기간에 추가로 설정된 대출이 많을 때는 눈여겨봐야 합니다.

제1금융권이지만 금액이 큰 경우, 그전에 대출받았던 은행이 아니라 다른 은행에서 대환이 이루어지면서 금액이 커진 경우, 근저당권설정 은행이 제1금융권이 아니라 저축은행이나 캐피탈처럼 제2, 제3금융권인 경우 등을 주목해야 합니다. 만일 개인이 설정한 사채라면 더더욱 급전이 필요했던 경우가 될 것입니다. 그리고 소유주의 나이가 많은 빌딩에서 흔히 보이는 현상인데 매년 2~3억 원씩 근저당 설정이 되는 경우가 있습니다. 이는 보통 생활비를 충당하기 위해 대출을 받은 경우가 많죠. 그 외에도 많은 권리관계가 등기사항전부증명서에 기재됩니다. 설정 일자와 연관성을 유추해보면 매도자의 현 상황을 예측할 수 있습니다.

문제는 등기사항전부증명서에 나타나지 않는 권리인데 가장 대표적인 것이 유치권입니다. 유치권은 보통 공사 대금을 회수하기 위해 부동산을 점유하면서 주장하는 권리라서 등기사항전부증명서에 기재하지 않는 것이죠. 현장을 방문해야만 알 수 있는 권리입니다.

따라서 만일 처음으로 빌딩을 매입하는 투자자라면 중개인에게 매도자의 상황과 매도의 이유에 대해서 꼭 물어봐야 합니다. 소유자의 상황을 체크하는 게 1순위여야 합니다.

매물에 하자가 있는 경우는 그 하자가 원천적인 하자인지 후천적인 하자인지 파악하는 것이 중요합니다. 빌딩도 사람과 같아서 나이를 먹으면 병이 생깁니다. 하지만 걱정할 것 없습니다. 고칠 부분이 있다면 고치면 됩니다. 사람도 수술해서 건강을 되찾잖아요.

우선 수리 범위를 파악하고 비용과 기간을 따져봐야 합니다. 약간의 수리로 끝날 부분인지 전체 대수선을 해야 할 부분인지를 파악하고, 그 번거로움을 가격으로 환산하여 매도자에게 제시해야 합니다. 그 금액이 받아들여진다면 무난하게 계약이 성사되는 것입니다. 물론 앞서 언급한 것처럼 리모델링한 후 재매각하기 위해 하자가 있는 빌딩만 찾는 투자자도 있긴 합니다.

미래가치 하락이 예상되는 경우 그 답은 명쾌합니다. 아무리 저렴해도 매입하지 말아야 합니다. 미래가치가 없는 것은 말 그대로 미래에도 팔기가 쉽지 않습니다. 그래서 급매로 나온 것이고요. 다시 말하지만 매입할 때부터 엑시트 플랜을 짜놔야 합니다.

미래가치를 판단할 때 상권분석도 함께해야 합니다. 상권이 빠르게 성장하고 또 그만큼 빠르게 쇠퇴하는 시대가 오면서 직접적으로 상권의 영향을 받는 빌딩 시장도 트렌드의 영향권 안에 놓이게 되었습니다. 이러한 관점으로 보자면 한번 죽은 상권은 다시 살아나기가 쉽지 않고, 부활하더라도 힘을 발휘하지 못하는 경우가 많습니다. 이미 죽은 상권 또는 죽어가는 상권이 살아나는 것을 기다리기보다는 작은 움직임이더라도 뜨고 있는 상권이나 생동감 넘치는 상권에 투자하는 것이 낫다고 판단됩니다.

건물주로 가는 로드맵 10단계

'건물주로 가는 로드맵 10단계'는 빌딩 투자를 어디서부터 어떻게 시작해야 할지 감을 잡지 못하는 예비 건물주에게 실질적인 도움이 되는 '실전 노하우'라고 할 수 있습니다.

10단계는 다시 5개의 항목으로 분류할 수 있습니다. 항상 아래와 같은 궁금증을 갖고, 그 답을 찾으면서 빌딩 투자를 진행하기를 바랍니다. 실제로 빌딩을 매입할 때 들고 다니면서 순서대로 체크해 나간다면 큰 실수를 줄일 수 있을 것입니다.

1. How: 자금 계획, 어떻게 세울 것인가?

1단계: 꼼꼼하게 자금 계획 수립하기

2. Why & Where: 나는 왜 빌딩을 매입하려고 하는가, 어느 지역의 어떤 빌딩이 좋을까?

2단계: 매입목적과 매입지역 정하기

3단계: 현장답사 및 법적 규제 검토

4단계: 매입 결정

3. Do it: 본격적인 건물주 되기

5단계: 계약하기

6단계: 잔금 준비

7단계: 잔금 집행 및 소유권이전등기

4. Who & What to do: 누가 내 빌딩의 가치를 키워주는가, 무엇을 어떻게 해야 하는가?

8단계: 인수인계

9단계: 빌딩 관리

5. When: 언제 어떻게 팔 것인가?

10단계: 빌딩 갈아타기 혹은 추가 매입하기

건물주로 가는 길 1단계:
꼼꼼하게 자금 계획 수립하기

내가 보유한 자금이 얼마인지, 대출은 얼마나 나오는지 등을 확인하여 어떤 사이즈의 빌딩을 매입할 수 있는지 계획을 세우는 단계입니다. 계획은 항상 첫 단추가 가장 중요하죠.

　종종 "네? 가진 돈이 이 정도뿐인데 그걸 살 수 있다고요?"라고 놀라면서 묻는 예비 투자자가 있습니다. 맞습니다. 실제로는 가능한데 몰라서 도전하지 못했던 것뿐입니다. 또한 대출과 세금 등을 알면 절약할 수 있는 것도 많습니다. 1단계의 체크 포인트는 다음과 같습니다.

　※ 자금 계획: 자금을 다 준비할 수 없다면 적극적인 대출을 통

해 필요자금을 충당할 것

※ 세금: 취득세, 중개수수료 등의 부대비용 역시 필요자금의 일부임을 잊지 말 것

[예산서 작성은 최대한 꼼꼼하게]

빌딩 투자의 첫 단계는 정확한 매입 자금을 계획하는 것에서부터 시작됩니다. 당연한 얘기 아니냐고 반문하는 독자도 있겠지만 자금 계획도 세우지 않은 상태에서 무턱대고 매입에 뛰어드는 투자자도 적지 않습니다.

엄밀하게 말하자면 빌딩 매매는 자금 문제에서 시작해 자금 해결로 끝납니다. 철저하게 계획된 자금에서 시작되어 치밀하게 계산된 자금으로 끝나는 것이죠. 금액뿐만 아니라 시간도 여유를 갖고 움직여야 합니다. 급한 마음에 서두르다가 공든 빌딩이 무너지는 것은 한순간이기 때문입니다. 컴퓨터 엑셀 프로그램으로 꼼꼼하게 예산서를 작성하는 것을 권합니다.

보유자금이 많아서 사고 싶은 빌딩을 마음 놓고 사면 좋겠지만 그런 사람은 많지 않습니다. 일반적인 투자자는 양단간에 결정해야 합니다. 열심히 일해서 20억 원을 만든 다음에 빌딩사냥에 나설 것인지, 괜찮은 빌딩군을 먼저 추린 다음 부족한 자금을 충당할 방법을 찾을 것인지를 말입니다. 필자는 후자가 맞다고 봅니다.

자금을 다 준비한 뒤에 매입하려고 하면 원하던 빌딩은 다른 사람의 손에 들어가 있거나 가격이 올라 있을 것입니다. 손을 탈 때마

다 취득세라는 세금을 내기 때문에 거래가 됐다는 얘기는 가격이 무조건 오른다는 말입니다. 이런 전략으로는 뒷북을 칠 수밖에 없게 되는 것이죠. 따라서 매입하고 싶은 빌딩을 먼저 정한 다음에 자금을 맞춰나가는 것이 좋습니다. 물론 그렇다고 터무니없이 비싼 매물에 욕심을 내라는 뜻은 아닙니다.

우선 보유한 현금 중에서 투자할 수 있는 금액이 얼마인지, 합법적인 경로를 통해 융통할 수 있는 현금이 있는지, 대출을 통해 확보할 수 있는 금액이 얼마나 되는지 등을 파악해야 합니다. 이것이 곧 나의 매입 자금입니다.

흔히 매입을 결정하고 난 다음에 대출을 신청한다고 생각하는 경우가 많은데 그렇게 하면 너무 늦고, 정확한 계획을 세우기가 어렵습니다. 빌딩에 투자해야겠다고 마음을 먹고 자금 계획을 세우는 단계에서부터 은행과 접촉할 필요가 있습니다. 꼭 특정 매물을 사겠다는 결심이 서지 않았더라도 괜찮은 매물이 있으면 대출 시뮬레이션을 돌려보라는 것입니다. 은행에서 필요로 하는 것이 무엇인지를 듣다 보면 구체적인 계획 수립이 가능합니다. 이것을 '대출 스탠바이'라고도 표현합니다. 또한 이렇게 미리 신용 정보를 점검해두었기 때문에 실제 매입단계에서는 어려움을 겪지 않을 수 있습니다. 검토 시간도 짧아지겠죠. 좋은 매물은 기다려주지 않아서 빠른 선택이 필요일 때가 많습니다. 대출 심사 결과를 사나흘씩 초조하게 기다리지 않아도 된다는 뜻입니다. 그리고 매수인이 신용도나 기타 대출 가능 여부에서 부족한 부분이 있으면 보완할 수 있습니다.

나아가 은행원을 상대하는 방법도 덤으로 알게 될 것입니다. 대출이란 '은행이 알아서 주는 대로 받는 것'이 아니라 '내가 원하는 금액을 요구하면서 서로 조정할 수 있다는 것'은 경험하지 않으면 알 수가 없습니다. 대출이 돈을 빌리는 것이라고만 여기면 고개를 숙여야 하지만 "내가 당신네 은행의 돈을 쓰지만 내가 내는 이자로 은행은 운영되는 거 아니냐? 난 은행을 먹여 살리는 고객이다."라는 마인드로 접근하면 당당해지고, 유리해질 수 있습니다.

매입비용과 대출만 확인했다고 끝이 아닙니다. 예비자금도 마련해두어야 합니다. 생각하지도 못한 세금, 부동산 중개수수료, 꼭 필요한 리모델링 비용, 당장 현금으로 지출해야 하는 항목 등 추가로 자금이 필요한 경우가 많습니다.

오로지 매매가격만 생각하고 딱 맞게 자금을 준비했다가 낭패를 보는 투자자가 의외로 많습니다. 이미 계약이 진행되어 돌이킬 수도 없어서 급전을 구하러 다니는 투자자도 많이 봤습니다.

"부수적 비용이 얼마나 되겠어?"라면서 간과하면 안 됩니다. 단돈 10만 원이라도 부족하면 무조건 부족한 것입니다. 꼭 '(매입금액+취득세+이전 시 필요비용+중개수수료)-임대보증금'의 방식으로 따로 계산해놓아야 합니다.

이처럼 세금을 포함한 부수적 비용이 많이 발생하기 때문에 단기간에 사고파는 식의 빈번한 거래로는 큰 수익을 내기 어렵습니다. 장기투자의 안목으로 접근하는 것이 좋습니다. "벌긴 벌었는데 세금 내고 나니 내 손에 남는 게 없더라."처럼 속상한 일도 없죠. 그래서 필자는 보유기간을 4~5년 정도를 생각하고 있습니다.

  자금이 부족하다면 장기적인 계획을 세울 필요가 있습니다. 처음부터 큰 욕심을 내지 말고 지금부터, 작은 것부터라도 하나씩 하나씩 만들어가라는 것입니다. 예를 들면 상권이 형성되지 않은 지역의 작은 주택을 매입하는 것도 하나의 방법입니다. 이 경우 임차인을 끼고 매입하면 초기자금에 대한 부담을 줄일 수 있습니다. 주택은 명도에 큰 어려움이 없으므로 추가 비용 없이 명도를 진행한 후 용도변경을 하여 작은 가게를 입점하는 방식으로 빌딩의 가치를 키우는 것도 좋습니다. 단, 주택담보대출 규제에 따른 대출금 체크를 전제조건으로 해야겠죠.

  자금이 더 부족한 투자자라면 토지가 협소한 곳에 있는 꼬꼬마 빌딩도 괜찮습니다. 내가 융통할 수 있는 자금에서 바로 매입할 수 있는 토지가 있다면 일단 추진하는 것이 좋습니다. 작은 땅이더라도 입지가 좋은 매물이면 향후 숨은 진주가 될 수 있습니다. 전문가와 함께 '세공'을 잘하면 멋진 보석이 됩니다. 흔히 효자 빌딩이라고 하죠.

  다른 투자자를 구해서 공동명의로 매입하는 것도 좋습니다. 실제로 가격이 많이 상승한 빌딩을 매입하기 위해서 공동으로 투자할 파트너를 찾는 경우가 의외로 많습니다. 필자의 고객 중에도 가족이나 친구, 선후배와 공동투자 하거나 설계사나 시공사와 함께 공동으로 투자하여 본인이 모르는 공사에 대한 리스크를 줄이려는 투자자도 많습니다.

[가진 돈이 별로 없는데 건물주는 욕심이겠죠?]

성공은 늘 꿈꾸는 자의 몫이라고 생각합니다. "절대 욕심 아닙니다." 필자는 자기 자본금이 부족하더라도 건물주의 꿈을 버리지 말라고 강조합니다. 계속 관심을 두고 공부하다 보면 길이 보입니다. 물론 적극적으로 찾아다니면서 상담에 임해야 그 길을 볼 수 있습니다.

"아무리 그래도 자금의 마지노선이 있지 않나요?"라는 질문을 받으면 요즘은 10~20억 원을 준비한 상태에서 꼬마빌딩을 찾는 투자자가 가장 일반적이지만 적어도 5억 원의 자기 자본금은 있어야 한다고 설명합니다. 10억 원이 있다면 마포권에서 찾아볼 수도 있습니다. 물론 강남권을 원한다면 20억 원도 부족합니다. 이렇게 자금에 맞춰서 지역을 찾을 수도 있고, 토지가 협소한 빌딩을 찾을 수도 있습니다.

요즘 상담해보면 자기 자본금 10~20억 원을 들고 대출받아서 50억 원대의 빌딩을 매입하는 경우가 많습니다. 이런 가격대의 빌딩을 찾는 사람이 많다는 뜻은 이런 가격대의 매물이 잘 팔린다는 뜻이기도 합니다. 매도자를 분석해보면 과거 30억 원에 매입했던 빌딩을 50억 원을 받고 매도합니다. 강남권에서는 50억 원에 매입해서 80억 원 이상에 매도하는 경우가 많습니다.

자금에 맞춰 지역을 찾고자 한다면 해당 지역의 아파트 시세를 참고해도 됩니다. 30평대 아파트 매매가의 2배가 꼬마빌딩 매매가의 하한선이라고 생각하면 계산이 편합니다. 예를 들어 강남권 30평대 아파트의 일반적 시세가 25~30억 원이므로 강남권 꼬마빌딩은 최소 50~60억 원입니다. 아파트 2채 가격이 빌딩 1채 가격인 셈입니다. 이처럼 아파트와 빌딩은 한 바구니에 담기는 투자 상품이 되었습니다.

예를 들어보겠습니다. 2022년 5월 현재 수중에 현금 10억 원과 아파트 1채가 있다면 건물주가 될 수 있을까요? 경우의 수가 여러 가지 있겠지만 위와 같은 조건이라면 아파트를 공동담보로 넣고 법인으로 매입하면 50억짜리 규모의 빌딩 매입에 도전해볼 수 있습니다. 만일 현금 20억 원과 아파트 1채를 보유하고 있다면 똑같이 아파트를 공동담보로 넣고 법인으로 매입하면 강남 지역의 100억짜리까지 검토해볼 수 있습니다.

한편 돈이 부족할 때는 지인과 공동으로 투자하는 고객도 많다고 설명한 바 있습니다. 아파트는 공동투자가 어렵지만, 빌딩은 가능하므로 투자처로서 메리트와 가치가 있다고 봅니다. 건물주의 꿈, 포기할 필요 없습니다. 다음 필자의 투자 사례를 보고 희망을 버리지 마시길 바랍니다.

KEY POINT

**예비자금은 꼼꼼히 준비!
돈이 없어도 방법은 있다.**

필자의 투자 성공기

다음은 1억 원을 투자해서 10억 원을 번 필자의 첫 빌딩 투자 사례입니다. 필자의 경험담이 독자 여러분께 도움이 되길 바라는 마음으로 설명해보겠습니다.

매매가	₩1,145,000,000	
보증금	₩100,000,000	임대차 승계
대출금	₩1,000,000,000	매매가의 약 90%
취득비용	₩52,000,000	취득세 4.6%+α(법무사 비용, 채권할인료 등 기타비용 포함)
중개수수료	₩10,000,000	매매가의 0.9%
실제 현금투입	₩107,000,000	{매매가-(보증금+대출)}+(취득세+중개수수료)

2017년 1월, 사당동 모 아파트 단지 정문 앞에 있는 지하 1층 지상 4층짜리 빌딩을 11억 4,500만 원에 매입하면서 드디어 처음으로 건물주가 되었습니다. 가격이 말해주는 것처럼 꼬꼬마빌딩에 속하는 매물이었습니다.

아파트 단지 바로 앞에 있으니 가격이 갑자기 오를 일은 없는 곳이었지만 필자 눈에는 크게 3가지 장점이 보였습니다. 우선 사당동이 강남의 영향권에 포함된다고 판단했고, 강남의 가격을 계속 따라갈 것 같다고 생각했습니다. 강남이 오르면 사당동도 오르겠죠. 당시 강남은 일종의 활화산과도 같았습니다. 용암이 끓어오르다가

분출하면 사방팔방으로 확장되죠. 강남 → 용산, 성동으로 확장된 것처럼, 강남 → 서초 → 동작 또는 강남 → 송파 → 강동 등으로 세력이 뻗어나갈 것으로 예상했습니다. 이러한 지리적 상승 요인의 전망이 결코 나빠 보이지 않았습니다. 여기에 서초역과 내방역 사이에 터널이 개통되는 것도 이런 확장을 더욱 가속화하고 현실화할 것으로 전망했습니다.

그다음은 대출받기가 수월하다는 장점도 있었습니다. 고대출과 저금리를 활용한 레버리지 효과를 기대할 수 있었던 것이죠. 은행을 통해 알아보니 7억 원까지 대출이 가능했는데 기존 임차인의 보증금 1억 원이 있었으니 실질적인 필요자금은 3억 4,500만 원에 불과했습니다. 여기에 필자가 살고 있던 아파트를 추가로 담보 제공하면 3억 원을 더 대출받을 수 있었습니다. 결국 단돈 5,000만 원으로 건물주가 가능했던 것입니다. 여기에 취득세 5,200만 원을 더하면 순수하게 동원된 현금은 약 1억 원입니다. 당연히 대출 이자는 월세를 받아서 낼 수 있었기 때문에 추가 비용에 대해 걱정하지 않았습니다. 아파트로 따지면 전세가 90%를 안고 매입한 것과 비슷한 경우였죠.

2017년 1월 잔금을 치를 당시의 대출금리는 2.5%로 월 210만 원 정도였습니다. 월 임대료가 총 385만 원이었으니 이자를 내고도 175만 원이 남았습니다. 실투자 대비 레버리지 효과로 취득세를 빼고 계산하면 연 42% 수익률이 나왔습니다. 취득세도 결국 내 돈이므로 필요비용에 산입하면 수익률이 21% 정도였습니다. 어디서도

우리은행 대출 내역

대출종류	마스터론2(신규대출) 기업 시설 분할대출	계좌번호	1241-700-030695
고객명	오동협	관리점	을지로5가금융센터
대출잔액	662,000,000원	대출금액	1,000,000,000원
상환방식	원금분할	계좌상태	정상
대출이율	1.84%(KORIBOR기준금리+1.12%)	자동이체	1005-803-139033
신규일	2017.01.16	만기일	2022.01.18
최종이자납입일	2021.05.15	다음이자부일	2021.06.16
이체지정일(주기)	16일(1개월)	다음분할원금상환일	2021.06.18

2021.05.17		0		1,001,917	0		0	0
	이자납입		2021.05.15	2021.06.16		센타	662,500,000	
2021.04.16		0		1,046,994	0		0	0
	이자납입		2021.04.15	2021.05.16		센타	663,000,000	
2021.03.16		0		946,714	0		0	0
	이자납입		2021.03.15	2021.04.16		센타	663,500,000	
2021.02.16		0		1,048,938	0		0	0
	이자납입		2021.02.15	2021.03.16		센타	664,000,000	
2021.01.18		0		1,080,155	0		0	0
	이자납입		2021.01.15	2021.02.16		센타	664,000,000	
2020.12.16		500,000		1,046,557	0		0	0
	이자납입		2020.12.15	2021.01.16		센타	664,500,000	
2020.11.16		500,000		1,082,255	0		0	0
	이자납입		2020.11.15	2020.12.16		센타	665,000,000	

보기 힘든 성공적인 투자라고 필자는 자부합니다. 이처럼 최저 자본으로 최적의 효과를 보는 것이 바로 최고의 투자입니다.

금리 부분을 조금 더 설명하겠습니다. 위의 표에서 볼 수 있듯이 매도를 앞둔 2021년의 대출 잔액은 6억 6,200만 원이었습니다. 필자는 일반적으로 투자자에게 대출을 상환하지 말라고 상담해주는데 필자는 왜 갚았을까요? 공동담보로 제공한 아파트를 2018년에 매도하여 어쩔 수 없이 아파트 담보대출 3억 원을 상환한 것입니다.

어쨌든 매도하려는 2021년 5월에 낸 이자가 월 100만 원 수준이었습니다. 이때 금리는 1.84%였습니다. 금리가 낮은 이유는 담보물의 담보가치보다 훨씬 낮은 대출액이었기 때문에 여러 우대금리를 적용받아서 그런 것입니다.

아파트를 팔고 3억 원을 상환했고, 원금까지 같이 갚으면서 대출금액이 결국 6억 6,200만 원으로 떨어졌고요. 참고로 해당 빌딩의 금리는 '코리보 기준금리+1.12%'이고, 여기에 적용된 1.12%는 '가산금리−우대금리'입니다.

물론 처음에 10억 원의 빚을 지고 빌딩을 매입하는 것이 쉬운 일은 아니었습니다. 2016년 11월에 계약했는데 "빌딩이 너무 작은 거 아니냐?" 또는 "임대료를 많이 올릴 수 있는 지역이 아닌 것 같은데 금리가 오르면 어떻게 하냐?"라는 주변의 걱정도 있었습니다. 하지만 업계에서 직접 일을 하다 보니 "오르면 올랐지 더 떨어질 일은 없다"라는 나름의 확신이 있었습니다. 느리더라도 우상향 곡선을 유지할 것이라는 분석, 이것이 매입을 결정한 가장 중요한 이유였습니다.

2017년 당시의 부동산 투자 분위기는 '앞으로 어디에 투자해야 하는가? 아파트냐? 꼬마빌딩이냐?' 하면서 저울질하던 시기였습니다. 5억 원에서 15억 원 정도의 자금을 들고 꼬마빌딩을 찾는 고객이 많은 것을 보면서 필자가 내린 결론은 "지금 꼬마빌딩을 사두면 희소성이 있겠다. 작은 건물이 부족해지니까 5년 정도 후에는 귀한 매물이 되어 25억 원 정도에 팔 수 있겠다"라는 것이었습니다. 이 희소성이 필자가 해당 빌딩을 매입한 세 번째 장점입니다. 시장이 계속해서 커질 것이라고 본 것이죠. 결과는 어떻게 되었을까요? 틀리지 않았습니다.

필자는 4년 5개월 보유하다가 2021년 6월, 23억 원에 매각했습니다. 매입할 때의 목표는 5년 이상 보유한 다음 25억 원에 매도하는 것이었지만 더 큰 빌딩을 갈아탈 뚜렷한 목표가 있었으므로 그 시기는 적절했다고 판단합니다. 다음 그림은 필자가 매입할 때의

2017년 매입 시 임대수익과 2021년 양도 시 양도차익 비교

17년 1월

21년 6월

매입 시 임대수익(50%씩 2명 공동)		양도 시 양도차익	
매매가	11억 4,500만 원	매매가	23억
보증금	1억	보증금	1억
월+관	385만 원	월+관	528만 원
수익률	연 4.42%	수익률	2.95%
대출	10억	양도차익	11억
실투금	4,500만 원	양도세	3억 6천만 원
월이자(2.5%)	210만 원	양도세 후 수익	7억 4천만 원
임대 순수익	175만 원	총 투입비용	1억
레버리지 효과	연 46.67%		

수익률과 매도할 때의 수익률을 정리한 것입니다. 양도차익과 필자가 납부한 양도세도 나와 있습니다.

그렇다면 23억 원에 필자의 빌딩을 매입한 투자자는 비싸게 매입한 것일까요? 그렇지 않습니다. 필자가 매도할 당시 월세와 관리비를 합쳐서 매달 528만 원이라는 적지 않은 임대료를 받고 있었습니다. 필자가 4년 동안 임대료, 즉 빌딩의 가치를 올려놓았기 때문이죠. 매입자 입장에서 보면 23억 원 투자에 수익률이 2.95% 나오는 빌딩을 매입하는 것이니 괜찮은 투자입니다. 역으로 설명하면 필자가 수익률 3%를 기준으로 역계산해서 매매가를 23억 원으로 책정한 다음 시장에 내놓은 것이기도 합니다. 시장이 그것을 받아들인 것이고요.

사실 매도하면서 두 가지 후회가 들었습니다. 첫 번째 후회는 1.84%라는 매우 저렴한 대출금리 외에도 "애초에 개인이 아닌 법인으로 매입했어야 했는데"라는 후회입니다. 2017년 아내와 5대5 공유지분으로 매입할 당시는 법인 명의의 매입보다는 개인 명의의 매입이 더 많았습니다. 법인회사를 소유한 사업가도 개인으로 매입하던 시기였습니다. 그것은 법인의 자금을 합법적으로 개인의 소유로 가져오는 방법입니다. 개인 소유의 빌딩에 내가 대표로 있는 법인이 임차하여 임대료를 내는 것은 전혀 문제 되지 않기 때문이죠. 임대인으로서는 안정적인 임차인을 확보하는 것이고 법인이 내는 임대료는 개인에게 연체 없이 다달이 들어오는 것이죠. 임대료는 임대인과 임차인이 협의하여 정하는 것이므로 주변 임대 시세보다 조금 높아도 괜찮은 것이고요. 필자가 운영하는 법인이 임차인으로 입점할 건 아니었지만 필자도 그 당시 다른 매수자처럼 개인 명의로 매입했습니다.

　어쨌든 4년 보유한 것에 대한 장기보유특별공제를 받기는 했으나 공유자 두 명의 양도소득세 합계액이 3억 6,000만 원에 달했습니다. 그래서 양도차익 11억 원에서 양도세 납부 후 필자의 손에 남은 돈은 7억 4,000만 원이었습니다. 만일 법인으로 매입했다면 1억 5,000만 원을 더 남길 수 있어서 갈아탈 때 조금 더 여유가 있었겠다고 생각할 수밖에 없었습니다. 양도소득세가 시세차익에 비해 다소 과했다는 느낌을 지울 수가 없었던 것이죠.

　두 번째 후회는 매도 후 잔액 7억 4,000만 원으로 매입할 만한 매물이 없었다는 것입니다. 매도한 사당동 빌딩 같은 것밖에 없었습니다. 결국 괜히 빌딩만 날렸다는 생각이 들기도 했습니다. 갈아탈 매물을 미리 확보한 다음에 팔았어야 했다고 후회한 것이죠.

그런데 매도하기 전에 매수할 매물을 확보하려면 계약금이 있어야 하고, 잔금 전에 매도해야 해서 매도인은 시간에 쫓기게 되기 때문에 매수인과의 협상에서 질 수밖에 없는 구조라는 것을 잘 알기에 잠깐 후회를 한 다음 더 좋은 매물을 찾기에 집중했습니다. "돈이 없어서 못 사지 살 게 없어서 못 사냐?"라는 마인드였죠. 결국 외국에 거주하는 분이 매도하는 서교동의 40억짜리 빌딩을 법인 명의로 매입하면서 필자의 빌딩 재테크는 진행형이 되었습니다.

2022년 8월, 필자는 마포구 홍대에 있는 지하 1층~지상 5층짜리 빌딩을 법인 명의로 40억 원에 매입했습니다. 80%인 32억 원(담보대출 26억 원+신용대출 6억 원)을 대출받았는데 기존 보증금이 1억 원 정도가 있었으니 실제로 자기 자본금은 전체에서 17.5% 정도 들어간 셈입니다. 보통은 은행에서 자기 자본금, 즉 에쿼티를 법인인 경우 20~30%, 개인인 경우 30~40%를 요구하는데 지점장의 재량이 반영된 결과입니다.

매입 당시 3층과 4층은 공실이었습니다. 인기가 없는 빌딩이라서 그런 것이 아닙니다. 원래는 주택이었는데 매도인이 주택에 대한 종합부동산세를 피하려고 2022년 5월 말에 임차인을 명도하고 주택에서 근생으로 용도를 변경하여 공실이 된 것입니다. 이렇게 용도를 변경해둬야 매도인은 종합부동산세를 피하고 매수자가 법인인 경우에 취득세 중과도 피하고 대출도 잘 나오기 때문에 매도인과 매수인 모두에게 유리한 상황이 됩니다. 당연히 매매도 수월해집니다.

당장 3, 4층 임대료로 각각 150~170만 원 정도를 받을 수 있을 것으로 예상되지만 급하게 임차인을 들이지 않고 있습니다. 리모델링이나 신축을 통해 빌딩의 가치를 더 끌어올려 임대수익을 증대시킬 계획입니다. 나의 노력으로 수익을 더 올릴 수 있다는 점, 이것이 바로 빌딩 투자의 매력입니다.

위와 같은 사례를 브리핑하면 "아파트 전세를 살더라도 꼬마빌딩에 투자하는 것이 나을까요?"라고 묻는 예비 투자자가 간혹 있습니다. 저는 '영끌'이나 무리한 투자는 추천하지 않습니다. 솔직하게 집부터 장만하라고 권합니다. 현재 대한민국에서는 일단 마음 편하게 살 집부터 장만하는 것을 최우선으로 해야 한다고 생각합니다. 그리고 1가구 1주택 비과세를 이길 투자는 없다고 생각합니다. 앞으로 남고 뒤로 밑지면 안 되니까요.

물론 어디까지나 필자 개인의 판단입니다. 투자 판단과 선택, 이를 통한 달콤한 이익과 쏠쏠한 손실은 언제나 본인의 몫입니다. 단, 최악의 상황까지 염두에 두고 감당할 수 있는 범위 안에서 투자를 진행해야 하며, 아낄 수 있는 비용은 최대한 아껴야 하므로 전문가의 조언을 듣는 것은 선택이 아닌 필수입니다.

건물주로 가는 길 2단계: 매입목적과 매입지역 정하기

왜 빌딩을 사고 싶은지, 개인 재테크 용도인지, 법인 사옥용인지, 임대수익용인지 시세차익용인지 등의 총론을 정한 다음 어느 지역의 어떤 빌딩을 매입하겠다는 각론으로 들어가야 혼란을 겪지 않고 빌딩을 매입할 수 있습니다.

만일 목적도 정하지 않은 채 빌딩 구경만 하고 검토만 거듭하면 배가 산으로 갑니다. 검토하고 고민하는 동안 매물의 가격은 계속해서 상승하고 결국에는 매입에 실패하고 맙니다.

성공한 투자자의 추세를 보면 토지 가격 상승으로 30억 원, 리모델링을 통한 건축물의 상승으로 10억 원 정도의 수익을 창출한 경우가 많습니다. 결국 매입지역의 입지가 중요하다는 뜻이죠.

2단계의 체크 포인트는 다음과 같습니다.

※ 매입목적: 직접 사용할 계획인지 수익용인지 등을 정할 것
※ 매입지역: 목적을 정한 후 빌딩의 종류와 지역을 선택할 것

[목적에 따라 빌딩의 종류도 달라진다]

건물주가 되고자 한다면 매물을 고르기 전에 우선 매입목적, 즉 용도부터 정해야 합니다. 내 목적에 맞는 빌딩을 얼마나 합리적이고 똑똑한 방법으로 매입하느냐 하는 것이 가장 중요합니다. 구매의 목적을 정확히 한 다음 빌딩의 종류를 고를 수 있습니다.

상가용, 사무용 등 빌딩의 종류에 따라 임대수익이나 투자가치가 달라지기도 하지만 직접 사용하는 용도인지 수익을 위한 용도인지에 따라서도 투자전략이 달라집니다. 무리하게라도 과감한 투자를 하고 싶은 것인지, 안정적인 임대수익을 추구하는 것인지, 시세차익을 노리는 것인지 등 구매 목적을 정확히 하고 흔들림 없이 매수과정을 밟아 나가야 현명한 투자가 가능해질 것입니다.

크게 임대수익용, 시세차익용, 자가 사용 용도로 나눌 수 있습니다. 안정적 임대수익을 원하는 투자자라면 주변 배후세대, 임대 시세, 임차인 현황 등을 따져봐야 할 것이고, 시세차익을 원하는 투자자라면 개발 호재와 유동 인구에 따른 상권의 확장성 등을 살펴봐야 합니다. 보통 전자는 연세가 지긋한 고객에게, 후자는 젊은 고객에게 추천합니다. 또한 직접 사용할 목적이라면 법인의 사옥용과 주거+상가용으로 나눌 수 있습니다.

임대수익도 안정적이면 좋겠고, 직접 입주해서 사용하고 싶고, 향후 시세차익도 노리고 싶은 것이 인간의 욕심이지만 모든 것을 다 만족시켜주는 빌딩은 거의 없습니다. 두 마리 토끼를 잡으려다가는 둘 다 놓치게 되니 가장 중요한, 즉 본인의 투자 목적을 만족하는 빌딩을 최우선의 가치로 삼는 것이 좋다는 것입니다. 무턱대고 싸고 좋은 빌딩부터 찾으면 안 된다고 몇 차례 강조한 바 있습니다.

[목적- 직접 사용할 빌딩을 찾는다면]

사옥용 빌딩

사옥을 매입하는 법인이 늘고 있다고 설명한 바 있습니다. 시설자금 대출이 가능하다는 장점도 있지만 입주하기 전에 명도와 인테리어 공사가 필요할 수 있으므로 시간적 여유를 두고 매입하는 것이 좋습니다. 실제로 매입하면서 주의해야 할 점을 알아보겠습니다.

● 필요면적

현재 사용 중인 사무실 면적과 매입할 빌딩의 면적을 비교해야 합니다. 반드시 전용면적을 비교해 필요면적에 합당한지 확인해야 하죠. 전용면적 외에 주차공간도 확인해야 합니다. 특히 연예인 밴이 여러 대 필요한 엔터테인먼트 회사나 손님이 많이 드나드는 회사라면 주차공간 확보는 필수입니다.

● 위치

기존 사무실 위치와 가까운지, 직원들의 출퇴근 시 대중교통은 어떤지, 출퇴근 시간에는 영향은 없는지, 근무환경에 영향을 주는 유해시설은 없는지 등도 따져봐야 합니다. 이는 현재 근무하는 직원뿐만 아니라 향후 새롭게 채용하는 직원에게도 중요한 요인이 될 수 있습니다.

내가 직접 사용하지 않고 사무용으로 임대하더라도 마찬가지입니다. 사옥이 후미진 동네에 있으면 인재 채용에 걸림돌이 되기 때문에 사업주들이 꺼립니다. 임대상황이 원활하지 않을 수도 있죠.

상가주택

빌딩 내 일부 층에 주거공간이 있으면 직접 거주하면서 임대료 이익까지 얻을 수 있는 일거양득의 장점이 있습니다. 보통 자금이 부족하거나 생애 첫 빌딩을 매입하는 투자자가 이런 결정을 많이 하는 편입니다. 다만 매입하기 전에 대출 여부와 함께 아래의 두 가지를 확인해야 합니다.

● 주거공간의 면적

거주해야 할 공간의 면적과 전용면적을 확인해야 합니다. 빌딩 내 주거공간은 아파트처럼 정해진 평수와 도면이 있는 것이 아니기 때문에 꼼꼼하게 파악해야 합니다. 아파트와 달라서 예상치 못한 불편함이 있을 수도 있습니다.

● 임대상가의 업종

임대하게 될 상가의 업종을 확인해야 합니다. 원하지 않는 유흥 시설이나 주거에 피해가 될 만한 업종은 없는지 살펴봐야 하죠. 특히 자녀가 있다면 더욱 조심해야 합니다. 공실이라고 섣불리 임대 했다가는 맘대로 내보내지 못해 고충을 겪게 될 수도 있습니다.

이런 빌딩을 보면 주변과 비교했을 때 임대료 수준이 낮은 것이 많습니다. 정에 약한 민족이라서 임대료를 공격적으로 올리지 못 하는 경우도 많습니다. 임대료 인상 타이밍을 놓치거나, "좋은 게 좋은 거"라는 생각에 덜 올리거나, 임차인의 사정을 너무 많이 봐주 다 보면 주변보다 임대료 수준이 낮아질 수밖에 없을 것입니다. 이 런 이유로 필자는 가능하면 상가주택 형태의 빌딩을 추천하지 않는 편입니다.

[목적- 수익용 빌딩을 찾는다면]

예비 건물주가 가장 많이 찾는 것이 수익용 빌딩입니다. 건물주라 면 누구나 투자가치와 임대수익이라고 하는 두 마리 토끼를 꿈꾸는 것이죠. 하지만 원하는 조건을 100% 만족해주는 완벽한 빌딩은 없 습니다. 조건이 맞으면 가격이 비싸고 가격이 맞으면 조건이 좋지 않습니다.

투자가치가 뛰어나면 임대수익이 나오지 않고, 임대수익이 높 으면 투자가치가 낮습니다. 투자가치가 높은 빌딩이라면 당연히 건물주가 높은 가격으로 팔 것이고 매매가 대비 임대수익은 낮아질 수밖에 없습니다. 반대로 투자가치가 낮다면 임대수익이라도 높아야지 매입을 할 것이므로 매매가를 깎아줘야 합니다. 그래야 매매 가격 대비 임대수익률이 높게 나와서 매각을 할 수 있습니다.

투자수익용

저축보다 나은 투자 상품을 찾는 경우, 특히 현재 고정적인 월수입이 있어서 임대수익에 대한 필요성이 낮은 경우라면 지가 상승으로 인해 향후 시세차익을 기대할 수 있는 투자수익용 빌딩을 선택하는 것이 좋습니다. 개발 호재가 있는 지역, 외지인 유입이 많은 지역에서 찾을 수 있습니다.

다만 이 경우는 미래의 불확실한 수익에 투자한 경우로서 빌딩의 향후 가치에 투자했다고 보면 됩니다. 미래의 가격 상승을 기대하고 매입하는 것이기 때문에 당연히 어느 정도 리스크가 존재할 수밖에 없습니다. 주변이 개발될 것을 예상하고 매입했는데 계획이 보류되면서 묶이는 경우도 많습니다. 임차인 변동도 심해서 공실률이 높은 경우도 있습니다.

리스크가 높은 만큼 향후 투자수익도 높아서 공격적으로 투자를 즐기는 젊은 매입자가 선호하는 빌딩입니다.

임대수익용

임대수익이 목적이라면, 매입할 때 대출 비율이 높아 이자를 내야 하는 부담이 크거나 혹은 노후에 고정적인 임대수익을 원한다면 매매가 대비 임대수익이 높은 빌딩을 찾는 것이 좋습니다. 확정적인 임대료가 발생하는 빌딩이기 때문에 실현 수익에 큰 의미를 두는 투자라고 할 수 있습니다.

이때는 현 임차인이 오래된 임차인인지, 영업은 잘되는지, 임대료 연체는 없는지 등을 꼼꼼히 따져봐야 합니다. 보통 오래된 임차인이 많고 공실률은 낮은 편이죠. 매입하기 전에 지출 비용까지 체크해서 임대료 수입에서 지출 비용을 뺀 순수입이 얼마인지도 확인해야 합니다. 매입 후 현재 임차인과 꾸준히 관계를 유지해야 하므로 관리적 측면까지 조금 더 꼼꼼히 확인한 후 매입을 결정하는 것이 좋습니다.

낡은 단독주택을 매입해서 수리나 신축을 통해 꼬마빌딩으로 탈바꿈한 다음 임대이익을 얻을 목적이라면 꼭 상권을 따져보고 매입해야 합니다. 개인 자금으로는 대로변에 있는 빌딩을 매입하기에는 부족할 것입니다. 그래서 그 이면도로로 들어가서 주택을 매입한 뒤 리모델링 등으로 디벨롭해야 하는 경우가 많습니다.

그런데 강남권은 이제 어지간하면 삼면 도로, 사면 도로까지 들어가야 겨우 매물을 찾을 수가 있죠. 이럴 때 중요한 것이 대로변에서 매물까지 진입하는 길입니다. 가능하면 한 번에 진입할 수 있는, 그래서 손님이 찾아오기 편한, 멀리서도 눈에 들어오는 곳이 좋습니다. 물론 삼면 도로, 사면 도로는 어쩔 수 없이 몇 번은 꺾이게 마련이죠. 그럴 때는 적어도 코너에 있는 것을 매입하는 것이 좋습니다. 일조권 사선제한을 점검하는 것도 필수입니다.

이처럼 괜찮은 상권의 영향권 안에 있는 주택을 매입해서 1층은 상가로, 2층과 3층은 주택으로 탈바꿈하면 자본수익을 높이면서 동시에 임대이익도 얻을 수 있습니다. 이 경우 뱀의 머리에 있는 허접한 주택보다는 비록 꼬리일지라도 용의 몸통과 연결된 괜찮은 상권의 주택을 매입하는 것이 좋습니다. 그 이유는 확장성 때문입니다. 내 빌딩이 있는 곳의 상권이 성장할 가능성이 없다면 투자의 가치도 퇴색할 수밖에 없습니다.

참고로 서울에는 28개 자치구가 있는데 그중에서 용은 6마리입니다. 강남 3구와 마용성 3구가 그것이고 나머지는 이무기나 뱀입니다. 가능하면 용에 가까운 곳에 자리를 잡고 있어야 혜택을 보게 될 것입니다. 그래도 서울이라서 다행입니다. 적어도 지렁이는 아니니까요.

"꼭 그렇게까지 해서 강남의 이면 빌딩을 사야 해요? 땅값이 싼 지역의 대로변 빌딩이 더 낫지 않아요?"라는 질문을 할 수 있는데 또 강조하지만 뱀의 머리보다는 용의 꼬리가 낫습니다. 꼬마빌딩은 태생적으로 지역 상권을 끌고 가는 역할로는 부족합니다. 상권의 혜택을 보는 쪽으로 선택해야 합니다. 그러니 가능하면 용의 근처에 있는 것이 낫다는 것입니다.

걱정 많은 투자자는 또 묻습니다. "사면 도로까지 들어가서 주택을 개조해서 빌딩을 지었는데 거기까지 임차인이 들어오지 않으면 어쩌죠?" 이런 입지의 빌딩은 사옥용으로 주목을 받는 중입니다. 법인회사가 매입해서 거주하다가 나중에 시세차익까지 보겠다는 전략으로 예쁘게 잘 매만져진 빌딩을 찾고 있습니다. 자가 사용으로 다 채우지 못한 부분에는 임차인을 영입하게 됩니다.

다만 퇴직 후 노후용, 즉 임대 수입으로 생활비를 써야 하는 세대라면 어쩔 수 없이 용보다는 뱀을 선택하는 것이 나을 수도 있습니다. 이 경우는 수도권도 답이 될 수 있습니다. 6용이라 부르는 지역은 훗날 매각할 때의 차익이 우선인 곳입니다. 아무래도 내 물건을 사줄 사람이 많은 곳이 낫죠. 그 이외의 곳은 상대적으로 '임자'를 만나지 못할 가능성이 더 큰 곳이므로 장기간 보유를 감수해야 할 것입니다.

[지역– 어디에 어떤 빌딩을 사야 할까?]

상권분석과 지역적 상승 요인을 설명하면서 강남 3구와 마용성 3구의 중요성을 설명한 바 있습니다. 여기에서는 특정 지역보다는 전체적인 설명을 하고자 합니다.

우선 "싸게 사서 비싸게 팔아야 한다"는 것이 투자의 기본 원칙입니다. 투자 상품을 처분할 때 이익을 더 남기기 위해서, 혹시 손해를 보더라도 그 피해를 최소화하기 위해서 상대적으로 저평가된 상품에 투자하는 것은 지극히 당연합니다. 이익을 기대할 수 없는 곳에 투자하는 사람은 세상에 없겠죠.

'투기'가 아닌 '투자'의 입장에서 본다면 '싸다'의 기준은 해당 부동산의 미래가치에 있다고 할 수 있습니다. 만일 비싸게 사서 더 비싸게 팔 수 있는 가치가 존재한다면 현재 가격은 비싼 것이 아니라 싼 것입니다.

필자는 언제나 '과거'의 매매사례를 근거로 '미래'의 매도 상황을 예측하여 '현재'에 매수하라고 권합니다. 현재 시점에서 미래의 가치에 투자하라는 것이죠. 매입한 후에 어떻게 매도할지를 고민하는 것이 아니라 매입하는 시점부터 매도할 수 있는 빌딩을 매입해야 한다는 뜻이기도 합니다. 따라서 미래가치가 있는 원석을 잘 찾아내야 훗날 싸게 잘 샀다는 말을 할 수 있게 되는데, 미래가치가 있는 부동산이란 어떤 것일까요? 이런 매물을 어디서 찾으면 되는 것일까요? 키워드는 자본과 인구의 집약입니다.

우선 지하철 개통이나 GTX 등 막대한 사회간접자본이 투입되는 지역의 부동산은 향후 미래가치가 있다고 말할 수 있습니다. 여기서 중요한 사항은 '유동 인구가 들어오는 개발이냐? 혹은 나가는 개발이냐?'를 따져봐야 한다는 것입니다. 이 지하철 개통이 임차인의 장사에 어떤 영향이 있을까를 고민해봐야 한다는 의미입니다.

예를 들어 주거지역이 밀집된 곳과 강남 등 중심 지역으로 이어지는 지하철 노선이 생긴다면 그 주거지역의 근생상권은 고객을 빼앗길 수밖에 없습니다. 연신내에서 GTX를 타고 강남까지 30분 안에 이동할 수 있다면 연신내 상권은 영향을 받을 수밖에 없습니다.

반대로 중심 지역은 다른 지역에서의 진입이 쉬워지면서 더 많은 인구가 유입될 것입니다. 새롭게 생긴 노선이 빨대 역할을 하면서 더 많은 인구를 흡입하는 것이죠. 그 결과 근생상권이 주거지역을 침범하면서 상권은 더욱 커지겠죠. 이처럼 교통이 발달하면 할수록 중심가의 상권이 더욱 커지는 사례는 매우 많습니다.

이와 반대로 중심상권과 연결된 주거지역은 어떻게 될까요? 더 많은 인구가 거주를 목적으로 유입될 것입니다. 중심상권으로의 이동이 편한데 거주 비용은 상대적으로 낮으므로 자연스럽게 아파트와 오피스텔, 빌라, 다세대주택 등 주거시설이 건축되면서 근생 상권으로의 변화가 아닌 주거지역으로 변할 것입니다. 주거환경은 더욱 좋아지겠지만 근생상권은 성장을 멈추면서 현상을 유지하는 수준이거나 상승하더라도 집 앞에서 이루어지는 작은 소비를 위한 상권으로 바뀔 것입니다. 물론 근생상권이 없어지지는 않습니다. 자본이 집약되는 개발 호재는 없더라도 배후세대가 많은 지역에 해당하기 때문에 작은 소비는 꾸준히 이어집니다.

"중심 지역의 상권과 주거지역의 상권 중 어디에 투자할 것인가?"라는 판단은 투자자가 어떤 목적으로 투자하느냐에 따라 결정하면 됩니다.

외국인 관광명소로 알려진 지역의 빌딩도 미래가치가 높습니다. 관광객은 내국인보다 1인당 소비 금액이 큰 편이기 때문입니다. 자본과 인구의 집약이라고 할 수 있는데 명동, 강남역, 홍대, 광화문, 이태원 등이 여기에 속합니다.

이러한 요소를 기반으로 미래가치를 어떻게 판단하는지에 따라 현재 투자하고자 하는 부동산의 가격이 저가인지 고가인지를 평가할 수 있으므로 미래가치를 판단하는 안목과 지식이 중요합니다. 거액을 일시에 투입하고 몇 년 동안 묻어두는 빌딩 투자는 두 번 세번 두들겨도 부족한 돌다리입니다.

잘 아는 지역

빌딩을 매입할 지역을 선택할 때는 경기 북부, 경기 남부, 서울 동쪽처럼 광범위한 지역을 선택하는 것보다 '00구 00동'처럼 구체적인 지역을 미리 정한 다음 자신의 조건에 맞는 빌딩을 알아보는 것이 효율적입니다.

가장 구체적인 지역은 아무래도 내가 잘 아는 지역입니다. 누군가의 설명을 듣지 않아도 흥망성쇠를 잘 아는 지역에서 매물을 찾는 것은 매우 중요합니다. 주변 시세와 비교, 발전 가능성 유무, 저평가 이유 등을 알아내는 혜안은 갑자기 생기는 것이 아닙니다. 어릴 때 나고 자란 곳, 출퇴근하면서 늘 보는 곳, 주중 저녁 시간에 산책하면서 스치는 곳, 주말에 마트에 가면서 지나치는 곳 등에서 매물을 찾아야 투자에 실패할 확률이 줄어듭니다.

평소에 잘 알고 있는 곳은 급매물이 나왔을 때 곧바로 낚아챌 수도 있습니다. 따로 현장답사를 하지 않아도 답이 빨리 나오는 것이죠. 이처럼 잘 아는 지역에서 매물을 찾으면 리스크를 줄일 수 있어서 유리합니다. 뜬 동네보다는 잘 아는 동네부터 공략하는 것이 시간과 돈을 아끼는 현명한 방법입니다.

잘 아는 동네를 다니면서 공인중개업소에 붙은 시세표의 변화도 지켜보고, 실제 매매된 사례도 보고, 이웃사촌들의 얘기도 들어보고, 공실이 많은 빌딩이 있다면 그 이유가 무엇인지, 어떤 매장 하나가 새로 입점하면서 빌딩의 가치가 어떻게 달라졌는지 등을 직접 보라는 것입니다. 그 지역의 시세가 현재 투자 가능 자금과 맞지 않다면 그때 다른 지역으로 눈을 돌려도 늦지 않습니다. 이런 공부를 꾸준히 하면 자연스럽게 시장을 읽는 눈이 생길 것입니다. 그리고 공부하는 사람만이 할 수 있는 말을 하게 될 것입니다.

"이 지역의 시세가 이렇게 변하고 있군."

"나라면 리모델링이나 신축을 이렇게 하겠어."

"주변 상권이 어떠하니 이런 임차인이 들어오기 좋겠다."

"야, 저 빌딩이 새 주인을 만나더니 저렇게 가치가 높아졌군."

거래가 활발한 곳

활동 범위 내에서 찾지 못해 다른 지역을 고려해야 한다면 그 기준은 거래가 활발한 곳인지 아닌지를 확인하는 것입니다. 거래가 활발한 곳에서 매물을 찾으면 감정평가를 할 때 최근 시세를 제대로 반영할 수 있으므로 대출에 유리합니다. 또한 상권이 형성된 곳일 가능성이 크니 임대수익도 괜찮고, 향후 매도할 때도 훨씬 더 수월할 것입니다. 그런 곳이 바로 강남 3구와 마용성 3구, 명동권, 홍대권 등입니다.

강남권이 곤란하다면 강남으로의 접근성이 용이한 지역, 즉 유동 인구가 지나는 길목에서 골라야 합니다. 그래야 확장 가능성이 있습니다. 같은 값이면 조금 외곽으로 나가서 더 큰 빌딩을 사는 것이 낫지 않겠냐고 묻는 투자자도 많습니다. 그렇지 않습니다. 미래를 생각한다면 수도권 외곽의 큰 신축 빌딩보다는 6개 구 혹은 그 인접한 지역의 허름한 빌딩이 더 낫습니다. 거래가 활발한 지역은 수요자가 충분하다는 방증이고, 그래야 나중에 팔고 나올 때 수월합니다. 적어도 6개 용의 꼬리라도 붙잡고 있어야 합니다.

재개발 및 재건축 지역

윤석열 대통령이 후보 시절 내세운 공약 중에 '주택 250만 호 5년 내 공급'이 있습니다. 어느 선까지 실현될지는 두고 봐야 알겠지만 일단 100% 된다는 전제로 예상해보겠습니다. 당시 공약을 구체적으로 살펴보면 공공택지를 통해 142만 호, 재건축과 재개발을 통해 47만 호, 도심 및 역세권 복합개발을 통해 20만 호, 국공유지 및 차량기지 복합개발을 통해 18호, 소규모 정비사업 및 기타를 통해 23만 호를 공급하겠다고 했습니다. 수도권에만 130만 호에서 150만 호를 공급하겠다고 했습니다. 이러한 상황에서 빌딩 투자는 어떻게 하면 좋을까요?

사실 250만 세대는 어마어마한 수치입니다. 1기 신도시만 따져도 분당, 일산, 평촌, 산본, 중동을 다 합쳐도 27만 세대에 불과하고, 입주 중인 2기 신도시는 35만에서 40만 사이, 3기 신도시가 순탄하게 입주해도 37만 세대입니다. 모두 합쳐야 겨우 100만 세대가 되니 250만 세대는 엄청난 크기입니다.

문제는 이 세대가 다 들어갈 땅이 없습니다. 결국 공약이 지켜지려면 재개발과 재건축, 즉 구시가지를 정비할 수밖에 없는 것입니다. 이 중에서도 재건축을 주목할 필요가 있습니다. 재개발은 이미 지난 몇 년 동안 순차적으로 활성화되고 있습니다. 하지만 재건축은 규제 일변도에 묶여 있다가 최근 풀리기 시작한 것입니다. 예를 들면 안전진단 규제 완화 정책 등이 그렇습니다.

그럼 재건축 수혜지역은 어딜까요? 가장 오랫동안 묶여 있었던 강남 3구를 비롯한 마용성 3구가 그 대상일 것입니다. 그중에서도 압구정동, 잠원동, 반포동, 대치동 등 30년 넘은 아파트가 있는 지역이 주목받을 것인데, 단연코 압구정동입니다. 지금도 높은 가격에 빌딩이 거래되고 있는 곳이지만 곧 진짜 호황기를 맞을 것으로 보입니다. 그다음으로 반포동과 방배동 지역의 재건축도 주목할 필요가 있습니다. 시야를 넓히면 송파구, 여의도, 목동 지역의 오래된 아파트 단지까지 볼 수 있습니다.

이 지역의 꼬마빌딩을 사두면 지역 환경이 개선되면서 동반 상승할 것으로 보입니다. 오래된 아파트 단지의 재건축, 묶여 있던 낡은 주거지역이 재개발되어 대규모 신축 아파트 단지가 조성된다면 그 주변 빌딩의 가치도 함께 상승할 것으로 예상합니다. 이런 지역의 꼬마빌딩을 선점해놓고 눈여겨보시길 바랍니다. 재개발 지역으로 묶인 빌딩이라면 아파트 분양권을 기대할 수 있을 것이고, 배후 단지라면 임대수익과 시세차익을 노릴 수 있겠죠. 결국 빌딩 시장의 양극화는 더 심화할 것으로 보입니다. 인기 지역인 강남 3구와 마용성 3구는 앞으로도 계속 확장일로에 있다고 볼 수 있습니다.

문제는 재건축에 필요한 기간입니다. 조합이 설립되고 입주까지 최소 10년, 적어도 15년 이상이 걸린다는 점은 염두에 둬야 할 것입니다. 장기적인 안목으로 접근하는 것이 좋다는 뜻입니다.

이처럼 아파트와 빌딩 시장은 늘 유기적으로 엮여서 함께 움직인다고 보면 됩니다. 투자 관점에서 본다면 서로 다른 시장에 있지 않습니다.

연예인이 매입한 빌딩 주변

인기 연예인들이 매입한 빌딩 주변에서 매물을 찾는 것도 한 방법입니다. 연예인들은 빌딩을 감각적으로 리모델링하면서 주변 분위기를 살리고, 또 엔터테인먼트 종사자나 팬들이 자주 드나들면서 트렌디한 상업공간이 속속 생겨나기 때문입니다. 자연스럽게 유동인구가 많아지면서 상권이 커지게 되는 것이죠. 일종의 지역적 상승 요인입니다.

연예인들은 전문가의 도움으로 서울 요지만 골라서 투자하는 장점이 있습니다. 예를 들면 마마무 솔라는 서대문구 창천동, 악동뮤지션의 이찬혁은 마포구 서교동, 보아는 광진구 자양동, 하정우는 강서구 화곡동, 신민아는 용산구 한강로, 전지현은 강서구 등촌동 등에 최근에 둥지를 틀었거나 2~3년 사이에 거쳐 갔습니다. 박지성과 기성용은 각각 고향인 수원과 순천에 빌딩을 세웠습니다. 같은 사이즈의 빌딩을 매입하는 것은 어렵더라도 투자 트렌드, 지역 선정에서 벤치마킹할 부분은 분명히 있어 보입니다.

참고할 점은 2021년에 연예인들의 빌딩매각 소식이 줄을 이었다는 것입니다. 이를 두고 세간에서는 "이제 빌딩 투자는 끝물이다"라고 평가하는데 전혀 그렇지 않습니다. 이렇게 매도한 뒤 다른 빌딩을 매입한 예도 많고, 매물을 찾고 있는 경우도 많습니다. 매입금액보다 많이 상승해서 이익 실현을 한 후 다른 빌딩으로 갈아타는 것이라고 보는 것이 맞습니다. 대표적인 예로 가수 비와 김태희 씨가 청담동, 역삼동 빌딩을 매도한 후 강남역의 빌딩을 매입한 경우가 그렇습니다.

신분당선 개통- 논현역을 주목하라

주지하다시피 부동산은 교통의 발달과 밀접하게 연결되어 있습니다. 주변에 버스 정류장이 생기거나 역이 개통되면 자연스럽게 유동 인구가 증가하게 되고, 그에 따른 주변의 변화로 상권이 변화해왔다는 것은 두말할 나위가 없습니다.

최근 몇 년 사이에 서울을 포함한 수도권에 지하철 개통 예정인 노선이 증가하고 있고, 앞으로도 계속해서 늘어날 전망입니다. 수도권에 500여만 개의 일자리가 몰려 있는데 그중에서도 강남을 중심으로 200여만 개의 일자리가 집중되어 있기 때문입니다.

하지만 부동산의 자연적 특성 중 토지의 물리적 양을 임의로 증가시킬 수 없는 성질, 즉 부증성(비생산성)이 있어서 원하는 대로 늘릴 수가 없죠. 또한 직장과 거주지 사이의 물리적 시간을 줄일 수 없으므로 결국 교통 발달로 시간을 줄이는 효과를 기대할 수밖에 없는 것입니다. 그것이 국가가 해야 할 일, 즉 사회간접자본의 확충입니다. 그중에서 특별히 주목할 노선은 신분당선입니다.

현재 신분당선은 강남-양재-판교-정자-미금-광교 구간이 운행 중인데, 2022년 5월 강남-신사 구간이 새로 개통되었고, 2028년 신사-용산 구간, 광교중앙-호매실 구간이 추가로 개통될 예정입니다. 나아가 고양시 삼송역까지 개통을 예정하고 있습니다. 이러한 이유로 현재 강남에는 도산대로와 강남대로의 지가 상승이 계속 이루어지고 있습니다.

　지금부터 소개할 노 팀장의 논현역 매매사례는 신분당선 호재 지역인 논현역 인근에 있는 매물입니다.

　핵심은 입지의 변화를 이해하는 것입니다. 7호선 논현역은 2000년대 초에 개통하였지만, 강남을 지나는 2호선 강남역, 3호선 신사역, 9호선 신논현역과 비교해서 이용객이 적은 편이었습니다. 그림 통계에서 보는 것처럼 개통 이후 계속해서 감소하는 추세죠. 그 이유 중 하나가 강남역과 신사역 사이에 애매하게 위치하여 상권을 빼앗긴 탓도 있습니다. 하지만 최근에 논현역 인근으로 가보면, 대로변 건물은 대부분 공사 중이고, 주변은 대형 오피스 건물로 변화 중입니다. 이는 신분당선의 연장으로 인한 효과로 해석할 수 있습니다. 이러한 지역의 변화를 읽는 것이 매입 포인트입니다.

2010년~2020년 7호선 논현역 이용객 통계

연도	❼호선
2010년	43,484명
2011년	44,465명
2012년	43,742명
2013년	43,574명
2014년	43,191명
2015년	41,936명
2016년	40,556명
2017년	40,007명
2018년	39,824명
2019년	39,726명
2020년	33,177명

자료: 서울교통공사 자료실

　노 팀장과 매수 의뢰자는 추가로 두 가지를 더 검토했습니다. 그중 첫 번째가 역 출입구입니다. 역이 개통되더라도 역을 이용하는 이용객의 주요 동선을 파악하는 것이 중요한데, 역 출입구가 가장 큰 영향을 끼칩니다.

매입한 물건 앞으로 2개의 출입구가 생기는데, 본 건물 앞을 지나가는 출입구에 에스컬레이터가 생겨서 향후 유동 인구의 주요 길목이 될 것으로 예상한 것입니다.

두 번째는 인근 건물의 개발 계획이었습니다. 매입한 건물의 앞 대로변 건물은 소유자가 매도하기 위해 매물로 내놓은 상태였고, 그걸 운용사나 리츠사에서 검토 중이라고 알려져 있었습니다. 아직 매매되기 전이었지만 조만간 매매될 것으로 예상했습니다. 그렇게 되면 대로변에 큰 빌딩이 생기면서 분명히 이면의 상권은 성장할 수밖에 없습니다. 의뢰인은 그 부분이 앞으로 입지에도 중요한 부분이라고 판단한 것입니다.

결국 역의 개통과 유동 인구의 흐름, 그로 인한 입지 환경의 변화를 잘 고려하여서 빌딩을 매입했습니다. 하지만 낡은 빌딩을 매입한 상황에서 명도의 어려움이 있었습니다. 임차인과 명도를 협의하는 동안 매수자는 건축인허가를 진행하였고, 명도를 마무리한 시점에 건축인허가를 득하게 되었습니다. 원래 매입할 때는 신축할 계획이었지만 명도하기 위해서 1년 정도의 시간을 보내고 보니 주변 시세가 많이 오른 것을 알게 되면서 사옥으로 신축하려는 회사에 해당 건물을 매도했습니다. 매도자 명도책임으로 건축인허가까지 넘겨주는 조건이었는데 본인이 매입한 70억 4,000만 원의 약 두 배가 넘는 144억 8,000만 원에 매도하였습니다.

건물주로 가는 길 3단계: 현장답사 및 법적 규제 검토

직접 사용할 용도인지 수익용인지, 투자수익용인지 임대수익용인지 등 매입의 목적이 정해졌다면, 그리고 원하는 지역도 선택했다면 그다음은 좋은 빌딩을 만날 차례입니다. 가장 할 일이 많은 단계라고 할 수 있습니다.

매입을 검토하는 빌딩을 직접 찾아가 주변 시세를 파악하면서 매입가가 적당한지를 따져봐야 합니다. 흔히 이러한 현장답사를 부동산 업계에서는 현장에 임한다는 뜻에서 '임장'이라고 표현합니다. 그리고 물망에 오른 빌딩이 있으면 건축물대장 등 관련 서류를 검토하면서 문제가 없는지 파악하는 단계로서 체크 포인트는 다음과 같습니다.

※ 현장답사: 시간대별로 자주 방문할 것, 임차인의 눈으로 입지를 분석하고 건물 내·외부를 확인할 것, 주변의 매매사례, 공실률, 상권의 성격, 임대료 수준을 확인하면서 시세를 파악할 것

※ 법적 규제 검토: 등기사항전부증명서를 통해 권리관계를 파악하고, 토지대장이나 건축물대장을 통해 사실관계를 파악할 것

[빌딩 찾기는 맞선보기]

정답은 언제나 현장에 있습니다. 건물주가 되고자 한다면 직접 가서 보고 또 봐야 합니다. 그래야 정확한 시세 파악이 가능하고 정말로 마음에 쏙 드는 매물을 매입할 수 있습니다. 종종 귀찮다는 이유로 현장답사 대신 인터넷 지도의 로드뷰로 외관이나 주변 상권을 분석하는 투자자가 있습니다. 심지어 그렇게 상담을 진행하는 부동산 중개인도 있죠. 매우 곤란합니다. 실패 없는 투자를 하고 싶다면 현장을 봐야 합니다. 아는 만큼 보인다는 말도 있지만 보는 만큼 알게 되는 것이기도 합니다. 보지 않으면 알 수 없다는 의미에서 빌딩을 고르는 것은 맞선과 비슷합니다. 사진과 설명만으로 미래의 배우자를 결정할 수는 없을 것입니다.

부동산은, 특히 빌딩은 개별성이 매우 강한 재화입니다. 마치 예술작품처럼 보는 사람에 따라, 판단하는 기준에 따라 그 가치가 판이합니다. 그래서 건물주는 자신의 안목과 수준에 맞는 빌딩을 갖게 됩니다. 열심히 공부하고 발품을 많이 판 사람이 좋은 빌딩을 손에 얻게 되는데 그 능력이 부족하다면 전문가를 만나서 여백을

채워야 합니다. 피카소의 작품을 두고 그것이 진품인지 위조품인지, 진품이지만 가치가 있는지 없는지 파악하는 것이 전문 감정사의 역할인 것처럼 빌딩 매입도 전문가의 조언이 매우 중요한 것입니다.

전문가라면 일반적인 설명보다는 구체적인 매물을 두고 설명해야 합니다. "강남구에 있는 빌딩은 일반적으로 다 좋고, 00구처럼 자립도가 낮은 곳에 있는 빌딩은 볼 필요도 없다"라고 말하는 사람은 전문가가 아닙니다. 다 쓰러져가는 △△구 뒷골목에도 황금알을 낳는 수익용 빌딩이 있을 수 있고, 휘황찬란한 강남구 대로변 사거리에도 매입하는 순간 마이너스가 되는 빌딩이 있을 수 있습니다. 어디에 있는 어떤 빌딩이 왜 숨어있는 보물인지, 비싸지만 왜 그 빌딩을 무조건 매입해야 하는지 구체적으로 조언할 수 있는 사람이 바로 전문가일 것입니다. 그 구체적인 매물은 지도에 있지 않습니다. 현장에 있으니 임장을 나가봐야 합니다.

해당 지역의 매각사례를 직접 보면서 왜 이 가격에 팔렸는지를 분석하고, 주변 매물에 적용하면서 해당 매물이 합당한 가격이었는지 등을 전문가와 함께 알아보는 것이 도움이 됩니다.

[현장답사: 체크 포인트를 작성하면서 계획을 세울 것]

현장답사의 목적은 크게 입지분석, 임차 및 상권분석, 시설분석, 시세분석 등입니다. 사실상 지역적 상승 요인을 분석하는 것과 같은데 하나씩 살펴보겠습니다.

● 입지의 기초

어떤 조건에 있는 빌딩인지부터 살펴보죠. 우선 땅입니다. 작은 땅이 많은 영세한 상권보다는 큰 땅 옆에 있는 작은 땅에서 매물을 찾는 것이 좋습니다. 작은 땅만 모여 있는 곳은 가까운 시일 내에 대형빌딩이 들어서기가 쉽지 않습니다. 여러 명의 땅 주인이 주장하는 다양한 요구를 수용하면서 대규모 부동산 개발을 진행하기란 쉽지 않기 때문이죠. 큰 땅의 우산 아래 있어서 혜택을 볼 수 있는 지역이 좋습니다.

용적율을 고려하면 용도지역이 어디에 속하는지도 중요합니다. 전용주거지역(100% 이상 150% 이하)보다는 일반주거지역(200% 이상 300% 이하)이나 준주거지역(500% 이하)에서 고르는 것이 좋습니다.

● 역세권

흔히 상권이라고 하면 역세권 상권부터 떠올리게 되는데 이미 서울 시내에는 지하철역이 너무 많아서 역세권은 큰 의미가 없어졌습니다. 그나마도 출구별로 편차가 커서 가격만 올려놓고 이름값을 못하는 경우가 많습니다. 게다가 역세권에서 빌딩을 매입하려면 초기 투자 비용이 많이 들고 업종 사이에 경쟁도 치열한 편입니다. 그래서 지하철역과의 거리가 어떤 환경인지 따져보는 것이 더 의미가 있습니다.

흔히 역세권을 논할 때 지하철역과의 거리를 얘기합니다. '걸어서 10분! 뛰면 5분!'이라고 홍보하곤 하죠. 이때 물리적인 거리도 중요하지만, 심리적인 거리가 더 중요합니다. 역 출구에서 나의 빌딩까지 걸어오는 동안 어떤 매장이 이어지는지, 즉 상권이 어떻게 형성되어 있는지가 중요하다는 뜻이죠. 데이트나 쇼핑할 때 걷는 거리를 시간으로 재는 사람은 거의 없습니다. 자연스럽게 주변을 구경하면서 걷다가 목적지에 도착하죠. 따라서 근생시설이 영속성을 가지느냐 아니냐를 따져봐야 합니다. 유동 인구가 말 그대로 물처럼 흘러 다니는 근생상권이 좋은 입지입니다. 그래서 유동 인구의 많고 적음이 중요한 것이 아니라 유동 인구가 움직이는 동선이 더 중요한 것입니다. 주변에 볼거리나 놀거리가 많은 활성화된 상권이면 5분 거리도 1분처럼 느껴질 테지만 썰렁한 거리라면 자주 오고 싶지 않은 곳이 될 겁니다.

● 대로변 빌딩이 좋은가?

빌딩을 고를 때 흔히 범하는 오류 중 하나가 "빌딩은 역시 대로변에 있어야지"라는 생각입니다. 물론 대로변 빌딩은 웅장하고 좋아 보입니다. 임대수익도 높죠. 그래서 안타깝게도 대로변 빌딩은 개인이 쉽게 살 수 있는 금액대가 아닙니다. 그래도 고집하는 투자자가 있고, 결국은 금액에 맞춰 한산한 지역에 있는 대로변 빌딩을 매입하곤 합니다. 용의 꼬리가 아닌 뱀의 머리를 선택한 것인데 이것이 과연 애초에 빌딩을 매입하려고 했던 목적에 맞을까요? 아닐 겁니다.

이보다는 근생상권이 생길 수 있는 이면도로 혹은 사람이 많이 다니는 골목 중에서 지역적 상승 요인이 있는 길목을 찾는 것이 좋습니다. 상권을 만들려고 애쓰기보다는 상권의 흐름에 따라가는 투자가 필요하다는 말입니다.

● 접하고 있는 도로의 너비는?

빌딩에 접한 도로의 너비가 6~12m인 것이 좋습니다. 편도 2차선 도로가 20m이므로 대로변의 이면도로가 이 정도입니다. 4m 도로는 차 한 대가 길가에 불법주차 하면 뒤차가 지나갈 수 없으므로 운전자가 1층의 가게를 방문하려면 주차할 곳을 찾아야 합니다. 이런 것들이 골목상권의 활성화를 저해하는 요소입니다. 차량의 흐름도 불편하지 않고 지나가는 사람도 차량과 상관없이 편하게 지나갈 수 있는 도로, 간단하게 불법주차를 할 수 있어서 1층의 식당, 커피숍, 편의점 영업을 조금이나마 원활하게 할 수 있는 도로의 최소 너비가 6m입니다. 이 때문에 보통 6m 이상부터 근생상권이 많이 형성됩니다. 불법주정차가 올바른 행위는 아니지만, 상권 형성에는 큰 영향을 줍니다.

15m 도로부터는 인도와 차도의 구분이 생기고 건널목이 만들어지면서 불법주정차가 힘들어집니다. 소비자들은 골목에 있는 빌딩의 매장을 이용할 때 양쪽 도로의 상점에 자유롭게 오가고 싶어 합니다. 자유롭게 골목을 다닐 수 있어야 상권도 따라서 커지는데 건널목과 신호등이 있으면 걸림돌이 됩니다. 잠시 주정차가 가능하고 사람과 차가 약간은 엉켜있는 듯한 지역이 근생상권의 입지로는 더 좋다는 뜻입니다. 복잡해 보이지만 손님 유인이 잘되는 곳이

라는 뜻이므로 상권으로서는 괜찮습니다. 지금은 복잡해도 결국엔 사람이 우선인 도로로 개선되게 마련입니다. 지역적 상승 요인에서 중요한 포인트입니다.

20m 도로부터는 건널목에 신호등까지 만들어집니다. 건널목이 있더라도 신호등이 없어야 좋습니다. 무단횡단이 가능해서 손님을 유인하기가 쉽기 때문입니다. 한편 20m 이상 도로에 접한 대지는 일반주거지역이더라도 일조권 사선제한이 적용되지 않는다는 점에서 대로변의 빌딩이 이면의 빌딩보다 유리한 면이 있습니다.

일방통행보다는 양방향 도로가 접근성이 좋아서 빌딩의 가치도 높습니다. 유턴이 가능한 도로라면 더욱 좋습니다. 또한 도로에 접한 면적은 넓을수록 좋고, 코너에 있는 빌딩이 주목도와 활용도 면에서 이점이 있습니다. 공식적인 주차장 외에 상점 앞에 잠시라도 주정차할 수 있는 여유 공간이 있어야 임차인이 좋아합니다. 나아가 빌딩 내 주차장 외에 가까운 거리에 공용주차장이 있으면 좋습니다.

빌딩에 접한 도로가 아닌 주변 도로의 상황도 중요합니다. 골목 입구에서 시야를 가리는 것 없어서 끝이 보이는 곧은길과 핵심 도로를 기준으로 바둑판 모양인 곳이 좋습니다. 또한 빌딩 뒤쪽으로 확장 가능성이 있다면 미래가치가 높다고 봅니다. 뒤로 돌아 있거나 큰 빌딩 뒤에 숨은 매물은 피하는 것이 좋습니다. 일조권도 물론 확인해봐야 합니다.

교통상황도 체크해야 합니다. 상권이 확장되는 반대쪽에 지하철역이 있으면 좋습니다. 들어온 길이 있으면 나갈 길도 있어야 하기 때문이죠. 이런 지역이 유동 인구가 많은 곳입니다. 진입도로가 여러 곳이라서 사통팔달인 곳도 물론 좋습니다.

● 코너인가 양면인가?

코너에 있는 빌딩이 가시성이 확보되기 때문에 좋습니다. 사이즈가 커 보이는 유리함이 있습니다. 빌딩의 두 쪽 면이 보이고 주차장 진·출입이 쉬우므로 임차인이 선호하는 빌딩이라 임대수익도 좋은 편입니다. 또한 1층 면적의 손실이 적어서 임대면적도 많이 나옵니다.

● 평지인가 경사면인가?

오르막길이나 내리막길처럼 경사도가 있는 곳보다는 전체적으로 평지에 있는 빌딩이 좋습니다. 상권의 확산 속도가 빠르기 때문입니다. 그래도 꼭 선택해야 한다면 내리막길보다는 오르막길에 있는 매물이 낫습니다. 시각적으로 더 커 보입니다.

빌딩만 놓고 봤을 때도 마찬가지입니다. 경사면이 있으면 현관 또는 1층을 통해 진입할 때 높낮이 차이가 있어서 계단을 더 만들어야 하는 경우가 생깁니다. 이는 미관상으로도 안 좋고, 임차인을 입점할 때도 좋은 조건이 아닙니다.

하지만 간혹 경사면에 있는 빌딩이 용적률에서 이득을 볼 때도 있습니다. 용적률에 속하지 않는 지하 1층이 경사 때문에 도로 면으로 노출되어 1층의 효과를 볼 수 있기 때문입니다. 이 경우 건폐율 측면에서도 이득입니다.

● 밸류업이 가능한가?

밸류업, 즉 개발을 통한 가치 상승이 얼마나 가능한지도 판단해야 합니다. 남향보다는 북향, 2015년 도로 사선제한 폐지로 증축할 수 있는 빌딩, 지구단위계획이 있으나 쉽게 개발이 가능한 땅, 개발에 관련된 법적 규제가 변경될 여지가 있는 지역, 개발 호재가 예상되는 지역, 주변의 아파트가 생기거나 재건축되면서 배후세대가 확대되는 지역, 다른 지역과 차별화된 특색이 있는 지역, 외국인이 관광코스로 많이 다니는 지역, 단독주택이나 다가구주택이 많이 밀집한 지역, 토지활용도가 높고 층수 제한, 높이 제한, 용도 제한 등이 없는 곳이 밸류업하기에 좋습니다. 이러한 지역 안에서 명도가 쉬운 매물이나 리모델링할 때 시공비용이 적게 드는 매물을 찾아보는 것이 중요합니다.

1층 양쪽으로 입점할 수 있는 빌딩이 많은 지역에서 매물을 고르는 것이 좋은데 이 경우 필로티 구조는 피하는 것이 좋습니다.

현장답사- 2. 임차 및 상권분석

● 임대 현황이나 임차인의 상황은?

매입할 빌딩을 고를 때 임차인의 상황을 파악하는 것은 기본입니다. 현장답사를 하면서 실제 임차인을 확인해야 합니다. 혐오시설이 아니어야 하고, 외관상 수려한 매장이 있어야 좋습니다. 식당이라면 직접 밥을 먹으며 맛이나 가격도 분석하고, 인테리어나 청결도도 살펴봐야 합니다. 손님이 많아야 임대료를 밀리지 않고 낼 수 있으니까요.

프랜차이즈 매장이나 병·의원 등 소위 말하는 우량임차인으로 구성되었다고 혹하면 안 됩니다. 폐업 가능성은 언제나 있습니다. 이를 잘 파악해야 향후 발생할 수 있는 공실에 대비할 수 있습니다.

전체적으로는 임대수익이 얼마나 나오는지 파악하는 것은 당연한 기초사항입니다. 그런데 많이 받는 것도 중요하지만 적더라도 연체하는 임차인이 없는 빌딩이 더 낫습니다.

임차인 구성은 상호보완적 업종으로 구성된 조합이 좋습니다. 병원이 많은 빌딩의 1층에는 약국이 있어야 하고, 학원과 PC방이 함께 있는 조합은 가능하면 피해야 합니다. 임차인이 상호보완적인 관계를 이어갈 수 있는 업종으로 구성하는 것도 빌딩주가 해야 할 일 중 하나입니다. 물론 주변 임대료와의 시세 비교는 필수입니다.

또한 향후 임대수익을 개선할 수 있는 빌딩인지도 판단해야 합니다. 매입하게 되면 보유하고 있는 동안 한 번은 꼭 개선하게 되는데 특히 경기가 좋아질 때라면 소폭이라도 인상해야 합니다. 그런데 영세한 사업체이거나 경기를 심하게 타는 업종이라면 인상하기가 말처럼 쉽지 않습니다. 나아가 오랜 기간 임차 중인 임차인이 있다면 임대료 변동 이력도 살펴볼 필요가 있습니다. 아주 오랫동안 올리지 않았다면 새 임대인이 갑자기 올리기란 쉽지 않을 것입니다. 중개인을 통해 정보를 확실하게 얻어야 합니다.

● 사무실용 빌딩? 근생용 빌딩? 혹은 혼합된 지역

필자는 원래 사무실용 빌딩보다는 근생용 빌딩을 추천하는 쪽이었습니다. 과거에는 근생시설이 있는 빌딩은 관리가 힘들다는 이유로 사무용 빌딩을 선호했지만, 관리상의 차이보다는 공실 리스크와 이익 실현을 생각한다면 근생용 빌딩이 낫다고 봤습니다. 관리만 잘한다면 공실이 생겨도 금세 채워지고, 임대료 상승도 사무실 빌딩보다 쉽기 때문입니다.

또한 임차인과 임대료 협상할 때 임대인이 우위에 있는 상황은 아무래도 근생용 빌딩이라고 생각했습니다. 예를 들어 임대료를 올리겠다고 하면 사무실 용도로 입점한 임차인은 이사비용이 들더라도 다른 새 빌딩으로 가는 경우가 많습니다. 하지만 근생용으로 사용하는 임차인은 인테리어 등에 초기비용이 많이 들고, 단골손님을 유지하고 싶어서 이전하지 않고 임대료 인상에 동의하는 경우가 더 많기 때문입니다.

그런데 최근에는 사무실 용도의 빌딩이 투자용으로 더 낫지 않은가? 하는 생각도 합니다. 코로나19를 겪으면서 근생빌딩에 입점한 업종 대부분이 어려움을 겪었습니다. 임대료를 올리기가 어려워졌죠. 하지만 서울 주요 지역에 있는 사무용 빌딩은 공실을 찾기도 힘들고 그 결과 임대료가 상승하고 있는 상황입니다.

그 이유는 회사 대표가 서울 주요 지역에 사무실을 고집하기 때문인데, 그 사연을 들어보니 "회사가 후진 동네 허름한 빌딩에 있으면 인재들이 입사 지원하지 않는다"는 것이었습니다. 특히 MZ세대가 그렇습니다. 교통이 편리하고 맛집멋집이 많아서 워라밸을 누릴 수 있는 지역에 있는 회사가 아니면 일단 입사를 꺼립니다. 결국 회사를 키워나가야 하는 대표로서는 강남 3구와 마용성 3구에서 사무실을 얻을 수밖에 없게 된 것이죠. 투자자라면 이 트렌드를 주목할 필요가 있습니다.

여기서 한발 더 나아가 여유가 있는 사업주는 임대료를 내느니 차라리 이자를 내는 것이 낫겠다며 빌딩을 매수하여 사옥으로 사용하는 분위기로 바뀌고 있는 상황입니다. 부동산은 인플레이션 때문에 물가가 올라가면 가격이 함께 오르는 실물자산이니 차라리 보유하겠다는 것이죠.

지역을 얘기하자면 사무실용 빌딩과 근생용 빌딩이 혼합된 곳에서 매물을 고르면 좋습니다. 예를 들면 성수동은 사무실도 많고, 근생시설도 많은 곳입니다. 주중에는 샐러리맨이 많고, 주말에는 2030세대가 많이 방문하면서 상권이 안정적으로 유지되는 곳이죠. 맛집이 많아서 저녁 장사도 잘되는 편입니다. 이런 지역에 돈이 몰리는 것입니다. 이런 지역에 있는 회사를 선호하는 것이 요즘 MZ세대입니다. 이를 해외 명품 브랜드 회사도 주목하고 있습니다.

지난 2022년 5월, 프랑스 명품 브랜드 디올이 성수동에 콘셉트 스토어 '디올 성수'를 오픈한 것입니다. 2015년 청담동에 오픈한 대형 플래그샵에 이어 두 번째 매장인데 특이한 점이 몇 가지 있습니다.

명품 매장이 집중된 청담동에서 벗어나 성수동을 택했다는 점, 지하철역 인근의 기존 빌딩이 아니라 5분 이상 걸어야 하는 뒷골목에 대규모 매장을 오픈했다는 점, 기존에 있던 건물에 입주하는 방식이 아니라 696㎡(약 210평) 규모의 건물을 새로 짓는 방식으로 투자를 아끼지 않았다는 점 등입니다. 이는 성수동의 2030세대의 유동 인구를 주목한 것으로서 MZ세대와의 접점을 늘리겠다는 의도로 보입니다.

디올 관계자가 '젊고 힙한 동네의 대명사', '세계에서 가장 생동감 넘치고, MZ세대가 가장 활동적인 바이브를 만드는 곳'이라고 설명할 정도로 성수동은 2022년 현재 가장 핫한 지역 중 하나입니다.

● 상권의 소비력은?

주변 배후세대가 대단위인 것도 중요하지만 더 중요한 것은 소비력 여부입니다. 배후세대 거주자가 꾸준히 지역 내에서 소비해 주고, 그 결과 임차인이 돈을 잘 벌어야 빌딩의 가치도 함께 상승하기 때문입니다.

상권을 판단할 때 '대' 자가 들어가는 곳이면 특히 좋습니다. 대단지, 대학교, 대형 호텔, 대형 쇼핑몰 등이 그렇고, 대기업 사옥이나 대형빌딩 등을 통해 조성되는 오피스 상권이 있으면 당연히 좋습니다.

대학교가 있는 곳에 20대를 위한 상권, 즉 학세권이 형성되는 것은 상식입니다. 대학생들의 소비력도 나쁘지 않죠. 하지만 오로지 대학교만 있는 상권은 곤란합니다. 방학을 제외하면 12개월이 아니라 8개월만 활성화되는 상권이기 때문입니다. 따라서 인근에 지하철역이 있거나, 강남과 강북에서 접근하기 편한 만남의 장소이거나, 전통적인 유흥업소가 많은 복합적인 곳이어야 안정성과 확장성이 있습니다.

지난 2년 동안 코로나19로 인해 비대면 수업이 많아지면서 대학교 상권이 고전을 면치 못했습니다. 이제 서서히 기지개를 켜는 중입니다.

거품이 있는 상권인지 아닌지도 살펴봐야 합니다. 요즘 SNS에서 핫하다고 5년 후 내가 매각하고 싶을 때도 핫하리란 보장이 없습니다. 매입 즉시 인테리어 한 다음 바로 매각하는 전략이 아니라면 현재 상권의 트렌드를 분석하면서 미래를 예측해봐야 합니다.

트렌드는 옆으로 누운 S자 형태의 상승과 하강 곡선을 반복합니다. 느리지만 꾸준히 상승곡선을 유지하는 지역이 장단기투자에 유리합니다. 현재 뜨는 상권이라고 소문이 났더라도 현장에 자주 가서 혹시 공실이 생기는 추세는 아닌지, 신축이나 리모델링하는 빌딩이 주변에 많은지 등을 직접 눈으로 확인한 다음에 매물을 골라야 합니다. 당연히 후자가 좋습니다.

신축이나 리모델링한 빌딩의 사이즈가 크면 클수록 좋습니다. 새 빌딩에는 고급 임차인이 입주하게 되므로 당연히 임대료 상승도 기대할 수 있습니다.

● 항아리상권인가?

항아리상권이란 특정 지역에 상권이 한정되어 더는 크게 팽창하지 않으면서 소비자가 다른 지역으로도 빠져나가지 않는 상권을 뜻하는 말입니다. 물이 가득 차서 넘실대는 항아리처럼 수요가 공급을 초과하는 곳으로서 섬상권이라고도 부르죠. 이 상권은 상대적으로 높은 임대수익률을 기대할 수 있으므로 건물주들이 눈독을 들이는 상권입니다.

항아리상권은 보통 인근에 아파트나 빌라 등 주택단지가 많거나 기업, 관공서, 학교 등 풍부한 고정 배후수요가 있어서 안정적인 수익 기반이 확보되는 것이 특징입니다. 유동 인구가 적더라도 재화의 도달 범위 내에 배후세대 대비 상가건물이 부족하여 수요와 비교해 공급 부족 현상이 나타나죠. 배후세대를 대상으로 하는 학원, 병원, 식당 등의 임차 수요가 풍부하며 수요층이 다른 상권으로 이동하는 경우가 드물어서 좋은 투자처가 될 수 있습니다.

이런 식으로 안정적인 상권이 형성되면 임차인은 충성도 높은 단골 위주의 영업을 통해 일정 매출을 보장받을 수 있게 됩니다. 안정적인 영업이 가능하다는 것은 곧 속 썩이지 않는 임차인이 된다는 뜻이므로 항아리상권은 주목할 필요가 있습니다.

상권이 생기고 성장하려면 주변 상권의 영향을 받을 수밖에 없습니다. 만일 인근에 일정 수준 이상으로 형성된 상권이 있다면 그곳에서 유동 인구를 유인해올 수 있습니다. 물론 차별화된 장점이 있어야 유입이 가능해지겠죠. 주변 상권에 없는 매장 또는 핫한 새로운 브랜드 매장 등이 있어야 유동 인구의 유인이 가능할 것입니다.

반대의 경우도 성립됩니다. 주변 상권과 비교했을 때 내 빌딩의 상권이 덜 매력적이라면 오히려 유동 인구를 뺏길 수 있습니다.

또 하나의 가능성을 봐야 하는 것이 '메인 상권이 내 빌딩 쪽으로 확장될 가능성이 있는지 없는지'입니다. 내 빌딩 뒤쪽으로 상권의 확장이 이어질 가능성이 있다면 미래가치가 있다고 하겠습니다.

이처럼 빌딩이란 주변 상권도 중요하지만 동시에 개별성이 강하기 때문에 직접 현장을 방문해서 도보로 다니면서 오감으로 느끼는 것이 중요 포인트입니다. 사진으로 봤을 때는 그럴듯해도 막상 현장을 방문해서 보면 입지가 좋지 않은 경우가 많습니다. 입지가 좋지 않으면 당연히 수익률은 낮아질 것입니다.

● 유동 인구 분석

시간대별로 유동 인구를 파악하는 답사는 꼭 필요합니다. 주중과 주말, 오전과 오후 시간에 빌딩 앞에 서서 상권의 변화를 살펴봐야 합니다. 시간대별로 유동 인구가 어떻게 변하는지, 연령대나 성별은 주중과 주말이 어떻게 다른지, 빌딩 셔터가 내려진 밤에 어떤 일이 일어나는지, 근처 빌딩의 매장은 장사가 잘되는지 등 전체적인 지역의 분위기를 파악해야 합니다.

예를 들어 사무실이 많은 지역의 평일 낮 분위기만 보고 매입을 결정했다가는 크게 후회할 수 있습니다. 주5일제 근무의 정착으로 사무실이 밀집된 지역은 주말이면 공동화 현상이 일어납니다. 그래서 꼭 직접 임장해야 합니다. 퇴근 후 회식문화도 예전만 못하기 때문에 사무실이 밀집한 지역보다는 주택가와 인접하여 근생시설이 많은 곳에서 매물을 물색하는 것이 낫습니다. 식당, 편의점, 학원, 병원 등의 편의시설이 가까운 근생상권이 좋은 것입니다. 단, 학교나 종교시설 등 비상업시설로 인해 상권의 흐름이 단절된 지역은 피하는 것이 좋습니다.

유동 인구를 구체적으로 분석하자면 40대 이상보다는 20대 중반부터 30대 중반의 미혼 세대가 중심인 상권이 좋습니다. 그리고 남성보다 여성 위주의 상권이 낫습니다. 언제나 소비를 주도하는 것은 여성이기 때문입니다. 여성은 남성보다 새로운 것(음식, 체험 등)에 대한 궁금증이 더 많고 과감하게 도전합니다. 여성은 신상에 관심이 많지만, 남성은 의외로 자신을 변화시키는 데 약합니다. 남성의 소비패턴은 술이 중심이지만 여성의 소비패턴은 의류나 액세서리 같은 소비재 위주입니다. 작은 면적의 매장만 있어도 판매할 수 있는 제품이기 때문에 임차인의 밀집도를 높이는 결과를 만들어내기도 합니다.

또한 여성은 자신을 위해서는 물론이고 가족을 위한 소비도 병행한다는 차별점이 있습니다. 부모, 남편, 자녀 등 온 가족을 위한 소비도 함께하므로 소비패턴이 다양한 편입니다. 따라서 임차인 처지에서는 여성 한 명은 그저 한 명의 소비자가 아닌 서너 명의 소비자인 셈이 됩니다. 당연히 여성 위주의 상권이 더 크고 오래갈 수밖에 없습니다.

그리고 미혼자 상권이 소비력이 높으므로 더 좋습니다. 결혼하는 순간 지출보다는 저축을 생각해야 하는 상황에 부닥치게 되죠. 특히 40~50대는 높은 주거비용, 자녀 교육비, 대출이자 등 때문에 소비할 자금이 부족할 수밖에 없습니다. 하지만 20~30대는 자신을 위한 소비, 데이트를 위한 소비가 많은 편입니다. 결국 근생상권을 성장시키기 위해서는 20~30대 미혼 여성들의 유입이 절대적으로 필요한 것입니다. 이 역시 현장답사를 해보지 않고서는 알 수 없는 정보입니다.

현장답사- 3. 시설분석

● 주차공간은 충분한가?

주차대수 및 공간 파악이 중요합니다. 법정 의무를 잘 준수한 빌딩인지 알아봐야 합니다. 만일 오래된 빌딩이라면 자주식 주차인 경우가 많죠. 이런 빌딩을 매입해서 기계식 주차로 변경할 수도 있습니다. 주변 환경에 맞는 빌딩으로 리모델링해서 가치를 증가시킬 수 있는 빌딩이 좋습니다.

● 건물 관리는 잘 되어있는가?

현장답사를 할 때 주의할 점은 빌딩의 첫인상과 겉모습만으로 판단하면 안 된다는 것입니다. 건물 외부는 물론이고 내부까지 꼼꼼하게 확인해야 합니다. 엘리베이터 상태는 물론이고 누수, 계단이나 복도의 상태, 층고, 화장실을 포함한 전체 청소 상태 등을 살펴봐야 하는데 원룸이나 상가건물 등 빌딩의 종류에 따라 층별, 옥상, 주차장 등 내·외부 체크 포인트가 다릅니다. 나아가 임차인의 건물 관리 여부도 챙겨볼 필요가 있죠. 공동관리 구역의 청소 문제로 애를 먹이는 임차인이 적지 않습니다.

또한 건축물대장에는 없는 위반 건축물은 없는지 확인하는 것도 중요합니다. 빌딩의 내·외부를 보면서 비용이 필요한 개선사항이 있다면 자금 스케줄에 포함해야 합니다. 리모델링이나 신축할 때 공사비도 대출이 가능하므로 예산을 잡을 때 참고하면 됩니다.

● 활용도가 있는가?

모양만 그럴듯해 보이고 공간 활용도가 떨어지는 빌딩은 피하는 것이 좋습니다. 내가 보기에도 불편할 것 같으면 훗날 매각할 때 다음 매입자도 틀림없이 불편하다고 생각할 것입니다. 그리고 그 생각은 가격에 반영되게 마련입니다. 같은 의미에서 언제라도 팔기 좋은 빌딩이 좋습니다. 팔기 좋다는 뜻은 누가 봐도 욕심이 나는 인기 매물이라는 뜻입니다.

빌딩을 매입할 때는 형태도 살펴봐야 하는데 이왕이면 네모반듯한 것이 좋습니다. 빌딩은 위로 올라가면서 사선제한이라는 규제를 받기 때문에 상층부가 비스듬히 깎인 경우가 많습니다. 이런 빌딩보다는 네모반듯한 모양의 빌딩을 매입해야 리모델링할 때 모양이 훨씬 예쁘게 나옵니다. 그래야 당연히 가치가 올라가겠죠.

현장답사- 4. 시세분석

답사의 목적 중 하나는 정확한 시세를 파악하기 위함인데 그 지역의 시세를 확인하는 가장 좋은 방법은 주변의 실제 매매사례를 알아보는 것입니다. 직접 눈으로 보고 귀로 들어야 정확하게 파악할 수 있습니다. 가까운 부동산에 들어가서 슬쩍 묻는 것도 방법이겠으나 주의할 점이 있습니다. 여러 업체를 다니며 묻다 보면 그것이 내가 매입하려는 건물의 정보를 공개하는 결과를 낳을 수도 있는 것입니다. 좋은 매물을 뺏길 가능성이 있는 것이죠. 따라서 믿고 맡길 수 있는 컨설팅 회사 한 곳에 일임하는 것이 좋습니다.

● 최근 매매된 주변 빌딩이 있는가?

최근 1~2년 사이에 매매사례가 많은 지역은 그만큼 투자자에게 관심이 많은 지역이라는 뜻이고, 매매사례가 드문 지역은 앞으로도 당분간은 투자자가 관심을 두지 않는 지역일 가능성이 크다는 뜻입니다. 투자자가 관심을 보이지 않는 지역에 빌딩을 매입했다가 발이 묶여버리는 경우도 많습니다. 이러지도 못하고 저러지도 못하는 애물단지는 그 자체가 손해라고 할 수 있습니다.

검토하는 빌딩 주변에 최근 매매사례가 있다면 그 빌딩도 답사해봐야 합니다. 왜 비싸게 팔렸는지, 왜 싸게 팔렸는지 등의 질문에 관한 답은 항상 현장에 있습니다. '국토교통부 실거래가 공개시스템'에 접속하면 지도를 통해 00구 00동에 있는 빌딩이 언제 얼마에 팔렸는지 알아볼 수 있습니다. 층수는 물론이고 건폐율, 용적률, 인접도로 조건, 토지이용계획, 토지대장, 건축물대장 등의 정보까지 상세하게 알 수 있으므로 매우 좋은 공부가 될 것입니다. 최근 거래 내용을 보면서 해당 빌딩의 적정 매매가를 검토해보면 좋습니다.

한편 대출받기 위해서는 감정평가를 받아야 하는데 개인적으로 하면 비용이 발생하므로 은행에 대출 감정을 의뢰하는 것이 좋습니다. "매입을 결정한 것도 아닌데 굳이 그럴 필요가 있겠나?"라고 생각하지 말고 경험을 쌓는 것도 중요하다고 여기길 바랍니다. 빌딩만 평가하는 것이 아니라 투자자의 신용까지 감정하기 때문에 결정적인 순간에 시간을 절약할 수 있어서 유리합니다. 급하게 매입해야 할 물건이 나왔는데 은행 업무에 시간을 뺏기면 속이 탑니다.

이렇게 꼼꼼하게 체크하면 오히려 망설이게 되기도 합니다. 다 좋아 보이기도 하고, 또 다 마음에 안 들기도 하죠. 이런 고민을 해결하는 가장 좋은 방법은 "세상에 100점짜리는 없다. 80점짜리를 사서 100점으로 키우자"라는 마음가짐을 갖는 것입니다.

원래의 매입목적을 망각한 채 100점짜리 빌딩만 찾으러 다니는 투자자들을 종종 보게 되는데 이러면 곤란합니다. 또 강조하지만 내 마음에 쏙 드는 싸고 좋은 물건은 없습니다. 80점이면 만족해야 합니다. 나머지 20점은 소유한 다음 미래에 만들어 나가면 됩니다. 빌딩이란 명백히 '지금 사서 미래에 파는 물건'입니다. 현재에 발을 딛고 미래를 보면서 투자해야 합니다. 100점짜리 배우자를 만나겠다고 맞선만 보다가는 속절없이 세월만 흘러갑니다.

[공실, 임차인의 눈으로 보라]

임대업은 엄연히 서비스업이며 그 대상 고객은 임차인입니다. 갓 물주라 여기며 임차인 위에 군림해서는 절대 안 됩니다. 오히려 임차인이 더 위에 있다고 보는 것이 맞습니다. 임대업이란 임차인에게 양질의 서비스를 제공하면서 그 대가로 임대료를 받는 사업이기 때문이죠.

투자자가 빌딩을 매입하는 가장 큰 이유는 임대수익이나 시세차익을 기대하기 때문입니다. 그 임대수익의 출처가 바로 임차인입니다. 열심히 장사해서 임대수익을 만들어주는 사람도, 빌딩의 가치를 상승하게 하는 사람도 임차인입니다. 다시 말해 우수한 임차인을 입점하는 것이 임대수익을 늘리고 건물의 가치를 키우는 방법입니다. 같은 이유로 매입할 빌딩을 고를 때 임차인의 눈으로 고르는 것이 좋습니다.

"나라면 저 빌딩에 들어가서 장사하지 않겠어. 겉만 번지르르하지 장사하기 불편하잖아."

"비록 뒷골목에 있지만 잘 관리된 건물이군. 내가 하는 사업에 딱 맞아!"

이렇게 입장을 바꿔서 생각해야 합니다. 좋은 매물을 고르기 어렵다면 임차인의 입장에서 매물을 평가하라는 것입니다. '내가 임차인이라면 이 빌딩을 사무실 용도로 계약하고 싶을까?', '임대료가 주변에 비해 비싼데도 욕심이 나는 자리일까?', '지하철역에서 거리가 먼 이면도로인데도 들어와서 장사하고 싶을까?' 이 질문에 대한 답이 바로 빌딩의 채점표라고 할 수 있습니다.

임차인은 임대료만을 내려고 장사하는 사람들이 아닙니다. 성공하기 위해 아침부터 저녁까지, 휴일도 없이 장사하는 것입니다.

그러니 성공한 건물주가 되고 싶다면 아침부터 저녁까지, 휴일도 없이 현장에 나가 임차인의 눈으로 매입하고 싶은 빌딩을 보고 또 봐야 합니다.

"이 빌딩이라면 내가 임차인이라도 들어가고 싶겠다. 꼭 장사해보고 싶은 빌딩이야"라는 판단이 선다면 해당 매물의 매입을 적극적으로 검토해야 합니다. 이는 공실에 대한 걱정을 줄이는 가장 좋은 방법이기도 합니다. 내가 좋다면 남도 좋아할 가능성이 크기 때문입니다.

컨설팅을 통해 매물분석, 예상 수익 산출 등 자세한 설명을 귀가 닳도록 들었더라도 막상 빌딩을 사려면 멈칫할 수밖에 없습니다. 80점짜리라도 괜찮다고 설명했지만, 투자자들은 여전히 불안합니다. 당연합니다. 답안지가 있어서 채점할 수 있는 것도 아니고, 가격표가 있어서 비교할 수 있는 것도 아니니 고민이 될 수밖에 없죠. 수십억 원을 지불해야 하는 거래이니 걱정될 수밖에 없습니다. 게다가 대출까지 받아야 하는 상황이라면 더욱 겁나죠. 그 두려움을 만드는 가장 큰 요소 중 하나가 바로 '공실'입니다.

"임대료도 안 나오는 빌딩을 사라고요? 당장 수입이 줄어드는 것 아닌가요?"

공실률은 빌딩 매입을 결정하는 데 매우 중요한 요소이긴 하지만 그렇다고 너무 미리부터 두려워할 필요도 없습니다. 아무리 좋은 위치에 있는 건물이라도 공실은 있을 수 있습니다. 반대로 공실이 없다고 무턱대고 좋은 빌딩이라고 믿어서도 안 됩니다. 현재 공실이 있든 만실이든 간에 상황은 언제든 변할 수 있다는 점을 이해하고 있어야 합니다.

예를 들어 유명 카페, 프랜차이즈 업체, 병·의원 등 우량임차인으로 가득한 빌딩이라 매입했는데 갑자기 경기가 나빠지면서 하나둘 재계약을 포기할 수도 있습니다. 잘나가던 프랜차이즈 업체가 부도가 나거나 불매운동에 휩싸일 수도 있습니다. 길 건너편에 경쟁업체가 들어서면서 나의 임차인이 갑자기 폐업을 선언할 수도 있죠. 임차인의 건강 문제 등 개인 사정으로 임대료를 내지 못하는 경우도 예상할 수 있습니다.

또한 시대에 따라 선호 임차인도 바뀝니다. 80~90년대는 1층에 은행이 있는 빌딩이 최고였죠. 안정적인 임차인으로 평가받았고, 지역 내 사람들 누구나 기억하는 빌딩이 되기 때문에 많은 임대인이 선호했습니다. 그러다가 IMF 사태를 맞이하면서 최고의 임차인은 편의점이 되었습니다. 24시간 영업하기 때문에 밤에도 빌딩을 환하게 밝혀주었습니다. 최근에는 카페가 그 자리를 차지하기 시작했습니다. 가장 확실한 예가 스타벅스죠. 이른바 '스세권' 효과입니다. 어쨌든 대형 프랜차이즈 업체가 입점하고 있으면 철저한 상권검증을 통과했다고 볼 수 있습니다. 나름대로 주변 상권을 인정받은 것이기에 임대료 인상도 비교적 수월하다고 할 수 있습니다.

반대로 이미 입점한 임차인들이 다소 저렴한 임대료를 내고 있거나, 보잘것없어 보이는 업종이라고 해서 함부로 빌딩의 가치를 저평가해서는 안 됩니다. 부동산은 지금보다 미래가 중요합니다.

낡은 빌딩이라고 하더라도 리모델링이나 증개축을 통해 충분히 좋은 매물로 탈바꿈할 수 있으므로 섣부른 판단은 금물입니다.

무엇이든 주인 하기 나름입니다. 임차인 구성만 보고 '좋은 빌딩이다, 아니다'를 판단하는 것은 옳지 않다는 것입니다. 매입보다 관리가 더 중요합니다. 관리가 엉망이라서 다 썩은 빌딩에 입점하고 싶어 하는 임차인은 없으니까요.

[법적 문제 검토하기]

마음에 드는 빌딩이 최종 리스트에 올라왔다면 결정하기 전에 법적으로 문제가 될 것은 없는지 알아봐야 합니다. 다시 말해 서류를 검토해보라는 것입니다. 그래야 안전한 매매를 할 수 있습니다. 하지만 챙겨봐야 할 사항이 너무 많아서 경험이 적은 투자자는 미처 다 확인하지 못하는 경우도 있고, 이 때문에 계약 이후에 발생한 문제의 책임 여부를 두고 분쟁이 생기는 경우도 적지 않습니다.

기본적으로 등기사항전부증명서를 통해서는 권리관계를 확인하고, 토지대장이나 건축물대장 등의 지적공부(지적을 명확하게 하려고 작성된 토지대장·임야대장·지적도·임야도 및 수치지적부의 총칭)를 통해서는 사실관계는 확인할 수 있습니다. 수십억 원 투자를 앞두고 법적인 문제를 두 번 세 번 체크하는 것은 절대로 과하지 않습니다.

특히 권리관계가 복잡하면 피하는 것이 상책입니다. 곧 해결되리라는 장담이 뜻대로 되지 않을 때가 많습니다. 급매 중에 이런 경우가 많은데 급매는 그저 빨리 팔아치우고 싶은 현 건물주의 생각일 뿐입니다.

등기사항전부증명서

부동산 관련 법에는 등기제도가 있습니다. 부동산 거래를 하는 국민이 손해를 입지 않도록 공적인 장부에 물건의 권리관계 및 현황 등을 기재토록 하는 제도인데 그 공적 장부가 바로 등기사항전부증명서입니다.

등기사항전부증명서는 표제부, 갑구, 을구 등의 항목으로 구분되는데 먼저 표제부에는 해당 부동산의 소재지, 용도, 면적, 구조 등이 기재되어 있습니다. 토지분할이나 건물 구조의 변경, 증축 등에 의한 면적 변경 등도 표기되어 있으니 꼼꼼하게 살펴봐야 합니다.

갑구에는 소유권과 관계있는 사항이 접수된 날짜순으로 기록되어 있습니다. 순위 번호, 등기 목적, 접수일, 등기 이유와 가등기, 가처분, 예고등기, 가압류, 압류 여부 등이 기재되어 있으므로 문제의 소지가 있는지 없는지를 파악할 수 있습니다. 또한 소유권자와 매도인이 동일한 인물인지를 판단할 수 있는 근거도 갑구에 있습니다. 소유권이 지분으로 이전된 경우에는 2인 이상이 공동으로 소유한다는 것을 의미합니다.

을구에는 소유권 이외의 사항이 표시되는데 등기 목적에 저당권설정이 되어 있다면 특히 눈여겨봐야 합니다. 권리자 및 기타사항에 소유주인 A 씨가 자신의 부동산을 담보로 B 씨에게 얼마(채권최고액)를 빌렸는지를 등기하죠. 이때 A 씨가 채무자이고 B 씨가 저당권자가 됩니다. 등기부에 설정된 내용을 보고 매도자의 상황을 유추해보는 것도 필요합니다. 한편 갑구와 을구를 통틀어 먼저 등기된 권리가 우선으로 보호받게 되므로 선후 일자를 잘 따져봐야 합니다.

토지대장

토지대장에는 토지의 소재, 지번, 지목, 면적 소유자의 성명, 주소 등 사실관계가 기재되어 있습니다. 지적공부의 일종으로 토지의 상황을 명확하게 하려고 만들어진 문서입니다. 토지대장 또한 건축물대장과 마찬가지로 토지등기와 면적이 일치하는지를 확인해야 합니다. 등기소에 있는 토지등기부는 토지에 관한 권리관계를 공시하고 있는데 이 두 장부는 내용이 서로 일치해야 하는 것이 원칙이지만 서로 내용이 상이할 경우 권리관계에 관한 내용은 등기사항전부증명서의 내용을 우선하고 사실관계에 관한 내용은 토지대장을 우선하여 판단합니다.

매매계약서를 작성할 때도 꼭 체크해야 합니다. 실측하지 않아 실제 면적과 공부상 면적이 다른 경우가 종종 있는데 이 경우 공부상 면적이 기준입니다.

토지이용계획확인원

리모델링이나 신축을 계획하고 있다면 반드시 확인해야 할 것이 바로 토지이용계획확인원입니다. 토지이용규제 기본법에 근거한 토지의 용도를 확인하는 문서로서 건축행위에 필요한 필수적인 정보가 모두 담겨 있습니다.

용도지역 등이 기재돼 있어 행위 제한 여부를 확인할 수 있고, 건폐율, 용적률, 도로의 존재 등 건축행위에 필요한 많은 정보를 살펴볼 수 있습니다. 계획한 용도에 비춰볼 때 규제나 허가가 어떤 것이 있는지 확인해야 합니다.

중개대상물확인설명서

공적 장부는 아니지만, 중개업자의 의무 사항으로 계약 전 또는 계약 시 작성하는 문서입니다. 공적 장부를 통해 확인된 내용과 중개업자가 확인한 사항을 기재하는 것으로 해당 부동산 소재, 건축물 내·외부 현황, 권리관계, 토지이용계획, 입지에 관한 내용을 표기합니다.

내·외부 시설물의 상태를 확인할 때 중요한 부분이 건물 하자, 균열, 누수 여부입니다. 답사를 통해 확인된 내용과 다르다면 사전에 협의하여 어떻게 처리할지를 계약서에 명시해야 합니다. 그렇지 않으면 소유권이전등기 후 책임 소재에 관한 문제가 발생할 수도 있습니다. 이 중개대상물확인설명서는 매매계약서와 함께 중개업자가 보관해야 합니다.

건축물대장

건축물대장에는 건축물의 위치, 면적, 구조, 용도, 층수 등 건축물의 표시에 관한 사항과 건축물 소유자의 성명, 주소, 소유권 지분 등 소유자 현황에 관한 사항이 기재되어 있습니다. 건물을 신축할 때부터 멸실할 때까지의 모든 이력이 남습니다. 따라서 매물의 가치를 파악할 수 있는데 체크해야 할 중요 포인트가 두 가지 있습니다.

● 위반 건축물 여부 체크

위반 건축물이 있으면 일반건축물대장(갑) 첫 페이지에 노란색 박스로 위반 건축물이 있음을 표시합니다. 누구나 알 수 있도록 공개하고 있으니 매입 전에 파악하지 않는다면 매입자의 불찰이겠죠. 그리고 두 번째 페이지 끝 변동사항에 변동일, 변동내용 및 원인이 기재되어 있으며 이행강제금(해당 위반 부분의 면적, 종류에 따라 금액이 다름)을 최대 연 2회까지 시장이나 군수가 부과하게 되어 있습니다.

이행강제금은 위반 부분을 시정할 때까지 부과되기 때문에 매입 시 그 부분을 어떻게 처리할지는 고민해야 합니다. 일반적으로는 이행강제금보다 임대수익이 더 많죠. 그래서 이행강제금을 납부하면서 위반 건축물을 유지하는 경우도 많은 것이 현실입니다.

또한 건축물대장의 노란색 마크는 적발되었을 때만 표시된다는 것이 중요합니다. 내부의 용도변경까지는 구청에서 모를 수도 있죠. 따라서 건축물대장에 등재되지 않은 위반 건축물이 있을 수도 있다는 것입니다. 이런 부분은 현장답사를 꼼꼼하게 하지 않으면 알 수가 없습니다.

건축물대장과 현황이 다를 경우는 건축물대장이 우선한다고 보면 됩니다. 매입 시 이런 부분까지 고려하지 않으면 매입 후 위반 건축물로 등재되어 이행강제금으로 수익성이 떨어질 우려가 있으니 꼭 체크해야 합니다.

반면에 실재하지 않는 건축물인데 건축물대장에는 살아있는 경우가 있습니다. 이런 경우 구청 등에 부존재 확인을 받아서 건축물대장에서 없애면 됩니다.

● 토지이용계획상 대지면적과 건축물대장상 대지면적 체크

실제 대지면적과 건물 신축 시 건폐율과 용적률 산정 기준인 대지면적이 다르게 되는 예도 있습니다. 공적인 증명을 위해서는 토지대장과 건축물대장을 확인하는 것이 좋지만 국토교통부에서 운영 중인 '일사편리(www.kras.go.kr)'에서도 확인할 수 있습니다.

토지이용계획으로 대지면적을 확인하는 이유는 토지의 제한사항이나 지적도면을 디테일하게 검토하기 위함입니다. 토지대장의 대지면적과 건축물대장의 대지면적이 다른 경우는 물건지가 코너 또는 양면 도로일 때 기존의 도로 폭이 좁아 법정 도로만큼의 면적을 확보하기 위해 해당 면적만큼을 건폐율과 용적률 산정 시 제외하고 신축할 수 있게 되는 때가 많습니다.

이외에도 토지이용계획상 도시계획선이 지나가 다음에 도로로 편입되어 해당 면적만큼 보상받거나, 지구단위계획상 도로 공간 확보로 인한 신축 시 대지면적의 감소, 건축선 지정, 건축한계선에 의

한 후퇴로 대지면적 감소 등의 경우가 생길 수도 있습니다.

참고로 용도지역에 따른 건폐율과 용적률이 잘 적용되었는지 검토할 수 있습니다. 현재 가치를 판단하여 매입하려는 가격이 적정한지를 판단할 수 있죠.

KEY POINT

**입지, 상권 및 임차, 시설, 시세,
법적 문제를 꼼꼼히 검토할 것**

가압류가 설정된 빌딩인데 매입해도 될까요?

"가압류가 설정된 빌딩인데 매입해도 될까요?"라는 질문을 종종 받습니다. 결론부터 말씀드리면 매입해도 됩니다. 이 대답의 이유를 차근차근 알아보겠습니다.

부동산을 매수할 때 가장 먼저 할 일은 등기사항전부증명서를 열람하는 것입니다. 소유주는 누구인지, 근저당권은 얼마나 설정되어 있는지, 소유권 이전을 방해할 만한 등기가 설정되어 있는지 등의 권리분석을 할 수 있으므로 등기사항전부증명서를 확인해야 합니다.

등기사항전부증명서를 분석하면 괜찮아 보이는 매물이 왜 장기간 팔리지 않았는지 이해할 수 있게 됩니다. 압류나 가압류, 가처분 등의 꼬리표가 붙은 매물은 우선 피하고 보는 것이 일반적인 상식이기 때문입니다.

이미 가압류가 설정되어 있는데 추가로 가압류가 한 건 더 설정된 매물의 중개 의뢰가 들어온 적이 있었습니다. 상도동에 있는 60억 원 규모의 빌딩이었습니다. 담당자였던 신 팀장은 매도 의뢰인과의 미팅에 앞서 등기사항전부증명서를 꼼꼼하게 확인했습니다.

확인해보니 총 2건의 가압류가 설정되어 있었습니다. 채권자 두 명의 주소지가 같은 걸로 보아 부부 관계인 것으로 추정할 수 있었습니다. 남편 명의로 건물소유주에게 5억 원, 아내 명의로 건물소유주에게 20억 원 가압류가 설정된 것을 최종적으로 확인할 수 있었습니다

가압류가 설정된 날짜를 확인해보니 매매계약 체결 이후 당사자 사이의 문제로 계약이 해지되면서 가압류가 설정된 사례였는데 10억 원이 넘는 큰 금액이었습니다. 매도인과의 미팅을 통해 가압류 사실을 확인한 뒤, 정상적인 거래를 하기 위해서는 "에스크로 계약이 필요하다"라고 제안했습니다. 매도인은 이미 알고 있던 제도라며 매수자가 요구할 시 수긍하겠다고 답변했습니다.

에스크로란 상거래 시 구매자와 판매자 간 신용관계가 불확실할 때 신뢰할 수 있는 중립적인 제삼자가 중개하여 금전 또는 물품을 거래하도록 하는 것을 말합니다. 간단하게 설명하면 부동산 거래대금을 제삼자가 보관하고 있다가 매도인과 매수인 사이의 계약 조건이 충족되었을 때 보관인이 매도인에게 송금하는 방식입니다.

무역이나 전자상거래 분야에서는 '구매 안전 서비스'라는 이름으로 일반화되어 있는데 부동산 산업 분야에도 2000년부터 도입되었습니다. 따라서 가압류가 설정된 매물이라고 무조건 회피부터 할 필요는 없다는 뜻입니다. 에스크로 설정 비용은 보통 매수자 부담입니다.

상도동 매물은 쉬운 사례가 아니었습니다. 매도인의 자금 사정에 문제가 있다고 판단할 수밖에 없고, 적지 않은 금액인데 일단 믿

고 계약금을 송금하자고 매수인을 설득할 수도 없고, 계약금조차도 안전하게 보호받지 못할 수 있는 상황이라 본 계약에 앞서 에스크로 계약이 필요하다고 양측을 설득했습니다.

극적으로 합의가 이루어지면서 매수인의 지인 중 변호사 한 분을 보관인으로 설정하게 되었습니다. 큰 틀을 잡고 나서 계약서 초안이 오가는 상황이었는데 다시 제삼자로부터 5,000만 원 가압류가 추가되었습니다.

계약이 무산되기 직전까지 갔습니다. 에스크로 계약을 해서 금원이 안전하게 보호되더라도 계약일과 잔금일 사이에 계속해서 가압류가 설정되면 잔금대출 실행이 불가능하게 되기 때문입니다. 설득과 이해와 양해의 과정이 이어졌습니다. 에스크로 계약으로 큰 금액의 가압류를 해제하고, 선순위 가압류를 해제하기 전에 매도인이 5,000만 원 가압류를 해제하는 조건을 특약사항에 명시하기로 다시 협의를 진행했습니다. 그리고 추가 가압류가 들어오더라도 매수인의 등기사항전부증명서상 순위 보전을 위해 가등기까지 매도인이 협조해주는 걸로 본 계약을 진행했습니다. 2개월 동안 숨 가쁘게 이어진 드라마 같은 계약이었습니다.

에스크로 계약의 순서를 일목요연하게 정리하면 다음과 같습니다.

계약금 에스크로 계좌 예치 ➡ 예치 확인 후 소유권이전 가등기 설정 ➡ 매도인 5,000만 원 가압류 해제 ➡ 가압류 해제 확인 후 중도금 에스크로 계좌 예치 ➡ 가압류 해제 ➡ 가압류 전체 말소등기

확인 후 은행 잔금대출 실행 → 잔금 후 소유권 이전

여기서 한 가지 주의할 점은 모든 가압류 계약이 이렇게 풀리지는 않는다는 것입니다. 매도인이 확실히 매도할 이유가 있고, 변호사가 법률 검토를 했고, 여러 변수를 검토해서 사전에 계약서에 명시했고, 혹시 변수가 생기더라도 매수인의 소중한 자금이 보호될 수 있도록 이중 삼중의 안전장치, 즉 에스크로와 가등기를 병행했기 때문에 성사될 수 있던 것입니다.

가압류와 같은 매물을 매입할 때 가장 좋은 방법은 일단 법과 절차를 믿는 것입니다. 에스크로처럼 사기로 피해당하는 사람이 없도록 만들어놓은 법을 따르는 것도 중요하지만 이 과정을 처음부터 끝까지 컨설팅할 수 있는, 신뢰할 만한 전문 중개인에게 의뢰하는 것 또한 가장 중요합니다.

위반 건축물이 있는 빌딩을 매입해도 될까요?

우선 위반 건축물이 무엇인지 알아둘 필요가 있습니다. 보통 세 가지로 분류하는데 적발되는 과정을 함께 설명하겠습니다.

첫째, 건축법상 사용하면 안 되는 면적을 임의대로 사용하는 경우입니다. 예를 들면 5층 정도 규모의 다가구주택에서 흔히 볼 수 있는 옥탑방이 대표적입니다. 원룸처럼 만들어서 세를 주려고 건물주가 만든 것이죠. 이는 항공촬영을 통해 적발되는 경우가 많은데, 만일 허가받지 않고 만들었다면 구청에서 원상 복구하라는 통지를 받게 됩니다. 복구한 다음 사진을 찍어서 제출하라는 공문을 받게 될 텐데 이에 불복하면 건축물대장에 위반 건축물로 등재됩니다.

둘째, 허가받은 면적보다 더 많이 사용하는 경우입니다. 1층 공지나 주차장을 허가받지 않고 점유하여 장사하는 경우가 많은데 이는 건폐율 위반입니다. 주지하다시피 땅 전체에 건물을 지을 수는 없습니다. 반드시 건폐율이라는 것이 존재하는데, 예를 들어 건폐율 50%라고 하면 남은 50%는 공지라는 뜻입니다. 그런데 1층 임대료가 높은 상권인 경우, 즉 나름대로 상권이 활발한 지역의 경우 1층 임차인이 매장 앞 공지나 주차장에 테이블이나 데크를 깔고 영업하는 경우가 종종 있습니다. 이 부분은 눈에 바로 보이기 때문에 구청 공무원의 점검으로 적발되곤 합니다.

셋째, 허가받은 용도와 다르게 사용하는 경우입니다. 사무실로 허가받은 뒤 주택으로 사용하는 경우. 취사를 할 수 없는 다중주택이나 고시원으로 허가받은 뒤 각 방에서 개별취사를 할 수 있도록 구조를 변경한 경우 등이 이에 해당합니다. 다중주택은 단독주택에 포함되지만, 고시원은 근생시설입니다. 건축물의 용도는 다르지만, 건축법상 공동 부엌에서 취사하는 것만 가능합니다. 이처럼 내부 용도를 몰래 바꿔 사용하는 경우 역시 위반 건축물에 해당합니다. 이 경우는 흔히 내부 고발을 통해 적발되곤 합니다. 만일 내부 고발이 없다면 적발되지 않고 기록에도 남지 않을 수 있으므로 매입 전에 가장 주의해야 할 부분이라고 할 수 있습니다.

"위반 건축물이 있는 빌딩을 매입해도 될까요?" 이 질문에 관한 저의 대답은 이렇습니다.

"입지만 좋다면 괜찮습니다. 위반사항에 대한 과태료를 물더라도 월세를 더 받을 수 있기 때문입니다. 다만 조건이 있습니다."

만일 주택을 근생시설로 용도변경을 해서 잔금을 치러야 하는 상황이라면 특히 주의해야 합니다. 보통 잔금 전에 용도를 바꾸게 되는데 만일 위반 건축물이 있으면 구청에서 허가해주지 않습니다.

예를 들면 빌딩의 3층과 4층 주택을 근생시설로 바꿔서 매입하고 싶은데 건물 내에 위반 건축물이 있는 경우라면 "철거한 후에 용도변경을 신청하라"라는 답을 듣게 될 것입니다. 위반 건축물 부분을 철거 및 원상복구하고, 용도변경 신청을 하고, 문제가 없는지 확인받고, 변경을 득하는 절차를 거치는 동안 시간이 걸리긴 하겠지만 꼭 필요한 과정입니다.

문제는 해당 부분을 임차인이 사용하고 있을 경우입니다. 예를 들어 3층과 4층의 주택을 바꾸는데 1층에 위반 건축물이 있다고 가정해볼까요? 철거하는 동안 1층은 정상적인 영업을 못 하게 되니 볼멘소리하게 될 것입니다. 물론 애초부터 위법 사항이었으므로 할 말이 없겠지만 그래도 협의 과정이 필요합니다.

간혹 '수익성'을 고려하여 위반 건축물을 철거하지 않겠다는 매수자도 있습니다. 이럴 때는 이행강제금을 내면서 일종의 '버티기' 전략을 구사할 수도 있습니다. 이행강제금은 위반 건축물의 위법성이 해소될 때까지 매년 내야만 합니다. 그런데 만일 옥탑방이나 1층 임차인의 월세 및 임대료가 이를 충분히 상쇄할 수 있다면 철거하지 않는 것도 투자전략일 수 있습니다. 어차피 빌딩 매입의 목적이 투자와 수익 창출이라고 한다면 말이죠.

필자가 중개한 매물 중에 1960년대에 지어진 종로 4층짜리 빌딩이 있었습니다. 그런데 건축물대장을 보니 2층까지만 존재했습니다. 3, 4층은 완전히 무단으로 증축한 것이었죠. 오래된 빌딩 사이에서 흔히 볼 수 있는 사례입니다. 이러한 위반사항이 있더라도 빌딩의 가치에는 큰 영향이 없으니 매매를 진행했습니다.

위 건축물 때문에 대출이 막힐까 걱정하는 투자자도 있습니다.

물론 정상적인 경우보다 대출금이 적게 나올 수 있습니다. 따라서 자금 계획을 세울 때 은행 상담을 통해 정확한 대출금액을 확인하는 것이 좋습니다. 은행마다 차이가 있으니 중복체크도 필요합니다.

사실 위반 건축물이 있는 부분을 제외한 나머지 부동산에 한정하여 담보를 설정할 수 있으므로 대출금 총액에서 큰 차이는 없습니다. 또한 빌딩 자체보다는 토지를 보고 대출을 내주기 때문에 괜찮습니다. 매매가의 90% 정도가 토지 가격이므로 건물 가액은 사실상 큰 의미가 없는 것이죠.

건물주로 가는 길 4단계: 매입 결정

앞의 단계를 거쳐 이제 몇 건의 빌딩이 눈에 들어왔다면, 그중에서 80점에 가깝게 도달한 매물을 선택하는 것이 4단계입니다. 하지만 조금씩 마음에 들지 않는 부분이 있어서 결정하기가 어려울 것입니다. 막상 매입하려니 겁도 나죠. 그 해결책 중 하나가 체크 리스트 작성입니다. 4단계의 체크 포인트는 다음과 같습니다.

※ 현장답사 및 체크 포인트 확인: 최종 체크 리스트 우선순위 정하기 및 점수 매기기
※ 개선사항 체크하기: 신축, 리모델링, 용도변경 등으로 빌딩의 가치를 올릴 수 있는지 확인하기

[최종 체크 리스트 작성하기]

최종 체크 리스트는 현장답사의 결과물입니다. 직접 현장에 가서 눈으로 봤기 때문에 체크할 리스트가 생기고 우선순위를 정할 수 있습니다. 현장답사의 근본적인 목적이 좋은 빌딩을 최대한 저렴하게, 나아가 실수 없이 매입하는 것이기 때문에 답사 후 점수를 매기면서 계획을 세우는 것은 무엇보다 중요한 과정입니다. 현장에서 얻은 귀한 정보를 실질적인 계획에 반영하는 것이죠. 순서는 다음과 같습니다.

사전에 정한 매입지역, 매입목적에 부합하는지 → 문제점을 개선할 방안이 있는지 → 임차인 리스크는 없는지 → 대출을 포함해 자금 준비에 문제는 없는지 → 매입 주체를 개인과 법인 중에서 무엇으로 할지 → 단독명의 혹은 공동명의 여부 → 엑시트 플랜은 어떻게 되는지, 즉 언제 얼마에 매도할 계획인지 → 매매가격 협상의 범위를 최소 얼마부터 얼마까지 할 것인지. 이 리스트는 나만의 부동산 노트 '기초편'이라고 할 수 있을 것입니다.

그다음은 '심화편'입니다. 각각의 후보 빌딩에 점수를 매기면서 최종적으로 계약할 빌딩을 선택하는 것입니다. 점수를 매길 때는 되는 것과 안 되는 것을 구분한 다음 매입 중요 항목 또는 항목별 점수를 매기면서 최종 빌딩을 정합니다.

점수를 매기는 것이 처음에는 생소할 것입니다. 하지만 익숙해져야 합니다. 이 작업이 없다면 "그냥 좋은 것 같아서 샀어.", "사놓으면 오르겠지"라는 말이나 하는 묻지마 투자자가 될 것입니다. 조금 더 구체적으로 설명하겠습니다.

검토항목 확인하기

원했던 용도에 적합한지, 가격은 무리가 없는지, 위치와 상권은 어떤지, 예상 수익률은 어느 정도인지, 개발 호재 등 미래가치가 있는지 없는지부터 시작해서 입지분석, 빌딩의 방향, 경사, 코너, 용적률, 접근성(지하철역과의 거리, 유동 인구 등), 임차 및 상권분석, 시설 및 시세분석, 관리상태 등 빌딩을 매매할 때 검토해야 할 항목을 나열합니다. 만일 상가용 빌딩이라면 더더욱 꼼꼼하게 체크해야 합니다.

우선순위 정하기

내가 원하는 조건을 가장 많이 충족하는 항목부터 앞 순위로 리스트를 재배치합니다. 항목 중 우선순위를 판단하기 어려운 경우에는 토지의 모양, 용도지역(상업지역인지 주거지역인지), 도로, 대지 모양, 경사, 코너, 도로 너비 등 앞으로 변하지 않는 것, 즉 자금을 투여해도 변하지 않는 것을 상위 우선순위로 선택합니다. 대부분 토지에 관련된 항목이 많을 것입니다.

체크 리스트 점수 매기기

우선순위의 항목이 모두 정해졌다면 내가 원하는 항목, 수정이나 보완이 가능한 항목에는 +가산점을 주고, 현재 없거나 앞으로도 불가능한 항목에는 -감산점을 매깁니다. 이때 수정이나 보완을 위해 투입되는 자금 규모도 함께 고려하는 것이 중요합니다.

예를 들어 급매물을 찾는 중이라면 가격을, 환금성을 본다면 위치를, 높은 임대수익을 원하면 수익률을, 지가 상승이 목적이면 미래가치를, 사용이 목적이라면 용도의 적합성에 높은 가산점을 주는 것입니다. 각각의 조건은 상호 연관성이 매우 강하지만 그중에서도 자신이 중요시하는 조건부터 우선 검토하는 것이 좋습니다.

최종 확정

완성한 체크 리스트를 바탕으로 최종 계약할 빌딩을 확정하거나 혹은 계약 전까지 확인해야 할 사항을 더욱더 세밀하게 체크합니다.

[개선할 사항 정리하기]

80점 정도면 매입하라고 제안한 바 있습니다. 부족한 20점을 개선해나가는 것이 건물주의 역할인데 무엇을 개선할지, 가능성은 있는지를 따져봐야 합니다.

용도변경 할 때

주거지역에 신규상권이 생기면서 주택을 근생시설로 용도를 변경하면 높은 수익을 낼 수 있습니다. 이 경우 명도비용, 명도 기간의 손실, 용도변경에 필요한 비용 등의 지출금액을 합산한 투입금액과 용도변경 후 새로운 임차인이 납부할 예상 임대료를 토대로 계산기를 두드려봐야 합니다.

신축할 때

기존 빌딩이 너무 낡거나 임대할 상황이 아니라서 새롭게 신축해야 할 때는 건축설계사에게 자문하면서 각종 법규에 맞게 신축개요를 세워야 합니다. 이 역시 명도비용, 명도 기간의 손실, 신축 시 필요한 비용 등의 지출금액과 완공 후 예상 수익을 비교해서 투자를 판단해야 합니다.

리모델링할 때

기존 빌딩의 용적률이 높고, 신축하면 손해가 예상되고, 리모델링하는 것만으로도 충분한 임대수익을 기대할 수 있다면 비용이 덜드는 리모델링을 고려하는 것이 맞습니다. 물론 리모델링할 때 필요한 비용과 예상 임대수익을 따져보는 것은 당연한 일입니다. 설계사의 조언을 받을 필요가 있습니다. 참고로 리모델링은 신축과 비교해 50% 정도 저렴하지만 80% 정도의 효과가 있습니다.

 KEY POINT

나의 상황을 반영한 체크 리스트가
매입결정의 답이다.

공실이 있는 빌딩을 매입해도 될까요?

코로나19가 대규모 공실 사태를 불러왔지만, 빌딩 매매에는 거의 영향을 끼치지 않았습니다. 앞서 2021년 종로 상권이 공실 직격탄을 맞으면서도 임대료가 오히려 올랐고, 거래도 늘었다고 설명한바 있습니다.

그 이유는 토지 가격 상승을 통한 시세차익을 목표로 삼은 투자자들에게는 공실이 오히려 더 유리한 조건이었기 때문입니다. 복잡한 명도 절차를 밟지 않아도 되고, 영업 중인 임차인이 없으니 마음 놓고 리모델링해서 새로운 임차인을 더 비싼 임대료로 유치할 수 있으니까요. 신축 공사 중에 매각해서 단기 이익을 얻을 수도 있으니 선호대상이 된 것이죠. 이처럼 매수인의 니즈를 아는 건물주가 프랜차이즈 같은 우량임차인을 영입하지 못할 바에는 차라리 공실을 유지하고 있는 것입니다.

결국 양 당사자가 잘 알고 수요와 공급의 법칙이 밀당하게 됩니다. 공실이 지속되는 것보다는 팔아버리는 것이 속 시원하겠다는 건물주를 만나면 나름대로 싸게 살 수 있고, 마음이 급한 매수인을 만나면 굳이 깎아주지 않고도 애물단지를 처분할 수 있는 것입니다. 모두 조율하기 나름이죠. 이래서 부동산은 다 임자가 따로 있다고 하는 것이고, 중개인의 조율이 중요하다는 것입니다.

예를 하나 들어보겠습니다. 2020년 연말, 가로수길에 있는 A 빌딩을 75억 원에 매수한 투자자가 있었습니다. 그러더니 불과 6개월 만에 120억 원에 매도하면서 45억 원의 시세차익을 올렸습니다.

한편 차병원사거리에 있는 B 빌딩을 317억 원에 매수했다가 3개월 만에 417억 원에 매도한 사례도 있습니다. 3개월 만에 무려 1백억 원을 번 것입니다.

거래 액수가 크다고 해서 다른 세상의 이야기라 여길 것이 아니라 '왜', '어떻게' 하며 궁금증을 가져야 합니다. '어떻게 이렇게 단기간에 엄청난 시세차익을 올릴 수 있을까?', 'B 빌딩 투자자가 결코 바보는 아닐 텐데 왜 3개월 만에 100억 원이나 더 주고 샀을까?' 이런 궁금증을 지니고 현장까지 가봐야 합니다. 적어도 인터넷에서 로드뷰 사진을 통해 '비포 앤 애프터'도 찾아봐야 하고, 층마다 어떤 임차인으로 구성되었는지도 알아봐야 합니다. 그래야 진짜 나만의 공부가 되는 것입니다.

확실한 것은 3개월 전 시세보다 100억 원을 더 지불한 차병원사거리 B 빌딩 투자자도 심사숙고 끝에 내린 결정일 것이라는 점입니다. 큰 금액이니 당연히 가족 및 전문가와 회의를 거듭하지 않았겠습니까? 아마도 417억 원 이상을 받고 매각할 수 있다고 계산했겠죠.

B 빌딩이 3개월 사이에 환골탈태할 수는 없었을 테니 달라진 것은 빌딩이 아니라 빌딩을 둘러싼 상황입니다. 그 달라진 상황을 볼 줄 아는 눈이 필요한데 그것은 누가 알려주지 않습니다. 오직 본인만이 공부와 경험을 통해 체득할 수 있는 것입니다.

당시 필자의 추측으로는 가로수길 A 빌딩의 경우, 전 층 명도 조건으로 매매되었을 것입니다. 120억 원의 투자를 만회하려면 임대료만으로는 타산이 맞지 않으니 임대수익을 노린 매수는 아닐 것이라 보이기 때문입니다. 아마도 명품매장처럼 가로수길이 아니면 안 될 이유가 있는 매수자였을 것입니다. 신축을 거쳐 사옥으로 사용할 확률이 높습니다. 이러한 것이 빌딩을 둘러싼 상황의 변화라는 것입니다.

한편 차병원사거리 빌딩은 317억 원 투자자 A가 매수할 당시에는 공실 상태였습니다. 매도자 B가 사옥으로 사용하고 있었는데 매도하고 이사를 나갔던 것입니다. 이후 A는 3개월 동안 임대차를 아주 좋은 조건에 맞춰두었습니다. 투자자 C가 보기에 417억 원을 투자해서 매입해도 수익률이 3% 중반이 나올 정도로 상태가 양호해진 것입니다. 필자 생각에는 강남에서 이런 매물을 찾기 어려우니 적절했던 투자 같습니다. 이 빌딩은 9개월 후에 다시 550억에 매매됩니다. 2020년 10월 317억 ➡ 2021년 1월 417억 ➡ 2021년 10월 550억으로 약 1년 사이에 233억이 인상된 것입니다.

정리해볼까요? 명도에 문제가 없어서 사업목적으로 즉시 사용이 가능한 매물, 임차 조건을 새롭게 세팅해서 높은 임대수익률이 기대되는 매물은 시장에서 언제나 환영받습니다. 이런 매물은 나오자마자 금세 팔려나가니 만일 그 계약 테이블에 앉고 싶다면 평소에 공부를 해둬야 합니다. 준비되지 않은 사람에게는 기회가 오지 않죠. 가장 좋은 매수 적기는 '바로 지금'입니다. 알고 나서 준비하면 늦습니다. 언제나 준비가 된 상태를 유지하고 있어야 합니다. 그래야 부자가 될 수 있습니다.

건물주로 가는 길 5단계: 계약하기

좋은 매물을 찾는 것도 중요하지만 협상 테이블에 앉아서 좋은 조건으로 도장을 찍는 것도 역시 중요합니다. 계약 과정에서는 생각하지도 못한 다양한 변수가 발생하는데 이에 잘 대처하기 위해서는 매도자의 상황을 정확히 파악할 필요가 있습니다. 매도자가 매물을 내놓은 이유를 분석하라는 뜻입니다.

좋은 이유든 나쁜 이유든 사연 없는 매도는 없습니다. 대부분 그 이유를 "월세도 잘 나오는 빌딩이지만 목돈이 좀 필요해서 어쩔 수 없이…"라고 대답하는데 진짜 속내는 다를 수 있습니다.

빚에 쪼들려서 급매로 처분하는 것이거나, 골치 아픈 임차인이 있다거나, 빌딩의 안전성에 문제가 있다거나 등의 숨겨진 이유가 있을 수 있다는 것입니다. 이러한 상대의 내부적인 사항까지도 알아두면 본인에게 유리한 협상전략을 짤 수 있습니다. 지피지기면 백전 팔십 승이라고 할 수 있습니다. 그다음은 흥정의 단계입니다. 모름지기 시장에 나온 가격 그대로 다 주고 사는 법은 없습니다. 중개인을 가운데 두고 조건을 조정할 필요가 있습니다. 5단계의 체크포인트는 다음과 같습니다.

> ※ 필요 서류 준비: 개인 혹은 법인에 따라 다르고, 계약 단계 및 중도금과 잔금을 치르는 단계에서 각기 다르므로 꼼꼼하게 준비할 것
> ※ 특약: 계약서에 기재할 특약사항을 잘 챙길 것

[주요 사항 확인하기]

임차인

매입할 빌딩에 입주한 임차인의 최초계약일과 만기일 등을 확인한 후 거래를 진행해야 합니다. 명도 일정, 인테리어 기간, 입주 예정일 등을 종합적으로 고려해서 매입계획을 세워야 하죠.

최초계약일을 따져야 하는 이유는 임차인의 계약갱신요구권이 10년으로 정해졌기 때문입니다. 임대 만기일이 되었더라도 임차인이 계약갱신을 요구하게 되면 명도를 위해서는 임차인과 협의가 필요합니다. 계약갱신요구권이 시행된 2014년 11월 16일 이후에 최초 입주한 임차인은 10년간 계약갱신요구권 주장이 가능하다고 봐

야 합니다.

상가건물 임대차보호법은 환산보증금 이하의 임차인에게 적용되는 법이지만 계약갱신요구권은 상가건물 임대차보호법 적용 여부와 상관없이 모든 임차인에게 적용되는 법입니다. 혼동하지 않도록 주의해야 합니다.

계약금

매매대금은 일반적으로 계약금 10%, 30일 이내에 중도금 40%, 30일 이내에 잔금 50%로 지불하는 것이 관례였습니다. 하지만 최근에는 대출을 많이 받아서 잔금을 치르는 경우가 빈번해지면서 계약금 10%, 잔금 90%로 바뀌고 있습니다. 이러한 관행도 중요하지만, 절충도 가능하므로 나의 자금 스케줄에 맞춰 진행하는 것이 좋습니다. 실수 없도록 명시해야 합니다.

잔금일은 현 임차인과 매도인 사이에 명도 문제가 걸려 있다면 명도가 완료된 날을 잔금일로 지정하는 것이 바람직합니다. 잔금 지급이 완료된 후에는 새 건물주가 직접 문제를 해결해야 할 수도 있기 때문이죠.

보통 지방세법상 6월 1일을 기준으로 납세의무자가 결정되기 때문에 잔금일을 6월 1일 이전으로 하느냐, 이후로 하느냐를 두고 매도자와 매수자가 예민하게 반응을 보이기도 합니다. 건물 재산세는 7월에 납부하고, 토지 재산세는 9월에 납부하는데 이 기준이 6월 1일 소유자가 되는 것입니다.

특약사항

최근 계약 때 자주 사용하는 특약사항이 있습니다. 특약에 자주 적는 내용을 아래와 같이 표로 정리했습니다. 매도인과 매수인의 의무에 관한 약속을 정하는 것이므로 중개인의 도움으로 잘 정리해둬야 계약 후 분쟁의 소지가 없습니다.

계약 때 자주 사용하는 특약

건축행위	토지사용승낙서 또는 매도인의 명의로 건축허가를 신청하고 필요비용은 매수인이 부담한다. 잔금일에 매도인은 매수인에게 건축주명의변경을 해준다.
명의, 지분변경	매수인이 명의를 변경하거나 지분율을 바꾸는 경우 잔금 전일까지 가능하고, 매도인은 이에 동의한다.
매매대금 입금	소유자별, 지분별로 입금하는 것이 원칙이다.
공실 임대차	공실에 대한 임대차 진행 권한은 매수인이 진행한다.
주택 용도변경	매수자의 요청으로 매도자는 주택 3, 4층을 명도하고 근생시설로 용도변경 신청을 한다. 이에 수요되는 비용은 매수인이 부담한다.
재단이 매도	계약 후 보건복지부 또는 교육부의 매도승인을 받은 후 계약이 완성된다. 승인을 받지 못한 경우 수령한 계약금만 반환하고 합의해제한다.

기타

계약 당일에는 등기사항전부증명서를 다시 확인해야 합니다. 가계약 이후 추가로 대출이나 가압류 등이 있는지 확인하는 절차입니다. 또한 계약 당사자와 소유권자가 동일한지도 파악해야 합니다. 소유권자의 부재로 어쩔 수 없이 대리인이 참석할 때는 인감증명서, 위임장, 대리인신분증 등의 서류가 필요합니다. 나아가 소유권자와 통화 및 녹취하여 매도 여부를 확인하는 절차도 거쳐야 합니다.

건물주로 가는 길 6단계: 잔금 준비

계약금을 지불하고 잔금을 치르기 전까지 해야 할 일은 계약 후 30일 이내에 거래 신고, 대출 신청, 임대사업자 등록, 법무사 선임, 임대차 확인, 소방안전 관리자 사전교육 이수 등이 있습니다. 6단계의 주요 체크 포인트는 다음과 같습니다.

※ 대출 신청: 복수의 은행과 상담하여 대출금액과 금리를 비교할 것

※ 법무사 선임: 소유권 이전을 담당할 법무사를 선임할 것

대출 신청 및 대출 계약

계약금을 지급했다면 이제 잔금 계획을 세울 차례입니다. 대출받을 때라는 말이죠. 앞서 대출을 두려워할 필요가 없다고 설명한 바 있습니다. 당당하게 많이 받는 것이 유리합니다.

만일 중도금을 포함하는 계약을 했더라도 은행에서는 잔금 집행 시에만 대출해주기 때문에 중도금은 본인 자금으로 준비해야 합니다. 이런 추세로 인해 중도금 지급 관행이 사라지고 있습니다.

앞서 언급한 것처럼 대출 상담은 주거래 은행을 포함해서 복수의 은행과 진행하는 것이 좋습니다. 임대사업자 대출은 3년짜리 단기대출인데 고정금리로 할지 변동금리로 할지는 개인 상황에 따라 다르므로 일반화하긴 어렵습니다. 다만 금리는 언제든지 달라질 수 있다는 점을 염두에 두어야 합니다. 당장 금리가 낮다고 해서 영끌식의 투자를 했다가는 무리한 결과를 초래할 수도 있습니다.

담보대출과 함께 신용대출까지 신청하면 집행까지는 보통 3주 정도가 소요됩니다. 기간을 고려하여 미리 준비해야 합니다.

대출 승인이 떨어지면 이자를 낼 시기가 곧 돌아온다는 것을 의미하기 때문에 예비자금도 확보해두어야 합니다. 만일 임차인에게 임대료를 받아서 이자를 내겠다는 계획이라면 임대료가 밀릴 경우도 염두에 둬야 합니다. 공실이 발생할 수도 있는 문제이고요.

은행은 대출인을 기다려주지 않지만, 건물주는 임차인의 사정을 봐줘야 하는 경우도 틀림없이 생깁니다. 코로나19가 여전히 존재하고 경기침체는 언제나 발생할 수 있습니다.

임대사업자 등록

건물주가 되려면 임대사업자 등록을 해야 합니다. 과거에는 잔금 집행 후 임대사업자 등록을 했는데 최근에는 잔금 집행 시점에 대출받기 위해 은행의 요청으로 미리 등록하는 것이 일반적입니다.

동업 혹은 공동 매입

빌딩은 종합소득세 및 양도소득세 절세 효과가 있어 자녀까지 공동소유자가 되는 경우가 점점 많아지고 있습니다. 이 부분의 절세 효과에 관해서는 앞서 설명한 바 있습니다.

공유 매입의 경우 사업자등록 신청 시 동업계약서를 작성해서 첨부해야 합니다. 동업계약서는 특별한 양식은 없습니다.

법무사 선임

계약 단계에서 소유권 이전 절차 등 체크해야 할 서류가 많으므로 실수를 방지하기 위해서 법무사를 선임해야 합니다. 매도자 측에서 준비하는 서류를 사전에 체크하거나 매도인에게 준비할 수 있도록 하는 것이 잔금 때 발생할 수 있는 여러 변수를 최소화하는 일입니다.

임대차 확인

매매계약이 완전히 끝나기 전까지 임차인에게 비밀로 하는 매도인도 많습니다. 을의 처지인 임차인이 새 건물주와 생길 수 있는 여러 일을 미리 걱정하면서 귀찮게 할까 봐 그런 경우도 있고, 일부러 임대료를 연체하는 임차인도 있기 때문입니다. 그래서 보통 잔금 직전까지 숨기곤 하죠.

하지만 매수자는 매도자에게 받은 임대차계약에 관한 내용을 계약의 당사자인 임차인에게 직접 확인할 필요가 있습니다. 보증금, 임대료, 관리비, 계약만기일, 기타 임차하면서 있었던 여러 문제점 등을 미리 확인해야 합니다. 그 공개 시점은 부동산 중개인을 포함해서 매수자와 매도자가 합의해서 정하면 됩니다.

임대차계약도 승계해야 합니다. 매매계약을 하면서 임차인포괄 승계를 했더라도 임대차계약서에 임대인 명의변경 계약을 추가하는 것이 좋습니다. 이때 임차인에게 세금계산서를 발행할 사업자 등록증과 이메일주소를 받으면 됩니다.

소방안전 관리자 선임

의무적으로 2급 소방안전 관리자를 선임해야 하는 빌딩이 있습니다. 외부업체에 위탁할 수도 있지만, 꼬마빌딩의 경우는 매수자나 매수자의 지인을 선임하는 경우가 많죠. 4일간 교육받고 시험에 합격하면 2급 소방안전 관리자 자격증을 취득할 수 있습니다.

건물주로 가는 길 7단계: 잔금 집행 및 소유권이전등기

이제 거의 끝까지 왔습니다. 잔금을 치르고 소유권이전등기를 하면 드디어 건물주가 되는 것입니다. 7단계에서는 챙길 것만 잘 챙기면 됩니다. 간단합니다. 7단계의 주요 체크 포인트는 다음과 같습니다.

※ 등기사항전부증명서 확인: 근저당, 가압류, 가등기 등 말소해야 할 내용이 남았는지 체크할 것, 등기사항전부증명서와 건축물대장의 내용이 같은지 체크할 것
※ 매도인 정산 서류 확인: 임대료, 공과금 정산 등을 체크할 것, 잔금일에 필요한 서류를 챙길 것

[잔금 집행 및 서류 확인하기]

잔금 집행은 오전에

잔금일은 큰돈이 지출되는 관계로 손이 떨리고 정신이 없습니다. 건물주가 된다는 생각에 흥분도 하게 되죠. 실수가 없도록 각별히 조심해야 하는 날입니다. 따라서 잔금 집행은 평일 오전에 하는 것이 여러모로 좋습니다. 미처 준비하지 못한 것이 생기면 챙겨야 하기 때문입니다. 이 부분은 은행과 사전에 조율하는 것이 좋습니다.

서류 확인

잔금일에는 등기사항전부증명서를 다시 출력해 등기사항전부증명서와 건축물대장의 내용에 변동이 없는지 확인해야 합니다. 기타 권리관계 및 불법 사항이 없는지, 근저당, 가압류, 가등기에 변동은 없는지 등도 다시 확인해야 합니다.

또한 매도자가 상환할 대출금을 말소할 준비를 해야 합니다. 상환할 원금, 이자, 중도상환수수료를 포함한 전체 상환금액을 미리 파악해야 합니다. 반드시 모든 서류를 꼼꼼하게 확인한 다음 잔금을 치러야 합니다.

매도인이 임대료, 공과금, 관리비 정산을 정상적으로 처리했는지도 서류를 통해 확인해야 합니다. 보통 임대료는 잔금일을 기준으로 일별 계산해 매도자와 매수자가 각자 청구하고 받는 것이 정석입니다.

[소유권이전등기]

소유권이전등기, 즉 집문서의 주인이 바뀌는 절차가 진짜 마지막 관문입니다. 잔금 지급 후 필요한 서류를 받아 등기소에 소유권이 전등기를 접수하면 완료됩니다.

보통은 사전에 안내받은 서류만 잘 챙기면 법무사가 업무를 대행합니다. 법무사는 잔금일에 취득세를 낸 후 납부영수증과 함께 등기소에서 소유권 이전을 신청합니다.

[빌딩을 매입할 때도 부가세를 낸다고?]

잔금을 치를 때 내야 할 세금 중에 부가가치세, 줄여서 부가세가 있습니다. 상거래가 이루어졌을 때 재화(상품)나 용역(서비스)에 생성되는 부가가치, 즉 마진에 부과되는 조세가 바로 부가세입니다. 통상적으로 재화나 용역의 최종가격에 10%의 부가가치세가 포함되어 소비자가격이 형성되죠. 이러한 세금이 빌딩 거래에도 붙는데 잘 모르는 투자자가 많습니다.

보통의 상업용 빌딩은 토지와 건물의 등기사항전부증명서가 따로따로입니다. 우리가 흔히 건물을 매매한다고 하지만 실제로는 토지와 건물이라는 부동산 두 개를 동시에 매매하는 것이기 때문입니다. 부가가치세법상 토지는 면세지만, 건물은 부가가치세가 부과되는 과세 대상이라서 총매매가격에서 건물 가액에만 부가세가 발생합니다.

원칙적으로 부가세는 최종소비자에게 전가되는 간접소비세로서 매수인이 부담하게 됩니다. 매수인이 잔금일에 매도인에게 부가세를 내면 매도인은 세금계산서를 발행하게 되죠. 매도인은 받은 부가세를 납부하고, 매수인은 세금계산서를 가지고 조기환급 신청을 합니다. 신청하면 보통 두 달 이내에 부가세로 낸 금액 전부를 환급받게 됩니다.

결국 부가세는 매도인의 수익이라기보다는 매수인 대신 정부에 내는 돈입니다. 누구도 이득이 없고, 누구도 손해가 아니지만, 법이 그러하므로 돈이 돌고 도는 것입니다. 이처럼 부가세가 매수인 → 매도인 → 과세당국 → 매수인으로 돌고 도는 것이 번거로우므로 상업용 빌딩의 매매계약은 임대업을 포괄양도양수하는 형식으로 계약서를 작성합니다. 이렇게 매매계약을 체결하면 부가세를 내지 않아도 됩니다.

포괄승계란 임대사업장(빌딩)의 모든 임대업자의 사업시설과 그 사업에 관련된 모든 인적, 물적 권리와 의무를 양도하는 것으로, 간단하게 말하면 매도자가 진행하던 임대업을 매수인이 100% 승계하는 것입니다.

예를 들면 현재 임차인과 맺은 임대차계약이라든가 임대업과 관련하여 직원을 채용했다면 직원의 고용승계까지 포함됩니다. 이런 경우 매수인은 부가세를 부담할 필요가 없어지는 것입니다. 단, 사업 전체를 양도양수해야 하고, 매수인과 매도인이 모두 사업자여야 하고, 종목에 임대업 이외 다른 사업이 없어야 포괄양도양수계약이 가능합니다. 만일 매도인이 일반과세자가 아니라 규모가 작은 간이과세자인 경우 10%가 아닌 4%의 부가세가 부과됩니다. 이 계약서는 반드시 작성해야 하며 특약에 명시해야 합니다. 또한 매도인은 잔금을 치르는 달의 말일로부터 25일 이내에 폐업 신고를 해야 하며, 매수인 또한 잔금일 이후 20일 이내에 매도인과 동일한 과세유형으로 사업자등록을 해야만 합니다.

포괄양도양수계약이 성립되지 않는 경우 중 많이 접할 수 있는 세 가지에 관해 설명하겠습니다. 첫째, 건물 소유주와 토지 소유주가 다른 경우입니다. 100억 원짜리 매물이 있는데 건물 가격이 30억 원, 토지 가격이 70억 원이라고 가정해보죠. 매수자는 건물주 A와 토지 소유주 B에게 매매대금을 나눠서 지급해야 합니다. 계약이 두 건이라고 보면 됩니다. 그런데 이 경우 토지는 부가가치세법상 면세이기 때문에 부가세가 발생하지 않으므로 B에게는 70억 원만 지급하면 됩니다. 하지만 A에게는 부가세 10%가 더해진 33억 원을 지급해야 합니다. A는 새로운 매수인에게 잔금일에 세금계산서를 발행해주면 됩니다.

둘째, 매도인이 임차인을 내보내는 조건으로 매매하는 경우입니다. 포괄승계라고 하면 임차인까지 그대로 유지하는 승계인데 임차인을 명도하면 포괄승계 자체가 성립되지 않는 것입니다.

끝으로, 매도인이 매각하려는 빌딩에 두 개 이상의 사업자가 있는 경우입니다. 건물주가 본인의 빌딩에서 임대업을 하는 상황에서 1층에 커피숍을 운영하는 경우가 바로 이에 해당합니다. 포괄이란 모든 것을 넘겨야 하는데 임대업에 관련한 것뿐만 아니라 커피숍에 관련한 사업자까지 양도하여야 하므로 이런 경우 건물과 토지를 나눠서 매매해야 합니다. 그래서 건물 가액에는 부가세가 발생합니다. 이외에도 양측의 과세유형이 다르거나, 사업과 직접 관련이 있는 토지와 건물이 매매에서 제외되는 경우도 해당합니다.

　중요한 것은 매입 자금을 준비하면서 부가세를 간과하는 경우가 많으니 잘 챙겨야 한다는 것입니다. 영끌로 100% 올인하여 여유 자금을 비축해두지 않는 투자자가 적지 않다는 것을 익히 보았기 때문이죠.

　또한 부가세환급이 안 되는 경우가 있으니 주의해야 합니다. 잔금을 치른 이후에 매수인이 신축을 위해 빌딩을 멸실하는 경우는 건물분 부가세가 환급되지 않습니다. 부가세법상 건축물을 멸실한 매수자가 최종소비자가 되는 거죠. 이 경우 건물분 부가세는 취득가액으로 산정됩니다. 극단적인 예로 100억 원의 매매가 이루어지는데 건물의 가격을 0원으로 한다면 건물분 부가세가 발생하지 않게 되죠. 단, 이 경우는 잔금 전에 건축물을 멸실한다는 조건이 충족되어야 합니다. 물론 매도자가 합의를 해줘야 가능하겠죠. 건물의 가격을 0원으로 했을 경우 매도자 입장에서는 양도소득세에 문제가 있으므로 중개인의 협상과 세무사의 조언이 필요합니다.

KEY POINT

**건물을 살 때도 부가세를 내야 하는데,
경우의 수를 잘 알아야 한다.**

소유주가 다른 두 개의 땅에 건물이 하나인데 괜찮나요?

소유주가 다른 2개 필지에 양다리를 걸친 빌딩이 매물로 나온 적도 있습니다. 십인십색이라고 세상에 같은 사람이 한 명도 없는 것처럼 조건이 동일한 토지와 빌딩도 없죠. 부동산에는 부동성, 개별성과 같은 특성이 있어서 그렇습니다.

당시 담당자인 김 팀장이 만난 매수 의뢰인은 서초동에서 20년 가까이 치과병원을 운영하던 원장이었습니다. 병원은 임차해서 사용 중이었는데 임대료에 대한 기회비용을 따져본 결과 사옥 매입을 하는 것이 낫겠다고 판단한 상태에서 김 팀장을 만났습니다.

조건이 있었습니다. 기존 고객을 포기할 수는 없으니 반경 1km 정도 내에 있는 매물이었으면 좋겠다는 것이었습니다. 중개인으로서는 추천은 물론이고 검토할 수 있는 매물 자체가 한정적이다 보니 매우 까다로운 조건이었죠. 나아가 운영에 필요한 공간 면적, 가용금액을 고려한 시세, 매수 후 입주할 수 있는 기간 등 부수적인 조건도 충족해야 하는 상황이라서 좀처럼 진행되지 않는 답답한 상황이었습니다. 김 팀장은 끊임없이 조사하고, 매도인과 매수인의 의향을 타진해가면서 리스트를 좁혀나갔습니다. 그러던 중 적절한 매물을 찾아냈습니다.

서초동 역세권 대로변 3종일반주거지역에 있었고, 지하 1층, 지상 3층짜리였습니다. 일단 소유주의 매도 의사나 조건과는 별개로 위치상 검토할 수 있는 매물이었으나 문제가 있었습니다. 나란히 붙은 2개의 필지 위에 외관상 하나의 건물이 지어진 형태였던 것입니다.

2개의 필지(이하 A 필지, B 필지)는 소유주도 다를뿐더러 매도 의사도 불분명한 상태였습니다. 먼저 A 필지의 권리관계를 파악해보니 건물 등기상 소유주는 4남매로 총 4명, 토지 등기상 소유주는 4남매와 배우자, 자녀의 지분까지 총 8명이었습니다. 심지어 B 필지는 최근에 새 주인을 만난 상태였습니다. 그나마 다행인 것은 아직 소유권이 이전되기 전이라 일말의 여지가 있다는 점이었습니다.

김 팀장은 우선 A 필지의 소유주 중 장남과 접촉하여 공유자들과 합치된 매도 의사를 확인했습니다. 소유주의 설명에 따르면 A 필지를 소유한 선친 때부터 B 필지와 함께 건물을 준공했는데 당시엔 A 필지와 B 필지를 각자 자녀에게 증여 또는 상속한 상태였습니다. 또한 각 건물의 주 출입구도 서로 다르고, 건축물대장도 별도로 존재했지만, 지하층은 서로 연결된 통로가 있는 희한한 구조였습니다. 한 필지의 건물만을 리모델링(대수선)하거나 철거 혹은 신축하기에 어려움이 있는 매물이었던 것입니다.

김 팀장은 A 필지의 대표자인 장남을 통해 B 필지를 최근 매수한 사람이 B 필지 뒤에 있는 땅의 소유주라는 정보를 듣고 매입의 목적을 확인하고자 접촉을 시도했습니다. B 필지를 매입한 주체는 B 필지 뒤에서 건축사무소를 운영하는 회사였습니다.

건축사 대표 및 본부장과의 미팅을 통해 매입에 관한 뒷이야기를 들어보니 문제는 더 복잡해졌습니다. 건축사무소는 이미 대로변 B 필지의 이면을 소유하고 있었으므로 대로변 건물 매입을 통한 개발 계획이 당장은 없지만 나름대로 가치 상승을 도모하고 있는 단계였습니다. 또한 B 필지의 매도자는 해당 건물의 임차인을 포괄승계 하는 방식으로 매매를 진행하였기에 개별적으로 개발한다고 하더라도 당장은 불가능해 보였습니다. A 필지와 B 필지는 누군가가 동시에 2개 필지를 모두 매입하지 않는 이상 다른 쪽의 동의를 얻어야만 실질적으로 건축행위가 가능한 상태였던 것입니다.

김 팀장은 다음 단계로 A 필지를 매입해서 치과 건물을 신축하고 싶어 하는 병원장과 B 필지 매매계약만 체결하고 소유권 이전을 하지 않은 건축사와의 미팅을 주선했습니다. 대면 미팅을 하지 않고는 풀릴 수 없는 실타래라고 생각했던 것입니다. 예상은 적중했습니다. B 필지도 언젠가는 건축행위를 할 예정이었기 때문에 A 필지의 잠정 매수자인 병원장의 의견도 중요할 수밖에 없어서 서로 긍정적인 이야기가 오갈 수 있었습니다.

그 이후 김 팀장은 A 필지의 대표자인 장남과의 관계를 잘 유지해가면서 병원장의 은행 대출 건을 추진해나갔습니다. 건축행위에 대한 자문은 K 은행 본부장과 건축사 대표 등과 동행하면서 조각을 맞춰나갔습니다.

A 필지 공유지분자 총 8명의 의견 합치가 필요했으나 이 단계는 다행히 최대지분권자인 장남의 결정권이 중요했으므로 간단히 공유자의 동의만 확인해도 되는 수준이었습니다. 하지만 늘 생각처럼 간단한 일은 없는 법. 공유자 중 1인이 미국 시민권자인데 코로

나19로 인해 계약일 또는 잔금일에 입국을 못 하는 상황이었습니다. 이에 김 팀장은 국내에 대리인을 선정하여 위임에 필요한 서류를 매도인 측에 전달하였고, 계약 당일은 시차의 영향으로 인해 어려웠지만, 영상통화를 통해 직접 부동산 매도에 동의한다는 내용을 매수자에게 확인시켜주었습니다.

이렇게 무사히 A 필지 매매계약이 체결되었고, 잔금일이 도래하기 전에 B 필지는 소유권 이전도 실행되었으며, B 필지의 기존 임차인도 모두 퇴거하게 되었습니다. A 필지의 소유권 이전 역시 계획대로 진행되었고, A 필지를 매입한 병원장은 B 필지의 건축사를 통해 본인이 계획했던 대로 합벽 건물의 절단, 철거, 설계, 신축을 진행하게 되었습니다.

이것이 불과 혹은 장장 30일 사이에 벌어진 첩보영화 같은 계약 과정이었습니다. 쉬운 과정은 아니었으나 모두 만족할 수 있는 계약으로 잘 마무리되었습니다.

건물주로 가는 길 8단계: 인수인계

건물주가 되었지만, 천하 태평하게 있을 수가 없습니다. 이제부터 시작입니다. 내 재산이니 내가 지켜야 하죠. 당분간은 인수인계 내용을 점검해야 하고, 임차인과 관계도 맺어야 하고, 전문 관리업체와 계약도 해야 합니다. 신축이나 리모델링할 계획이라면 설계나 시공 등 관련 업무도 진행해야 하고, 대출을 포함한 자금관리도 시작해야 합니다(이자 납부일은 생각보다 금세 돌아옵니다). 이러한 점검이 빌딩의 가치와 임대료 상승과 직결될 수 있기 때문에 매우 중요합니다. 빌딩의 가치는 알아서 저절로 올라가지 않습니다. 앞에서 언급한 것처럼 빌딩은 농부의 발걸음 소리를 듣고 자라는 농작물과 같습니다. 건물주의 애정 어린 관리가 없다면 순식간에 콘크리트 덩어리로 전락하고 말 것입니다.

특히 관리가 부실한 부분은 없는지 꼼꼼하게 살펴봐야 합니다. 이는 주변 시세보다 낮은 임대수익 발생이라는 가치하락에 그치지 않습니다. 잦은 유지보수 비용 등 예상치 못한 지출이 생기면서 오히려 내 돈을 더 써야 하는 상황이 발생할 수도 있습니다. 8단계의 체크 포인트는 다음과 같습니다.

※ 철저한 인수인계: 시설물, 관리인력, 정산 방법, 임대차 등 인수인계를 체크할 것
※ 확실한 빌딩 관리: 시설물 유지 및 보수는 향후 임대료 상승과도 직결된다는 점을 명심할 것

[새 건물주가 해야 할 일]

시설물 파악

관리소장 등 건물 관리의 주체, 건축물 도면, 설비작동법, 보안 및 미화 업무의 범위 및 절차, 주차관리 시설 및 방법 등 전반적인 건물정보를 체크하고 인수인계해야 합니다. 또한 개보수가 필요 부분은 인수인계 후 우선순위에 따라 진행해야 합니다.

관리인력 및 관리업체 승계 여부

기존인력 및 외주업체의 고용승계 여부, 신규채용이 필요한 부분 등을 파악하고 결정해야 합니다. 기존인력을 신규채용으로 교체하

고 싶다면 소유권 이전일 2~3주 전에 기존 건물주가 기존인력의 해고를 진행해야 합니다.

엘리베이터, 주차타워, 소방시설물 등 법적으로 안전관리업체 자격을 갖춘 외주관리업체 시설물은 기존 업체가 현 건물의 시설물 이력을 잘 앎으로 승계하는 것이 좋습니다. 6~12개월 정도 운용 후 교체 여부를 판단해도 됩니다.

관리비 정산

관리비 내용도 파악해야 합니다. 빌딩마다 산정방식과 범위가 달라 최근 1년 치 월별 청구내용을 요청하는 것이 좋습니다. 만약 정산방식 변경을 원한다면 기존 방식 유지 후, 세부 순서에 따라 순차적으로 바꿔나가는 과정이 필요합니다.

임차인 관리

소유권이전등기 후 임차인 면담을 통해 임대인 변경에 관한 계약을 체결하게 됩니다. 보통은 기존의 계약에서 임대인의 명의만 변경하고 기존 내용은 그대로 이어지는 경우가 많죠. 그런데 간혹 기존 임대차계약서 내용에서 변경을 요청하는 임차인도 있습니다. 임대료를 깎아달라고 하거나 사용에 불편한 것을 시정해달라는 요구 등이죠. 이는 합리적인 선에서 협의하는 것이 좋습니다.

또한 임차인이 간이사업자인 경우에는 임대료와 함께 납부하는 부가세가 비용으로 처리되지 않아서 임대료에 관한 내용을 신고하지 않는 경우가 있습니다. 기존 건물주인 매도자와 오래전부터 그렇게 해왔다며 부가세를 빼고 임대료를 입금하는 경우도 있죠. 이런 상황에도 매수자는 세금계산서를 발행하고 부가세를 별도로 받아야 합니다. 물론 임차인의 반발이 있겠지만 매수자도 부가세를 받아서 내야 하니 임차인을 설득하여야 합니다. 임대료 신고는 누락 없이 하는 것이 좋습니다.

임차인과 이면계약을 한 뒤 임대료 소득을 빠뜨리는 경우가 있는데 이는 바람직하지 않습니다. 당장은 임차인과 관계가 좋을 수 있지만, 금전으로 연결된 관계가 어떻게 변할지는 알 수가 없습니다. 임차인이 그동안 빠진 것을 고발하면 임차인보다 임대인이 더 큰 낭패를 볼 수 있으므로 임대소득 신고는 제대로 해야 합니다. 원칙은 지키자고 있는 것입니다.

빌딩 관리

건물 내·외부 균열, 보수공사 이력, 건축법 위반 여부, 주요 설비 점검 등 구체적인 건물 관련 이력은 계약일 전 사전답사를 통해 확인해야 하는 사항입니다. 계약 후에 자세한 점검을 원한다면 빌딩 관리 전문업체에 의뢰하여 진단받는 것이 좋습니다.

KEY POINT

**새 술은 새 부대에 담으라지만
너무 급한 변화는 좋지 않다.**

건물주로 가는 길 9단계: 빌딩 관리

건물주가 된 다음에 해야 할 빌딩 관리는 크게 임대차 관리, 시설물 관리 등으로 나눌 수 있습니다. 9단계의 체크 포인트는 다음과 같습니다.

- ※ 임대차 관리: 장기적인 안목으로 적절한 임대료 책정. 잦은 임차인 교체보다는 장기 임차인이 좋음
- ※ 시설물 관리: 임차인이 사용하는 전용공간은 임차인이, 공용 공간은 건물주가 수리하는 것이 원칙
- ※ 재계약: 계약만료 최소 3개월 전부터 임대료 인상 및 연장계 약에 관한 판단 필요(상가건물 임대차보호법을 고려해야 함)

[임대인과 임차인은 상하관계가 아니다]

빌딩을 임대하는 과정은 물론이고 보유기간 및 재계약을 추진할 때도 임차인과 관련하여 신경 쓸 일이 많습니다. 임대료 인상이나 건물 수리에 관한 협의 등 임차인과 직접적으로 부딪혀야 하는 일이 생각보다 많죠.

정부가 상가건물 임대차보호법 등 임대료 인상에 대해 법적으로 가이드라인을 만들어두긴 했지만 아무래도 돈에 관한 문제이다 보니 껄끄러운 것이 사실입니다. 이럴 때는 건물주가 직접 임차인과 협의하는 것보다 관리 전문업체 등을 통하면 서로 감정싸움을 줄이고 원만한 해결안을 찾기도 쉽습니다. 갑을 관계로만 접근하면 감정만 상하고 서로 좋을 일이 없습니다.

임차 관계

임차인과의 관계에서 중요한 것은 두 가지입니다. 임대료와 건물 수리에 따른 책임이죠. 임대료는 주변 상권의 시세에 맞춰 적절하게 정하는 것이 바람직합니다. 지나친 임대료 책정은 당장은 임대 수익을 높일 수 있겠지만 임대료에 치여서 폐업하는 임차인을 만들 수도 있고, 이는 임차인의 잦은 변경으로 이어질 수 있습니다. 오랜 시간 꾸준히 영업할 수 있는 임차인을 찾는 것이 임대인에게도 좋습니다. 임대업의 기본은 공실 기간을 줄이는 것으로서 높은 임대료를 받는 것보다 더 중요합니다.

반대로 장기간 임대료를 유지할 때도 문제가 될 수 있습니다. 예를 들어 간혹 임차인과의 인간적 관계 때문에 임대료를 올리지 못하는 건물주도 있고, 공실보다는 현상 유지가 좋다고 판단해 장기간 임대료 인상 없이 유지하는 건물주도 있습니다. 결론적으로 장기적인 안목으로 적절하게 임대료를 책정하는 것이 중요합니다.

참고로 2019년 4월 2일부터 시행된 상가건물 임대차보호법은 서울의 경우 환산보증금이 9억 원 이하(부산 및 수도권 과밀억제권역의 경우 6억 9,000만 원 이내)인 경우만 해당하고 그 이상이라면 민법의 적용을 받게 됩니다. 기존 6억 1,000만 원에서 9억 원으로 상향 조정하면서 기업형 브랜드, 프랜차이즈 등 중대형 상가도 보호권 안에 들게 됐습니다. 대한민국 전체 상가의 95% 정도가 포함되므로 상가 임차인 대부분이 법의 보호를 받는다고 봐도 틀림이 없습니다.

환산보증금이란 '보증금+(월세×100)'의 방식으로 계산되는데 예를 들어 보증금이 3억 원이고 월세가 500만 원이라면 '300,000,000+(5,000,000×100)'으로서 8억 원이 됩니다. 9억 원 이하이기 때문에 임차인은 보호 대상이 되는 것입니다. 보호 규정은 대항력, 임대료 인상률 5% 제한, 우선변제권, 월차임 전환 시 산정률 제한 등이 있습니다.

최근 임차인의 지위가 많이 상승한 것이 사실입니다. 임대 기간이 지났는데 쌍방 임대차에 관한 얘기가 없다면 임대차 조건은 동일한 내용으로 1년간 자동으로 연장됩니다. 이를 법정갱신이라고 합니다. 그리고 계약갱신요구권(10년), 권리금 회수 보호 규정은 모든 임차인에게 적용되는 규정입니다. 과거의 계약갱신요구권은 최초의 임대차 기간을 포함한 전체 기간이 5년을 초과하지 않는 범위에서만 행사할 수 있었는데 법이 개정되면서 10년을 초과하지 않는 범위로 변경되었습니다.

임차인의 권리금 보호도 법제화되면서 "임대인은 임대차 기간이 끝나기 6개월 전부터 임대차 종료 시까지 임차인이 주선한 신규 임차인이 되려는 자로부터 권리금을 받는 것을 방해해선 안 된다"라고 권리금 회수는 임차인의 권리로 명시되어 있습니다.

또한 대법원판례로 계약갱신요구권의 기간이 다한 임차인이 임대차를 종결하면서 권리금 회수방해를 이유로 임대인에게 손해배상청구를 진행한 건이 있습니다. 대법원에서 임차인의 손을 들어주면서 권리금 청구는 계약갱신요구권과 상관없이 임차인의 권리로 자리 잡은 상황입니다.

사실 이 부분에서 젠트리피케이션을 생각해볼 필요가 있습니다. 예를 들어 어떤 골목이 핫 플레이스로 등극한 이유를 잘 따져보면 특정 매장 한 곳 때문인 경우가 많습니다. 그 매장 하나로 인기 매장이 줄지어 들어서면서 거리가 유명해진 것이고 따라서 내 빌딩의 가치도 올라갔을 텐데 임대료를 대폭 인상해서 임차인이 떠나버리게 되면 결국 건물주에게도 손해가 됩니다. 이 현상은 도미노 혹은 악순환의 굴레입니다. 인기 매장이 떠나면서 공실이 늘어나고, 그나마 남은 매장은 손님이 없어 매출이 줄어들면 고정비를 낮추기 위해 인건비와 식재료를 아끼게 됩니다. 그다음은 불친절과 악평으로 이어집니다. 상권이 죽어서 건물의 가치가 떨어지는 것은 한순간이죠.

따라서 임대료 상승은 서로 이해할 수준에서 조정되어야 합니다. 그래야 서로 윈윈하고 오래갈 수 있습니다. "임차인은 널렸어!"라고 생각하면 곤란합니다. 어떤 임차인이 들어올지도 알 수가 없고, 상권이 죽었다고 소문이 나면 공실이 오래갈 수도 있습니다.

습관처럼 젠트리피케이션이라는 말을 사용하고 있지만, 어원을 살펴보면 신사 계급을 뜻하는 '젠트리'에서 파생된 말입니다. 1964년 영국 사회학자 루스 글래스가 런던 도심의 황폐한 노동자들의 거주지에 중산층이 이주해오면서 지역 전체의 구성과 성격이 변하자 이를 설명하면서 처음 사용한 말입니다. 속뜻은 그렇지만 한국, 특히 서울에서는 이미 임차인을 내쫓는 단어로 변질하여 버렸으니 차라리 이렇게 생각하면 어떨까 싶습니다. '임차인과의 임대료 문제를 신사적으로 해결하자는 운동'이라고 말이죠.

재계약 절차

임대료 인상 등의 재계약 추진은 임대차 계약만료 최소 3개월 전부터 협의하는 것이 바람직합니다. 주변 임대료를 분석하여 적절한 임대료 인상 폭을 정하고 재계약 여부를 판단하면 됩니다.

만일 리모델링이나 신축 계획이 있다면 임차인에게 사전에 고지하고 임대차계약서에 명시해야 합니다. 상가건물 임대차보호법이 강화되면서 재건축을 위한 명도를 요구할 때는 계약체결 전에 고지하고 임대차계약서에 명시하게 되었습니다.

수리

임차인이 사용하는 전용공간에 관한 수리는 임차인이, 공용공간의 수리는 건물주가 하는 것이 원칙입니다. 원칙은 그렇지만 수리의 범위가 큰 경우 상식선에서 해결하기도 하고, 임대료 인상 혹은 유지와 맞물려 결정하는 융통성이 필요합니다.

KEY POINT

**임대업은 서비스업,
임차인을 내 손님이라고 생각해야 한다.**

빌딩 관리 전문업체가 하는 일

마음에 드는 빌딩을 구매했다고 끝이 아닙니다. 관리를 잘해야 효자 빌딩이 됩니다. 하지만 이 관리 문제 때문에 골치 아파하는 건물주가 적지 않습니다. 비 오면 비가 새기도 하고, 겨울이면 동파되기도 하고, 차단기가 내려갔다거나 주차장 엘리베이터가 고장 났다는 연락을 받기도 하는 등 신경 써야 할 일이 한둘이 아닙니다. 또한 때가 되면 관리비 정산, 통장 확인 및 미납 임대료 독촉, 계약갱신까지 정말 해야 할 게 많습니다.

우스갯소리를 섞어서 말하자면 "건물주가 되면 뭔가 좀 떵떵거리고 심신이 편안해질 줄 알았는데 건물 관리인이 된 것 같다"라는 고객을 심심치 않게 봅니다. 하지만 빌딩 관리는 꼭 해야 합니다. 관리도 하지 않으면서 임차인에게 임대료 인상만 주장할 수는 없습니다. 그래서 임대업은 본질적으로 서비스업입니다. 그 대상이 임차인이고요.

물론 건물주 본인을 위해서도 좋은 일입니다. 잘 관리해서 임대료 수입이 안정적으로 들어와야 장기적으로 성공적인 투자가 됩니다. 훗날 매도할 때도 관리가 잘된 상태에서 매도해야 좋은 가격을 받을 수 있으므로 관리는 필수입니다. 일종의 '의무'를 다하지 않으면서 이익만 바라는 것은 욕심입니다.

하지만 막상 실제로 하려고 들면 참으로 막연합니다. 특히 자산가치 상승이나 노후를 위해 빌딩을 매입한 연장자들이 가장 답답해하는 부분이죠. 평생을 직장인으로 살다가 갑자기 전기를 만지려니 겁도 나죠. 실제로 이러한 장애 요소 때문에 빌딩 매입을 포기하는 투자자가 있습니다.

자가 관리의 불편함을 호소하는 건물주가 많아지자 시설관리를 전문으로 하는 대행업체가 많이 생겨났습니다. 불편과 필요는 개선과 발명의 어머니이자 아버지라고 할 수 있죠. 빌딩 관리 전문업체는 임대차 관리부터, 청소 및 시설관리, 경비 및 주차관리 등을 주요 서비스로 제공하고 있습니다.

임대차 관리는 계약을 갱신할 때 임대료 인상 등의 계약 조건 조율과 계약서 작성 대행을 비롯하여 공실이 발생했을 경우 온오프라인에 매물로 등록해서 임대 수익에 공백이 없도록 도움을 줍니다.

임차인에게 관리비를 부과하고 미납을 관리할 뿐만 아니라 국세청 업무에 익숙하지 않은 건물주를 대신해서 세금계산서 발행까지 하기도 합니다.

청소 서비스는 빌딩 전체와 사무실 등의 기본 청소와 정화조 청소, 외벽이나 대리석 연마 등의 특수청소를 제공합니다. 물탱크나 정화조의 경우 의무적으로 청소해야 하는 기간이 있는데 혼자서 알아보는 것보다는 전문업체의 도움을 받으면 편리합니다. 공용구역 청소 등 철저한 위생관리는 선택이 아닌 필수사항입니다.

시설물 관리 서비스에는 전기, 방역, 방재, 상하수도 배관 및 오수 배관, 공조 시스템 관리, 노후 시설물 교체, 승강기 및 주차 기계 관리 등이 포함됩니다. 이 부분은 건물주의 법정 의무 사항입니다. 다수의 안전에 관계된 부분이므로 반드시 전문대행업체를 선정해서 시설물을 관리해야 합니다.

예를 들면 빌딩 전체가 75kW(저압) 이상일 경우에는 전기 안전관리자를 선임해야 하고, 승강기 안전관리자도 필요하며, 연면적이 180평 이상이 되면 방화관리자가 있어야 합니다. 빌딩 하나당 한 명으로 한정하는 등 소방법이 정말로 까다로운데 이러한 부분을 도움 받을 수 있는 것입니다.

경비 및 주차 서비스는 주차장 위탁관리 및 경비 인원 파견 등이 있습니다. 경비에서 한발 더 나아가 경호까지 서비스하는 업체도 있으니 사옥을 사용하는 엔터테인먼트 회사라면 도움이 될 것 같습니다. 지난 2년 동안은 코로나19 방역 서비스를 제공하는 업체도 많았습니다.

말 그대로 빌딩 매입을 제외하고는 A부터 Z까지 관리에 관한 모든 것을 제공하니 아파트 관리업체의 확장판이라고 생각하면 됩니다. 실제로 빌딩과 아파트를 동시에 관리하는 업체도 많으니, 이왕이면 경험이 많은 업체에 위탁하는 것을 추천합니다. 중개인에게 복수의 추천을 받아 견적을 내보고 진행하면 도움이 됩니다.

이처럼 위탁관리는 건물주의 '전용 관리인'이라고 정의할 수 있습니다. 빌딩 관리 전문업체를 이용하면 좋은 점을 다시 한번 정리해보겠습니다.

첫째, 건물주가 개인 시간을 효율적으로 사용할 수 있습니다. 임차인이 많다면 관리비를 받는 것 하나만 해도 매우 번거롭습니다. 하지만 위탁업체를 이용하면 임차인과의 대면 접촉을 줄일 수 있어서 민원을 직접 들어야 하는 불편함이나 불필요한 마찰을 방지할 수 있습니다. 사실 임대료 인하를 사정하는 임차인의 부탁을 단칼에 거절하기란 매우 어려운 일입니다. 따라서 일종의 감정노동을 대신해준다고 할 수 있습니다.

둘째, 전문가가 관리하므로 체계적입니다. 빌딩 관리는 개인이 혼자 하기에는 버겁습니다. 건물을 수리할 필요가 있을 때는 공사비용의 견적 비교와 관리 감독까지 제공하니 편리합니다.

셋째, 누구나 입주하고 싶어 하는 깨끗한 빌딩이 되면 공실을 최소화할 수 있으므로 효율적인 임대차 관리가 가능합니다.

넷째, 소방, 안전관리 등 필수적인 관련 법령에 대해 잘 모른다면 특히 도움이 됩니다. 예상치 못한 과태료 부과를 미리 방지할 수 있기 때문입니다.

다섯째, 대형 건물은 관리해야 할 내용, 빌딩의 형태나 구성이 비슷하지만, 꼬마빌딩은 빌딩마다 고유의 특수성이 존재하기 때문에 맞춤형 관리가 필요합니다. 경험이 많은 업체를 이용하면 건물주의 근심을 덜어줍니다.

끝으로 가장 궁금한 내용이죠. "그래서 비용은?" 위탁 비용은 생각보다 저렴합니다. 임차인의 수, 빌딩의 크기 등을 고려하고 용역의 범위에 따라 추가 비용이 발생합니다.

예를 들면 화장실이나 사무실 청소를 전담할 인력 파견이 필요한 경우 추가 비용이 발생하는 것입니다. 파견인력 관리까지 대행해주니 건물주가 해당 인원의 근태까지 신경 쓸 일은 없습니다. 각종 안전관리자 선임이 추가되면 역시 대행료가 추가로 발생합니다. 이러한 대행업체와의 계약 및 관리 감독 역시 건물주가 아닌 건물주에게 위탁받은 시설관리업체가 책임지고 진행하니 불편함이 줄어들 것입니다.

※ 예비 건물주라면 계약 전에 이것만이라도 꼭 체크!

1. 화장실

만일 남자 화장실의 소변기가 지저분하다거나 양변기의 물 내림 버튼 연결 고리가 낡은 채 방치되고 있다면 다른 곳 역시 관리가 엉망일 확률이 높습니다.

2. 공용구역의 전기배선과 소방시설의 수신기

정리 정돈이 불량하다면 전체적으로 시설관리가 되지 않은 곳일 확률이 높습니다.

3. 물탱크

신축 빌딩이 아니라면 물탱크 확인은 필수입니다. 청소를 게을리했다면 내부에 녹이 많이 슬었을 것이고, 녹물 때문에 임차인의 항의를 떠안게 될 수도 있습니다.

4. 승강기

설치 후 15년 이상이 된 승강기라면 승강기 안전관리법에 따라 노후 승강기로 분류됩니다. 15년 이상이 되었으면 3년마다 정밀 안전 검사를 받아야 합니다(정기 검사는 1년마다). 만일 고장이라도 나면 부품을 구하기가 어려워서 아예 교체하는 경우가 발생합니다. 계약 전에 미리 확인하여 계약에 반영될 수 있도록 하는 것이 좋습니다.

매입할 빌딩의 승강기에 관해 더 자세히 알고 싶다면 국토교통부의 '건축물 생애이력 관리시스템'에 접속하면 종류가 무엇이고 유지보수업체는 어디인지, 언제 설치하고 언제 교체했는지, 안전 검사를 정기적으로 받았는지, 이에 이상은 없었는지 등을 파악할 수 있습니다.

건물주로 가는 길 10단계: 빌딩 갈아타기 혹은 추가 매입하기

 빌딩을 평생 보유하고 있을 수는 없습니다. 또 그래서도 안 됩니다. 캐시 아웃을 해야 하는데 양도소득세를 내고 매도하는 것보다는 현재의 빌딩을 지렛대 삼아 추가로 다른 빌딩을 매입하는 것도 고민해볼 가치는 있습니다. 물론 투자자마다 상황과 목적이 다르기 때문에 정답이라고 할 수는 없겠지만 두 채 이상의 빌딩을 보유하게 되면 분명히 시너지 효과는 있습니다.

 또한 2022년 상반기, 현장에서 느끼는 것은 확실히 매도자가 우위에 있는 시장이라는 사실입니다. 시장에 매물이 잘 나오지 않으니 칼자루를 쥐고 있는 것입니다. 간혹 나오는 매물들도 잘 보면 재산 정리 차원이 많습니다. 다소 연로한 건물주들이 빌딩을 팔아서 상속하려는 케이스와 이미 공동지분으로 상속받은 빌딩을 자식들이 팔아서 현금화하려는 케이스 정도가 있습니다. 상황이 이러므로 급하지 않다면 굳이 기존 매물을 매도하기보다는 추가 매입을 추천합니다.

대출금 관리에 관해 말하자면, 대출 만기 2개월 전부터 대출금리를 체크하고 연장 여부 및 금리에 대해 협의해야 합니다. 기존 대출 은행 외에 다른 은행과 금리를 비교해보는 것이 필수이지만 혼자 하기 어렵다면 역시 전문가에게 의뢰하는 것이 좋습니다. 각 은행의 사정이 다르고 각 지점의 사정이 다르기 때문에 여러 은행과 상담해서 최적의 조건을 찾는 것이 중요하다는 점은 앞서 설명한 바 있습니다.

마지막 10단계의 체크 포인트는 1단계의 시작이라고 보면 됩니다.

※ 자금 계획: 매입 시 투입비용+매도 시 양도소득세 등을 고려한 후 신규 빌딩 매입 자금 계획을 세울 것
※ 일정 관리: 매도 시점과 매도 후 갈아탈 만한 빌딩을 찾는 작업을 동시에 진행할 것

[언제 어떻게 팔 것인가?]

언제 팔 것인가?

가격이 좋을 때 파는 것이 가장 좋겠지만 일단 투입한 비용을 회수하는 것도 중요한 목표이기 때문에 아래와 같은 원칙 정도는 세워두는 것이 좋습니다.

우선 매입과 동시에 필연적으로 초기비용이 발생합니다. 4.6%의 취득세, 중개수수료, 법무사 수임료, 채권할인 등 5.5~6% 정도의 필수 지출이 있는 것입니다. 이를 매년 1%씩으로 가정하면 매입 4년 차쯤에 매물로 내놓고 시장의 반응을 살펴보다가 5년 차에 매도하는 것이 좋습니다.

만일 소유주가 법인이라면, 그리고 양도차익에 포커스를 맞추고 있다면 그 기간을 조금 단축해도 됩니다. 1년을 보유하든 10년을 보유든 법인세는 내고, 중과가 되지 않기 때문입니다.

하지만 개인은 1년 미만 보유하면 양도소득세가 50%, 2년 미만이면 40%나 되기 때문에 적어도 장기보유특별공제를 받을 수 있는 시간, 즉 3년 이후에 매도하는 것이 좋습니다.

갈아타기

건물주가 된 후 어느 정도 시간이 지나면 매도할 의사를 묻는 부동산의 전화를 받게 될 것입니다. 시세보다 높게 준다는 매입자가 나타났다면 무조건 팔아야 할까요? 물론 당장의 시세차익을 생각한다면 고려해볼 수도 있겠지만 그 전에 반드시 주변 상권의 시세나 개발 호재 등의 상황을 살펴본 후 향후 더 오를 가능성이 있는지를 판단해야 합니다. 또한 빌딩을 매각한 후 적절한 신규 빌딩을 다시 매입할 수 있는지도 판단해야 합니다.

빌딩 갈아타기는 잘하면 더 좋은 빌딩을 살 기회가 되지만, 적절한 시기에 적절한 가격으로 매도하지 못한다면 자칫 땅을 치고 후회하는 일이 발생할 수도 있습니다. 후회하지 않으려면 주변 상권

분석, 가격 상승에 따른 매도 타이밍, 양도세 등의 소요 비용을 고려하여 매도 시점과 가격을 결정해야 합니다.

기존 빌딩을 매각한 금액과 새로 매입할 빌딩의 가격만 산술적으로 비교한 후 갈아타기를 계획한다면 곤란합니다. 매각 시 실제 내야 할 세금과 매입 시 지출 등을 고려하지 않으면 더 작은 규모의 빌딩을 매입할 수밖에 없는 불상사가 생기기도 합니다. 그렇기 때문에 반드시 매입 시 투입비용, 매각 시 납부할 세금 등을 고려하여 자금 계획을 세워야 합니다.

신규로 매입할 빌딩을 찾기도 쉬운 일은 아닙니다. 곧바로 조건에 맞는 빌딩을 찾기도 어려울뿐더러 내 빌딩의 가격이 오른 만큼 다른 빌딩의 가격도 올랐기 때문에 "일단 팔고 나서 천천히 생각해야지"라는 생각으로 접근하면 안 됩니다. 매각 추진과 갈아탈 매물 찾기를 동시에 진행하는 것이 바람직합니다.

추가로 매입하기

대출을 어느 정도 상환하여 기존 빌딩의 담보가액이 증가하는 시점에 추가로 다른 빌딩을 매입하는 것도 방법입니다. 주로 공격적인 매수자에게 추천하는 경우입니다. 기존 빌딩의 담보가액이 올랐다는 가정하에 기존 빌딩에서 추가 대출받고, 매입하는 빌딩에서 매입 자금으로 대출받으면서 두 번째 빌딩을 매입하는 것이죠. 매입 전후를 비교하면 자본은 그대로인데 자산과 부채는 커진 꼴이 됩니다. 빌딩 가격이 인상될 것으로 예상되는 시기에는 공격적인 투자로 자산을 크게 점프시키는 것도 필요하다는 게 필자의 생각입니다.

이상 '건물주로 가는 로드맵 10단계'를 알아봤습니다. 앞서 설명한 것처럼 실제로 빌딩을 매입할 때 들고 다니면서 순서대로 체크해 나간다면 큰 실수를 줄일 수 있을 것입니다.

물론 개인마다 조건이 다르고, 빌딩마다 환경이 다르므로 일반화할 수는 없습니다. 하지만 확실한 것은 공부하지 않는 투자자에게 좋은 기회는 오지 않는다는 것이고, 꼼꼼하게 체크하고 준비하지 않는 투자자에게는 예상하지 못한 추가 비용의 영수증이 날아오게 된다는 사실입니다.

KEY POINT

**상권분석, 매도 타이밍, 양도세 등을 고려해
매도 시점과 가격을 결정해야 한다.**

상가 여러 개가 좋을까?
빌딩 한 개가 좋을까?

부자가 되기 위해서는 혹은 투자로 수익을 내기 위해서는 가격을 보면 안 됩니다. 무슨 얘기냐면 절대적인 가격보다는 매입할 때 얼마의 현금만 있으면 살 수 있는지 그 여부를 먼저 눈여겨보는 것이 포인트라는 것입니다.

필자가 아는 투자자 중에는 "30억, 40억짜리 빌딩 하나를 사는 것보다 상가를 하나씩 하나씩 사 모으는 것이 낫다"라고 주장하는 분도 있습니다. 실제로 그런 방식을 통해 26개의 상가를 보유하고 있으니 진정한 프로 투자자죠.

그분의 주장이 재미있습니다. "나는 26층짜리 빌딩을 보유한 셈이다. 한꺼번에 목돈을 주고 매입해야 하는 빌딩보다 나은 투자가 아니냐." 달걀을 한 판에 담지 않는 것이 투자의 원칙이니 맞는 말입니다. 더불어 이런 장점도 있다고 얘기합니다.

"상가는 대부분 집합 건물에 속해 있어서 관리사무소가 관리까지 다 해주니 편하다. 하지만 빌딩을 사게 되면 예를 들어 옥상 방수부터 엘리베이터, 청소, 보안업체 선정 등 귀찮은 문제가 상가보다 더 많지 않느냐"라는 것입니다. 이 역시 틀린 주장은 아닙니다. 솔직히 상가보다 빌딩이 관리 측면에서 보면 신경 쓸 것이 많습니다. 하지만 옛날얘기라고 할 수 있습니다. 이런 니즈가 많아진 현실을 반영하여 관리만 전문적으로 하는 대행업체가 많이 생겼습니다. 아파트나 상가처럼 소유만 하고 관리는 신경 쓰지 않아도 되는 것이죠.

수익 측면에서 볼까요? 위 투자자가 받는 월세가 약 7,000만 원 정도 됩니다. 빌딩으로 따지면 위치에 따라 차이가 있겠지만 250억 원에서 300억 원 정도 되는 사이즈라고 할 수 있습니다. 빌딩이 상가보다 수익률이 높지 않기 때문이죠. 현실을 살펴보면 강남 같은 경우는 수익률 3%가 안 되는 빌딩이 대부분이고, 강남을 벗어나면 3% 초반, 주요 지역을 빼고 서울 전체로 보면 3% 후반 정도가 됩니다. 상가수익률을 바라보는 투자자들은 대출이자를 내고 나면 남는 게 별로 없다고 여길 수도 있을 것입니다. 그런데 왜 꼬마빌딩의 인기가 식지 않는 것일까요?

가장 큰 이유는 시세차익을 기대할 수 있기 때문입니다. 대출이자가 버겁더라도 매입 후 몇 년만 버티면 자산가치가 상승하므로 무리해서라도 과감한 투자를 하는 것이죠. 대출이자에 대한 부담을 상계하고도 남을 만큼 차익이 생기기 때문에 투자에 나서는 것입니다. 반면에 상가는 가격변동이 거의 없습니다. 하지만 월세를 꾸준히 받을 수 있으므로 임대료 수익이 매매가격에 비해 높은 편이죠.

이처럼 상가가 벽돌을 하나씩 쌓는 투자라면 빌딩은 한방에 시멘트를 부어서 짓는 방식의 투자라고 할 수 있습니다. 투자자 개인 취향의 문제이기는 하지만 필자는 자산을 키워서 부자가 되려는 투자자라면 상가보다는 빌딩을 추천합니다.

전반적으로 경기가 침체한 상황인데도 최근에 생애 첫 빌딩을 매입하는 분이 많습니다. 이제는 빌딩 투자가 일반적인 투자 상품 중 하나가 된 것 같습니다. 장벽이 많이 낮아진 것이죠. 그런데 막상 투자를 결정한 다음, 어떤 빌딩을 어떻게 매입해야 할지 막막하다는 투자자가 의외로 많아서 《어쩌다 건물주란 없다》에 이어 두 번째 책을 집필하게 되었습니다.

보통 부동산 중개인을 보면 "어느 지역의 어떤 빌딩을 사서 어떻게 팔아야지 목적에 맞는 이익을 얻을 수 있다"라는 설명보다는 "당장 팔릴 것 같으니까 무조건 사라"는 식의 묻지마 투자를 종용하는 경우가 많습니다. 하지만 현실은 조금 다릅니다. 아니, 매우 냉정합니다. 입지나 가격이 좋아서 금세 팔릴 수도 있지만 그렇지 않은 때도 잦은 것이죠. 분위기에 휩쓸려서 매입하면 낭패를 보기 쉽습니다.

그동안의 상승장에서는 어떤 빌딩을 매입하느냐보다는 매입 여부가 더 중요했습니다. 매입한 사람은 부자가 되고 그렇지 않은 사람은 상대적으로 마이너스가 되었던 것이죠. 하지만 금리가 올라가는 요즘은 제대로 알고 투자해야 할 때입니다. 그래서 이번 책에는 성공적인 투자를 위한 필수 요소를 더욱더 상세하게 기술했습니다.

매입도 중요하지만, 마지막 이익 실현 단계인 매도 역시 중요합니다. 매입할 때부터 엑시트 플랜을 잘 짜야 하고, 보유하는 동안 목표를 현실화해야만 새로운 매수자에게 팔았을 때 진정한 이익을 볼 수 있습니다. 매입 준비부터 매도하기까지에 필요한 지식을 고스란히 책에 담았습니다.

책 몇 권을 읽었다고 해서 성공적인 투자자가 될 수는 없을 것입니다. 하지만 책을 읽는 수고로움, 즉 공부하는 과정 없이 성공한 건물주는 단언컨대 없습니다. 책을 통해 얻은 지식을 바탕으로 현장을 살피면서 실제 사례를 분석하고, 전문가의 조언을 귀담아든다 보면 어느새 건물 열쇠를 손에 쥐는 날이 오게 될 것입니다. 꿈을 포기하지 않는다면 말입니다.

2022년 9월 오동협